Menorca

record d'un temps

Menorca

record d'un temps

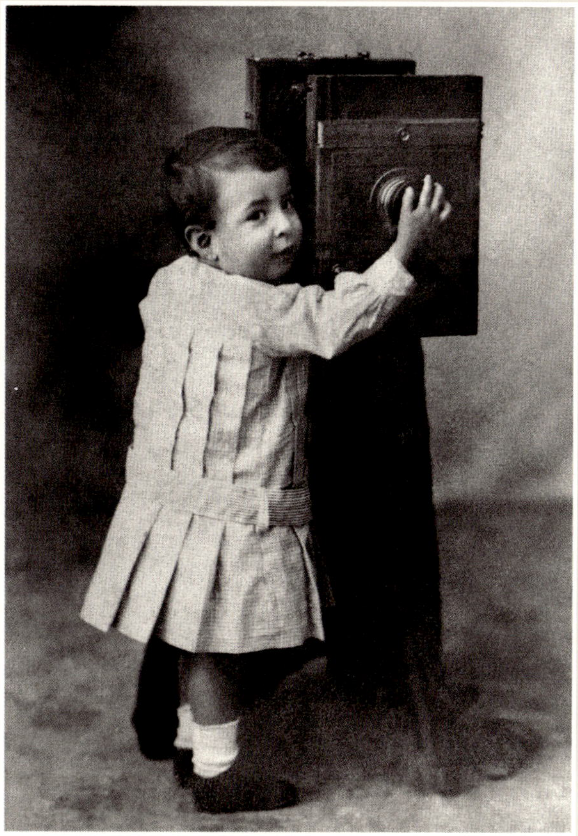

TRIANGLE ▼ POSTALS

Edició Edición Published by: © 2005 Fotos Sturla – Triangle Postals s.l.

Coordinació Coordinación Coordination: Francisco Sturla, Juanjo Pons, Jaume Serrat
Text Texto Text: Manuel Gómez, Joaquim Maria Fuster
Fotografies Fotografías Photography: Arxiu Fotos Sturla
Producció Producción Production: Imma Planas

Disseny Diseño Design: Montse Bulbena – Joan Barjau
Retoc digital Retoque digital Digital retouching: Montse Bulbena
Traduccions Traducciones Traslations: Manuel Gómez (castellà)
Jina Monger (English)
Impressió Impresión Printed by: Gràfiques Viking. Barcelona
D.L.: B.-4.434-2005
ISBN: 84-8478-180-1

La família Sturla vol agrair la cessió d'algunes fotografies de les següents col·leccions:
La familia Sturla quiere agradecer la cesión de algunas fotografías a las siguientes colecciones:
The Sturla family wish to thank the following collectors for the use of some of the photographs:

Família Cardona Gonyalons,
Família Jover,
Carlos Coll,
Luis Alejandre,
Antonia Pax,
Genaro Anglada,
Carmen Serra,
Juan Ortiz,
Mateu Olives,
Llorenç Escudero,
Octavio Vidal,
José Curto,
Santiago Pons,
Esperança Coll,
Antoni Garcia,
Antònia Gomila,
Antònia Mus,
Emilio Cabiró,
Antiguitats Ivo

Les localitzacions dels llocs mostrats a les fotos són orientatives i en algun cas poden no ser exactes, ja que el material original no contenia cap indicació al respecte.
Las localizaciones de los lugares mostrados en las fotos son orientativas y en algún caso pueden no ser exactas, ya que el material original no contenía ninguna indicación al respecto.
The locations of the places shown in the photographs are meant as guide lines and many may not be exact, as the originals carried no indications.

Índex Índice Index

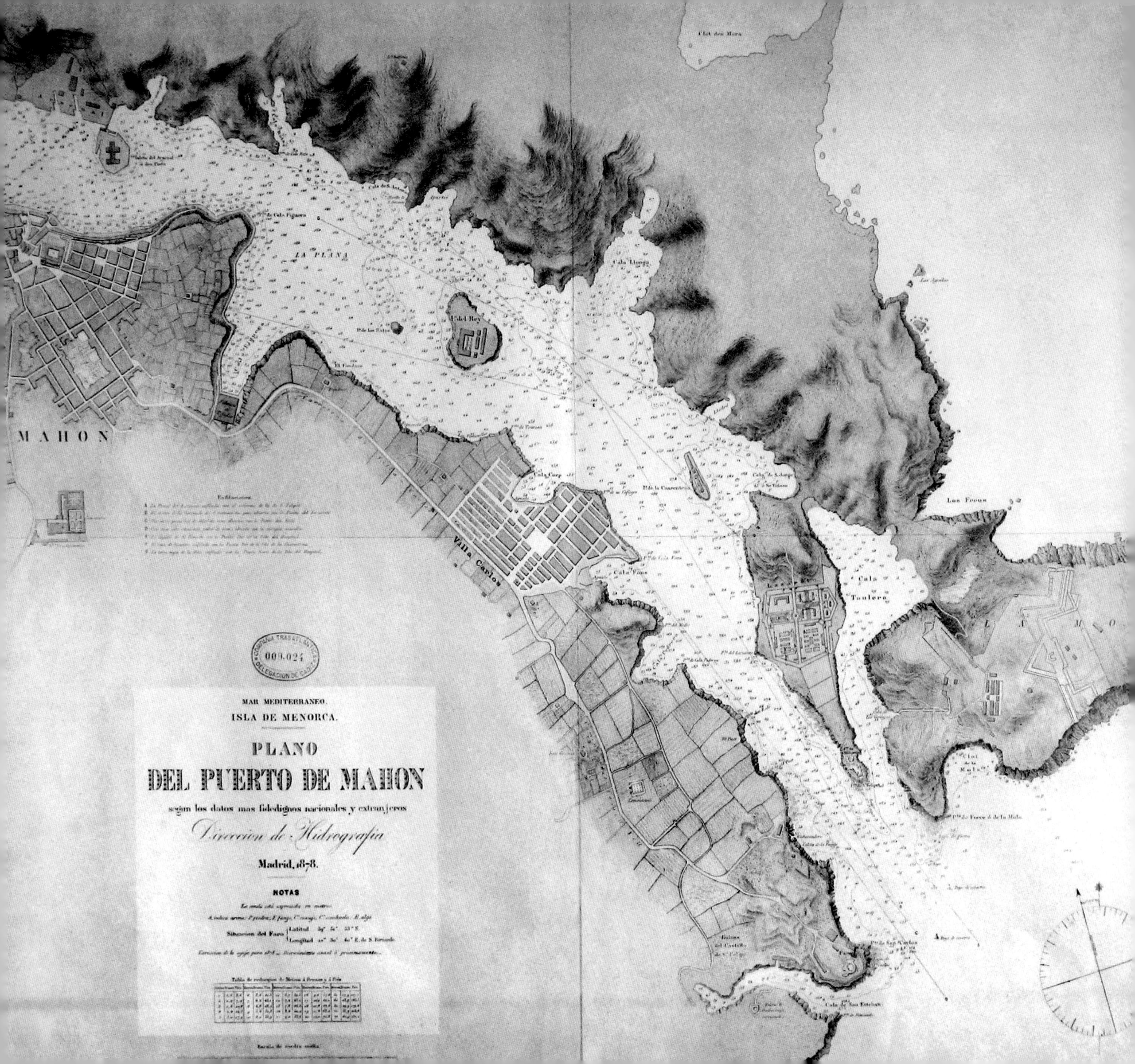
MAR MEDITERRANEO.
ISLA DE MENORCA.
PLANO
DEL PUERTO DE MAHON
según los datos mas fidedignos nacionales y extranjeros
Direccion de Hidrografia
Madrid, 1878.
NOTAS
MAHON
LA PLANA
Villa Carlos
Cala Figuera
Cala Llonga
Cala Corp
Cala Fons
Cala Teulera
Cala de S. Jorge
Cala de San Esteban
Clot des Mors
Clot de la Mola
Los Freus
I. del Rey
LA MOLA
Ruinas del Castillo de S. Felipe

Menorca és un pedruscall
amb una forma i esperit propis,
un alcaloide del mar antic.

Menorca és un microcosmos,
d'una riquesa extraordinària
i d'un apassionant interès.

Josep Pla. Obra completa, vol. xv. "Les illes".
Edicions Destino, Barcelona (segona edició, desembre de 1981).
Capítol "L'illa de Menorca"

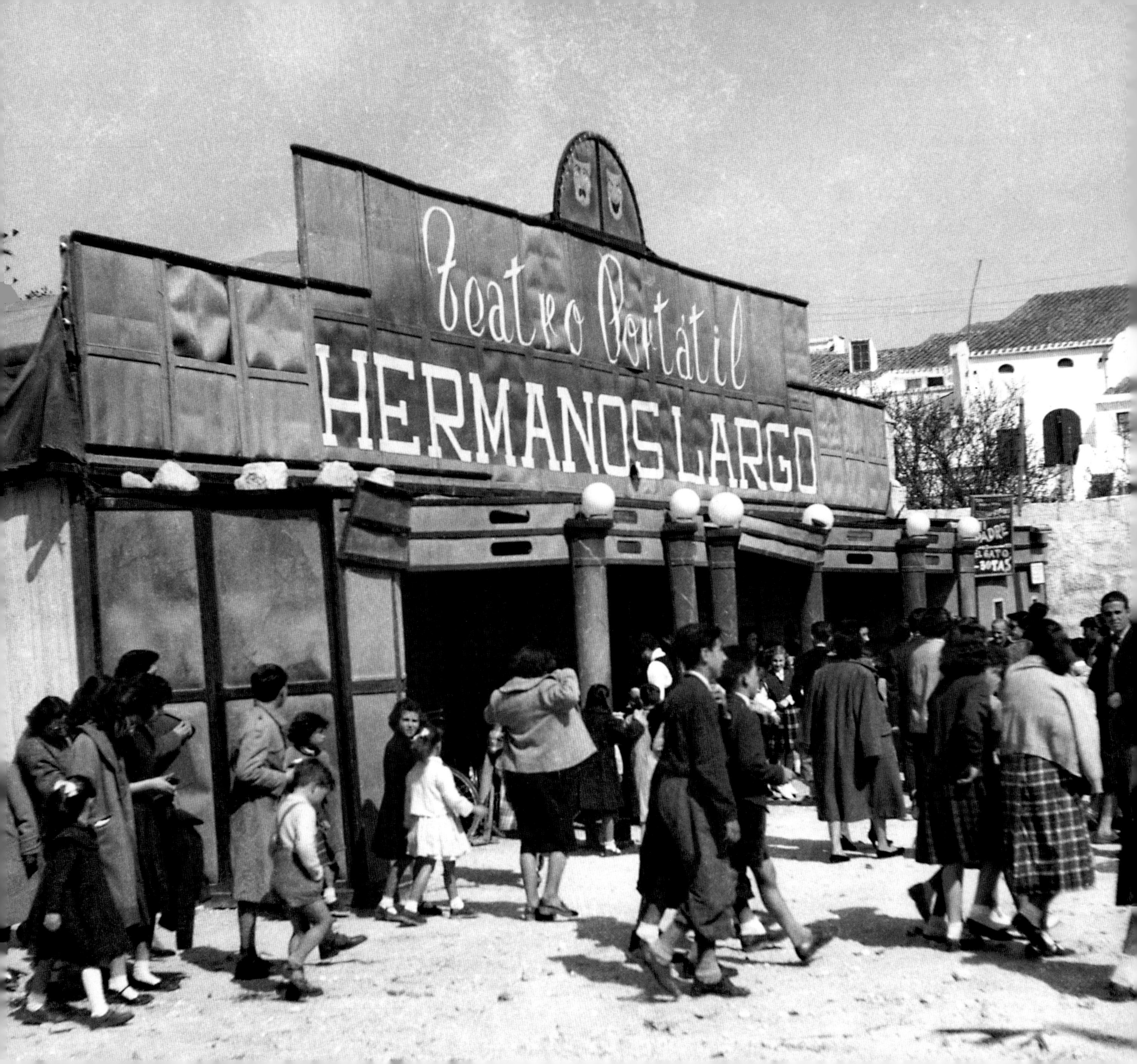
Teatro Portátil
HERMANOS LARGO

els Sturla

Fa gairebé 30 anys, Juan Sturla i el seu fill, Xisco, discutien al restaurant España des Castell com havien de decorar el mostrador del seu negoci, una botiga de fotografia. Eren festes de Maó i el pare va proposar d'ampliar una foto d'emprimer, ben gran i en blanc i negre, perquè lluís a la finestra de la tenda. El fill ho va trobar un disbarat; pensava que allò més que atreure l'atenció espantaria els clients. Però en aquella ocasió, la raó es va posar de banda de l'experiència, i aquelles imatges van agradar molt. Tant, que des d'aleshores ençà cada any s'ha incorporat una fotografia nova a l'expositor. Així començà una col·lecció, gairebé una història en imatges, que ara Triangle Postals recull en forma de selecció.

El temps atrapat a la imatge. O la imatge que atrapa un temps. Tenim en les nostres mans un testimoni singular, únic i personal, d'un temps que no ha de tornar i que, no obstant, un cop va ser present i real. La família Sturla, tres generacions de fotògrafs que va iniciar Paco Sturla Portella, per continuar amb Juan Sturla Benejam i Xisco Sturla Parpal, ha fet de notari gràfic de la realitat menorquina –i sobretot maonesa– durant més d'un segle. En aquest treball ens mostren una col·lecció de mirades seleccionades, unes fotografies fetes amb la ingenuïtat amb què hom s'acosta a la novetat; fresques malgrat el temps, perquè el temps ha quedat congelat, vigent encara.

La col·lecció Sturla té un valor indiscutible: com a qualsevol lloc petit, els primers cronistes gràfics van ser els fotògrafs locals, una gent que barrejava passió i feina, més enllà del benefici econòmic. El resultat és, doncs, d'una qualitat extremada, amb imatges nítides i nues d'artifici. És, ben bé, un document que ens adverteix de les evolucions de la modernitat, un cop la mateixa modernitat ja ha quedat superada.

En tot cas, aquelles fotografies, tan complexes en el seu procés d'elaboració, van ser un primer mirall d'una ànima col·lectiva. Així es van retratar per primera vegada les gents de Menorca. Els nostres avantpassats.

Hace casi 30 años, Juan Sturla y su hijo, Xisco, discutían en el restaurante España de Es Castell cómo debían decorar el escaparate de su negocio, una tienda de fotografía. Se celebraban las fiestas de Maó y el padre propuso ampliar una foto antigua, de gran tamaño y en blanco y negro, para que luciera en la ventana de la tienda. Al hijo le pareció un disparate; pensaba que aquello, más que llamar la atención espantaría a los clientes. Pero en aquella ocasión, la razón se puso de parte de la experiencia, y aquellas imágenes gustaron mucho. Tanto, que desde entonces cada año han incorporado una fotografía nueva al expositor. Así empieza una colección, casi una historia en imágenes, que ahora Triangle Postals recoge en forma de selección.

El tiempo atrapado en la imagen. O la imagen que atrapa un tiempo. Es lo que tenemos en nuestras manos, un testimonio singular, único y personal, de un tiempo que no ha de volver y que, no obstante, una vez fue presente y real. La familia Sturla, tres generaciones de fotógrafos que inició Paco Sturla Portella, para continuar con Juan Sturla Benejam y Xisco Sturla Parpal, ha ejercido de notario gráfico de la realidad menorquina –y especialmente mahonesa– durante más de un siglo. En este trabajo nos enseñan una colección de miradas seleccionadas, unas fotografías hechas con la ingenuidad con que uno se acerca a la novedad; frescas a pesar del tiempo, porque el tiempo ha quedado congelado, aún vigente.

La colección Sturla tiene un valor indiscutible: como en cualquier lugar pequeño, los primeros cronistas gráficos fueron los fotógrafos locales, gente que mezclaba pasión y trabajo, más allá del beneficio económico. El resultado es, pues, de una calidad extrema, con imágenes nítidas y despojadas de artificio. Es, así, un documento que nos advierte de las evoluciones de la modernidad, una vez la misma modernidad ya ha quedado superada.

En cualquier caso, aquellas fotografías, tan complejas en su proceso de elaboración, fueron un primer espejo de un alma colectiva. Así se retrataron por primera vez las gentes de Menorca. Nuestros antepasados.

Nearly 30 years ago, Juan Sturla and his son, Xisco, were in the España restaurant in es Castell discussing how to decorate the window of their photographic shop for the Maó festes. The father came up with the idea of making a huge enlargement of an old black and white photograph of the city. The son thought it was a ridiculous idea, and that, rather than attracting customers, it would drive them away. But, on this occasion, the voice of experience was proved to be right and the shop window was a huge success. So much so, that every year since a different photograph has been added to the display. Thus a collection was born, a history in images, a selection of which is now presented by Triangle Postals in this publication.

Time has caught the images, or the images have trapped time. This is a singular testimony, unique and personal, of past times that are now gone for good, but were once real and present. The Sturla family, three generations of photographers starting with Paco Sturla Portella, to continue with Juan Sturla Benejam and Xisco Sturla Parpal, has played the part of a graphic notary of the reality of Menorca – especially that of Maó – for more than a century. In this work they show us a collection of selected images, photographs taken with all the ingenuousness of the pioneers of novelty; they are still fresh despite the passage of time, because time has been transfixed in these stills.

The Sturla collection is of unquestionable value: as in any small community, the first graphic reporters were local photographers who mixed passion with business, above and beyond commercial interests, giving rise to extraordinary results, sharp images devoid of any artifice. This document cautions us, even now, about the evolution of modernization.

At all events, these photographs, of such laborious manufacture, were the first mirror of a collective soul. These were the first portraits of the people of Menorca. Our ancestors.

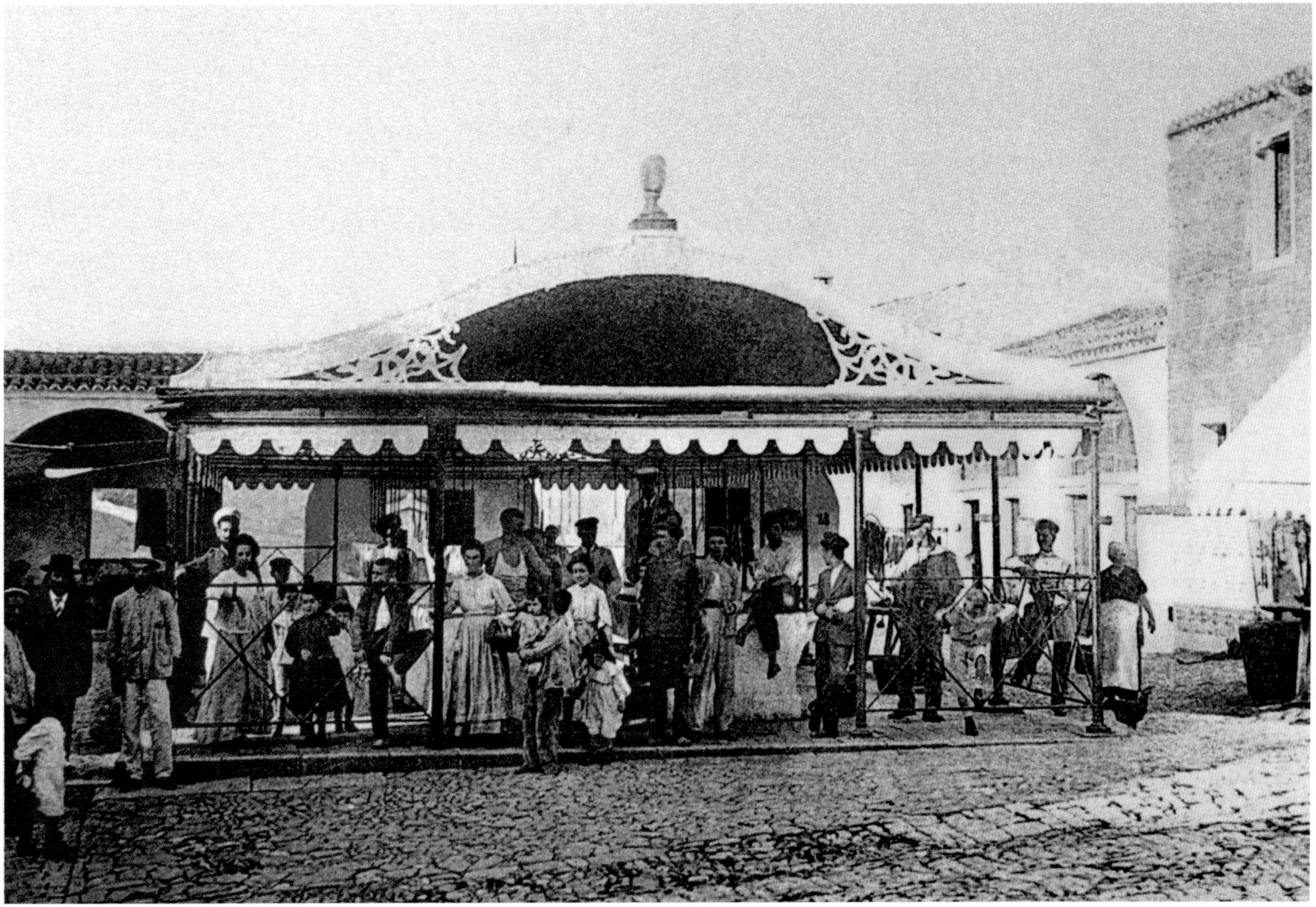

Amb aspecte de cavallets de fira, l'antiga pescateria aplega gent de tota condició

Con aspecto de tiovivo, la antigua pescadería congrega a gentes de toda condición

Like figures on a merry-go-round, people of all kinds gather in the old fish market

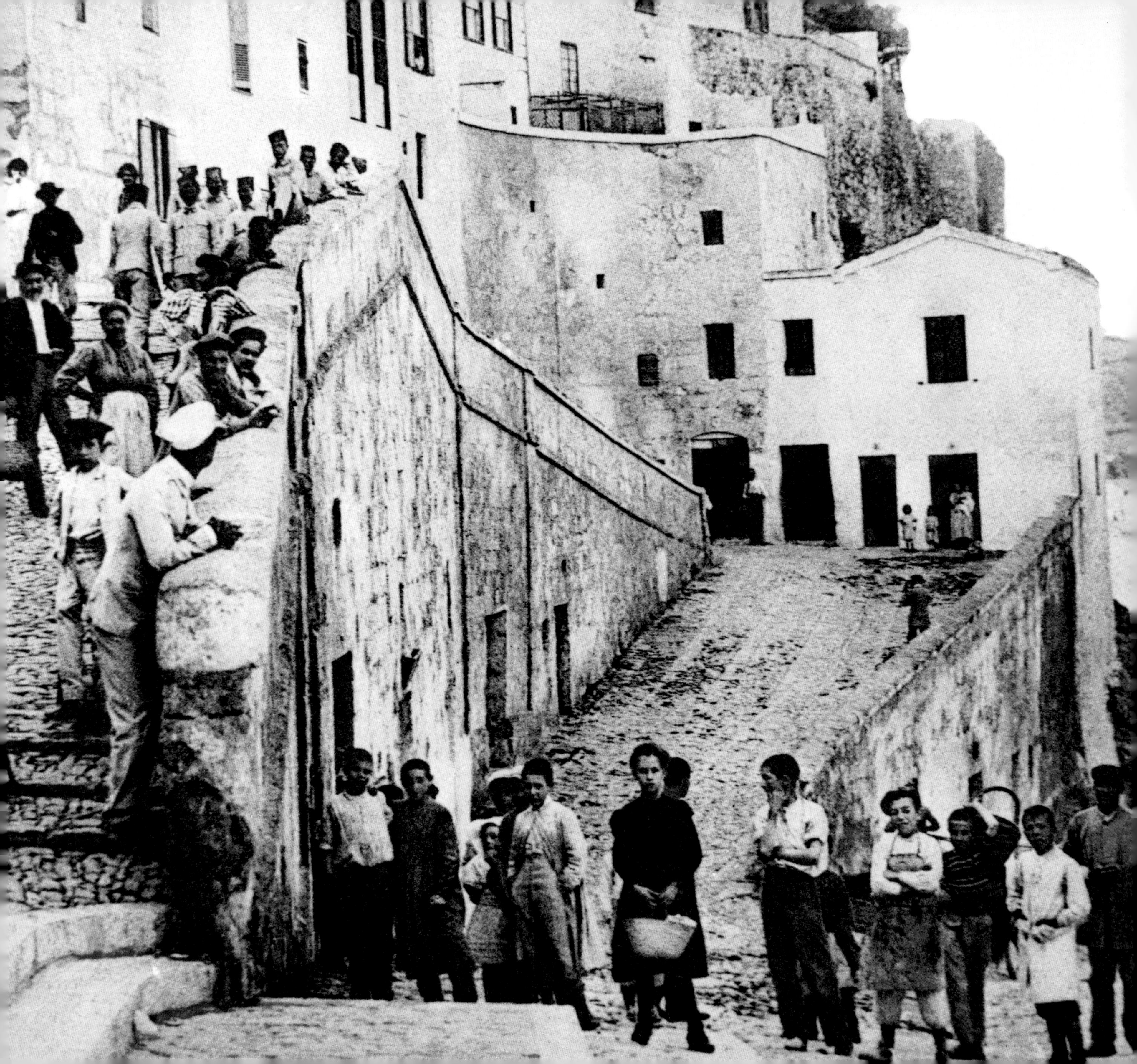

port de Maó

La majoria de ciutats que tenen port han crescut a l'entorn de l'activitat que aquest ha generat. Maó no n'és una excepció, i moltes han estat les plomes que ja han glossat en el passat les seves excel·lències. La càmera no podia, en aquest sentit, deixar passar la gran quantitat de motius que, dia a dia, en la quotidianitat o en data assenyalada, s'esdevenen en aquest paratge mariner.

L'activitat portuària ha estat –i encara és– tan rica, que les imatges parlen per elles mateixes. Embarcacions de tota mena i mida, procedents de mil racons dels set mars han trobat refugi en aquest port natural, el més gran de la Mediterrània, segons diuen. Flotes de diverses armades, vaixells de càrrega, de passatgers, de pescadors... La vida comercial, civil i militar gira de forma intensa en aquest àmbit, en uns temps on l'aviació era encara incipient i gairebé amateur.

És així com s'ha anat configurant la cultura d'un poble que no ha viscut mai d'esquena al seu port, sinó que s'hi ha abocat, i l'ha convertit en un dels seus tresors, obert al món, compartit per tots, veïns i forasters.

L'esperit i la personalitat d'aquest port que dóna nom a la ciutat que cresqué al seu darrere continuen mantenint-se intactes, malgrat el pas del temps i els nous usos.

BAIXADA AL PORT

Quina fascinació, tenir davat una càmera que ens observa!

¡Qué fascinación, tener delante una cámara que nos observa!

The fascination of being observed by a camera

PLAÇA ESPANYA

La pescateria, tan semblant l'edifici,
tan canviant el transport

La pescadería, tan parecido el edificio,
tan cambiante el transporte

The mode of transport may have changed,
but the fish market remains the same

La mayoría de ciudades que tienen puerto han crecido en torno a la actividad que éste ha generado. Maó no es una excepción, y muchas han sido las plumas que ya han glosado en el pasado sus excelencias. La cámara no podía, en este sentido, dejar pasar la gran cantidad de motivos que, día a día, en la cotidianidad o en fechas señaladas, se suceden en este paraje marinero.

La actividad portuaria ha sido –y es aún– tan rica, que las imágenes hablan por sí solas. Embarcaciones de todas clases y medidas, procedentes de mil rincones de los siete mares han encontrado refugio en este puerto natural, el mayor del Mediterráneo, según dicen. Flotas de diversas armadas, barcos de carga, de pasajeros, de pescadores... La vida comercial, civil y militar gira de forma intensa en este ámbito, en unos tiempos en que la aviación era todavía incipiente y casi amateur.

Así es cómo se ha ido configurando la cultura de un pueblo que no ha vivido nunca de espaldas a su puerto, sino que se se ha volcado en él, y lo ha convertido en uno de sus tesoros, abierto al mundo, compartido por todos, vecinos y forasteros.

El espíritu y la personalidad de este puerto que da nombre a la ciudad que creció a su lado siguen manteniéndose intactos, a pesar del paso del tiempo y los nuevos usos.

The majority of cities with sea ports have grown around the activity generated by the harbour. Maó is no exception, and the praises of this unique port have been sung over the centuries. The camera could not overlook the vast quantity of images of both everyday life and special occasions that took place here.

The activity of the port was, and still is, dynamic, and the photographs speak for themselves. Vessels of all shapes and sizes from all ports of origin of the seven seas found refuge in this natural harbour, the largest, or so it is said, in the Mediterranean. Naval fleets, cargo ships, passengers, fishermen... Commercial, civil and military life revolved around this environment in a time when air travel was still rudimentary and almost amateur.

The city that grew up alongside took the name of the port and never again turned its back on the harbour that was its raison d'être. Indeed, the city has done its utmost to make the waterfront its most precious treasure, open to the world, and shared by all, natives and visitors alike. The spirit and personality of the port remain intact today, despite the intervening years and the new uses to which it is put.

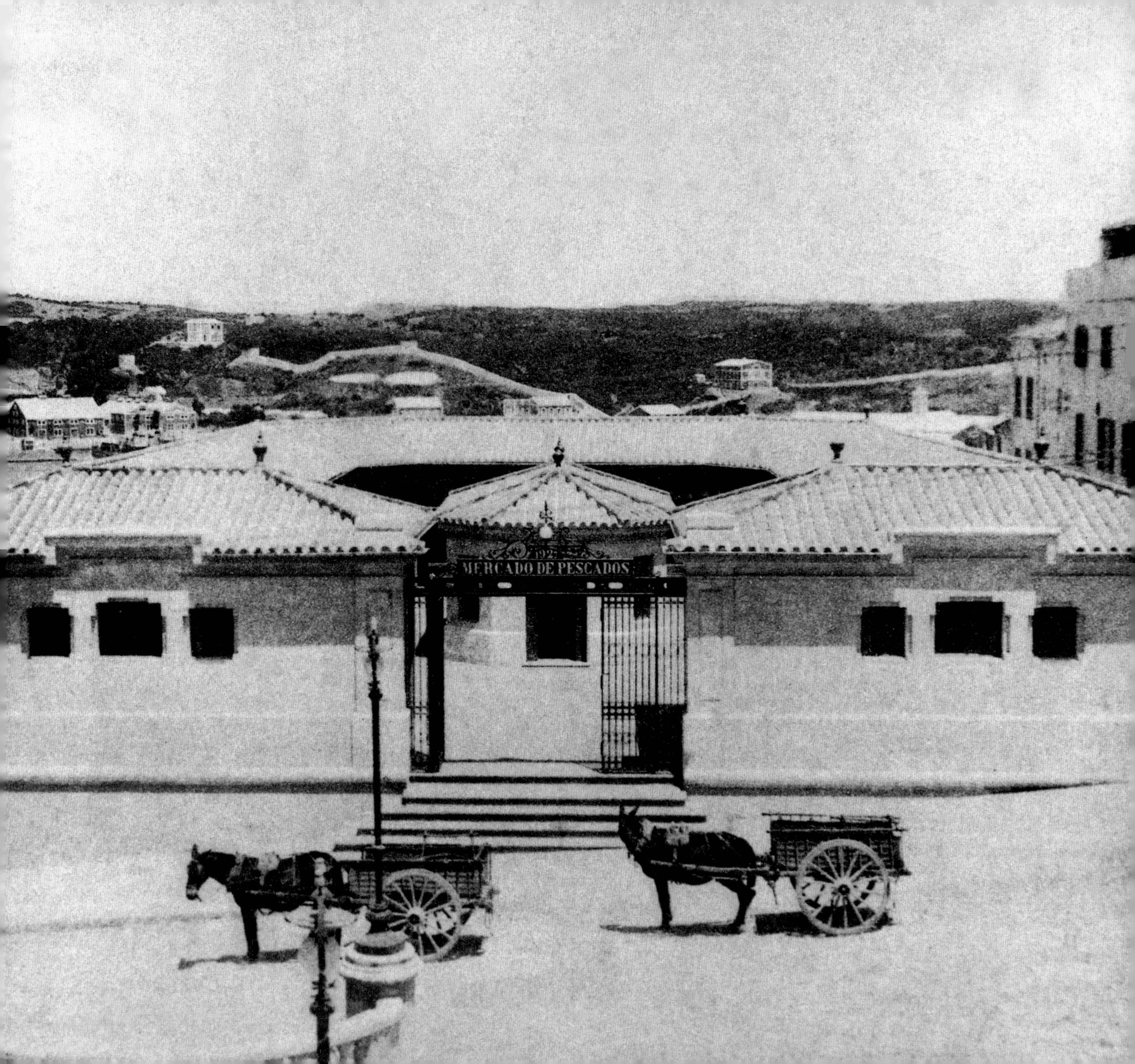
1927
MERCADO DE PESCADOS

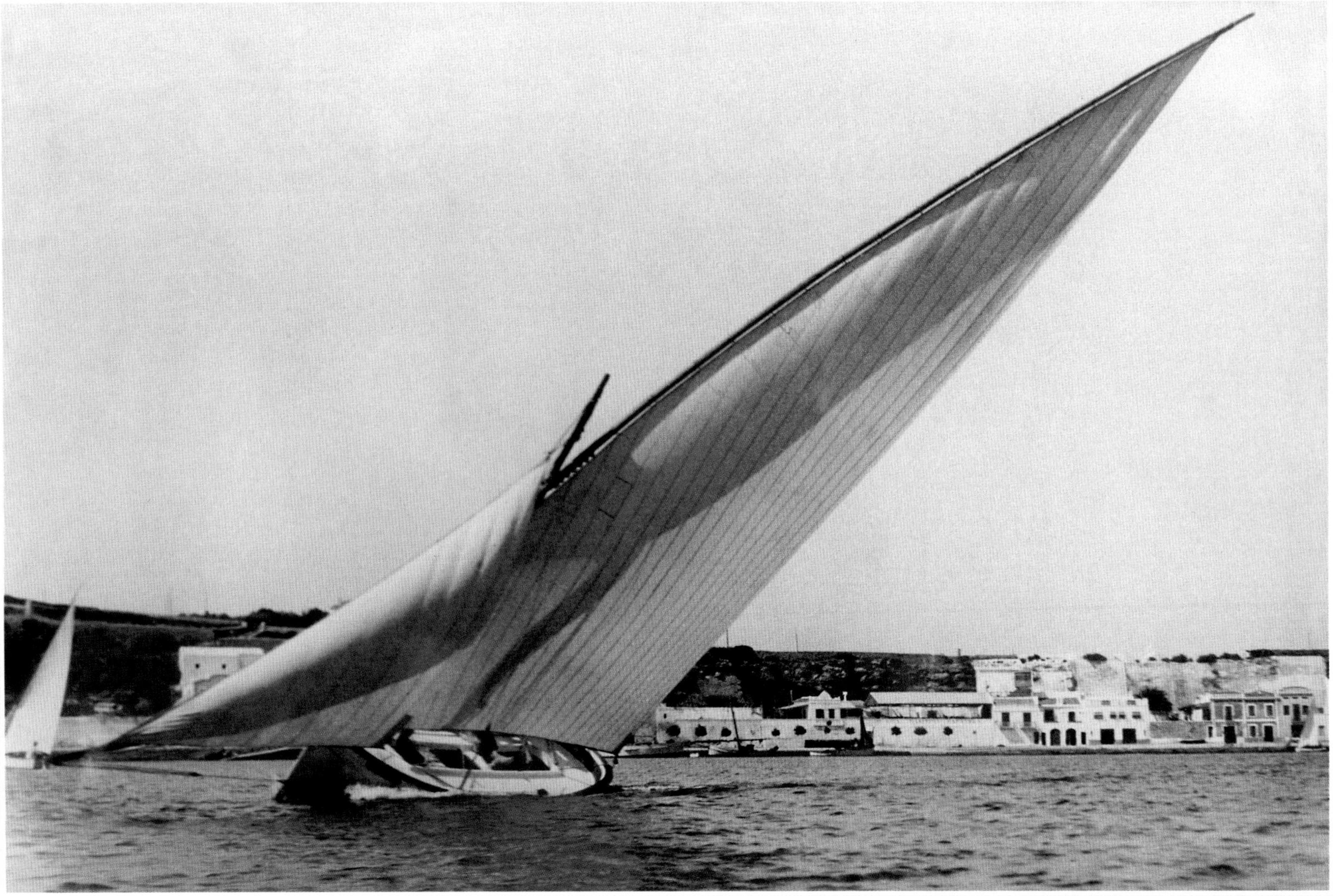

La vela llatina desplega tota l'esplendor quan els vents col·laboren

La vela latina despliega todo su esplendor cuando los vientos colaboran

The lateen sail,, unfurls its full splendour with the help of the winds

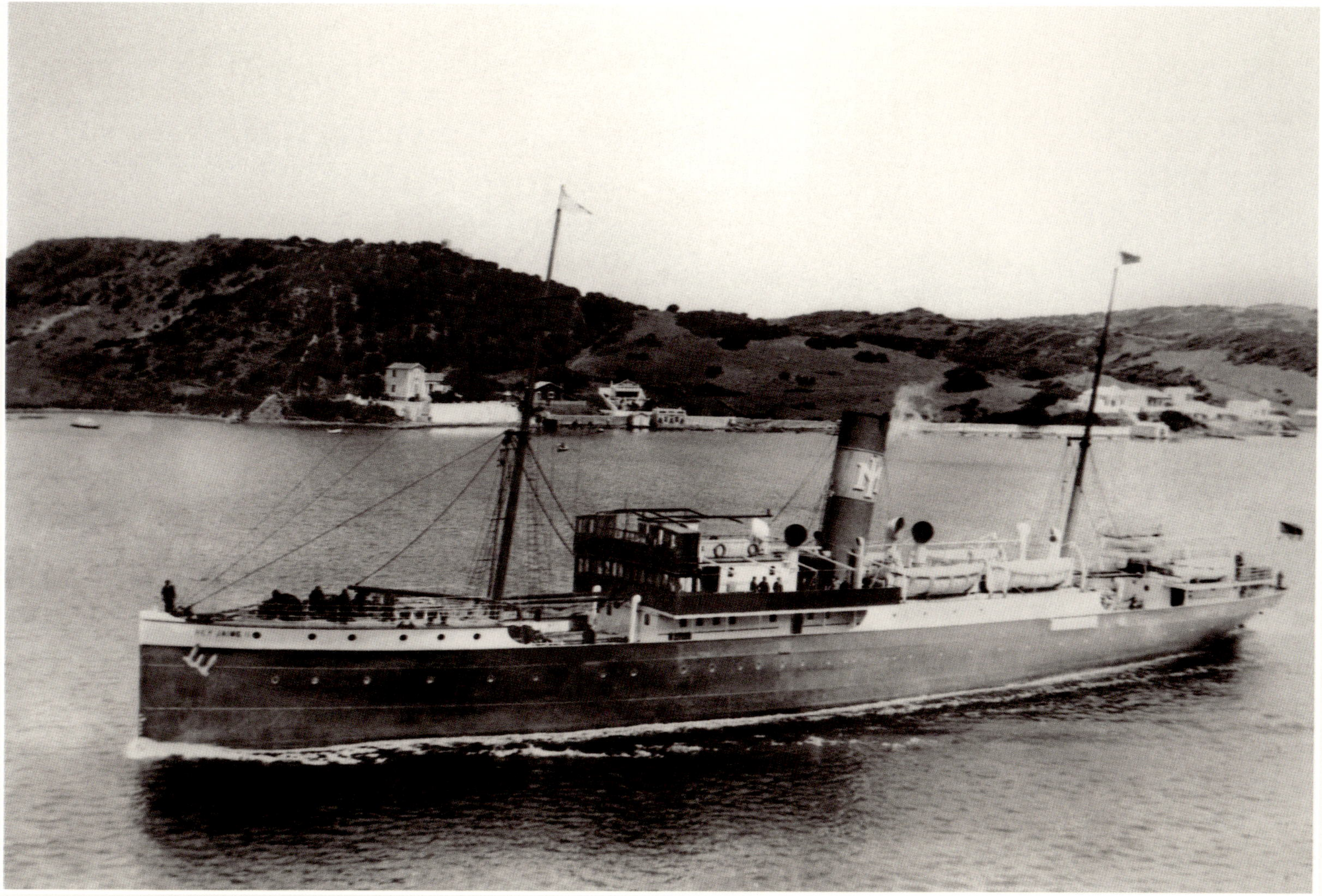

Just quatre casetes defineixen les cales de l'altre costat

Sólo cuatro casitas definen las calas de la orilla opuesta

Just a few houses define the shoreline of the far side of the port

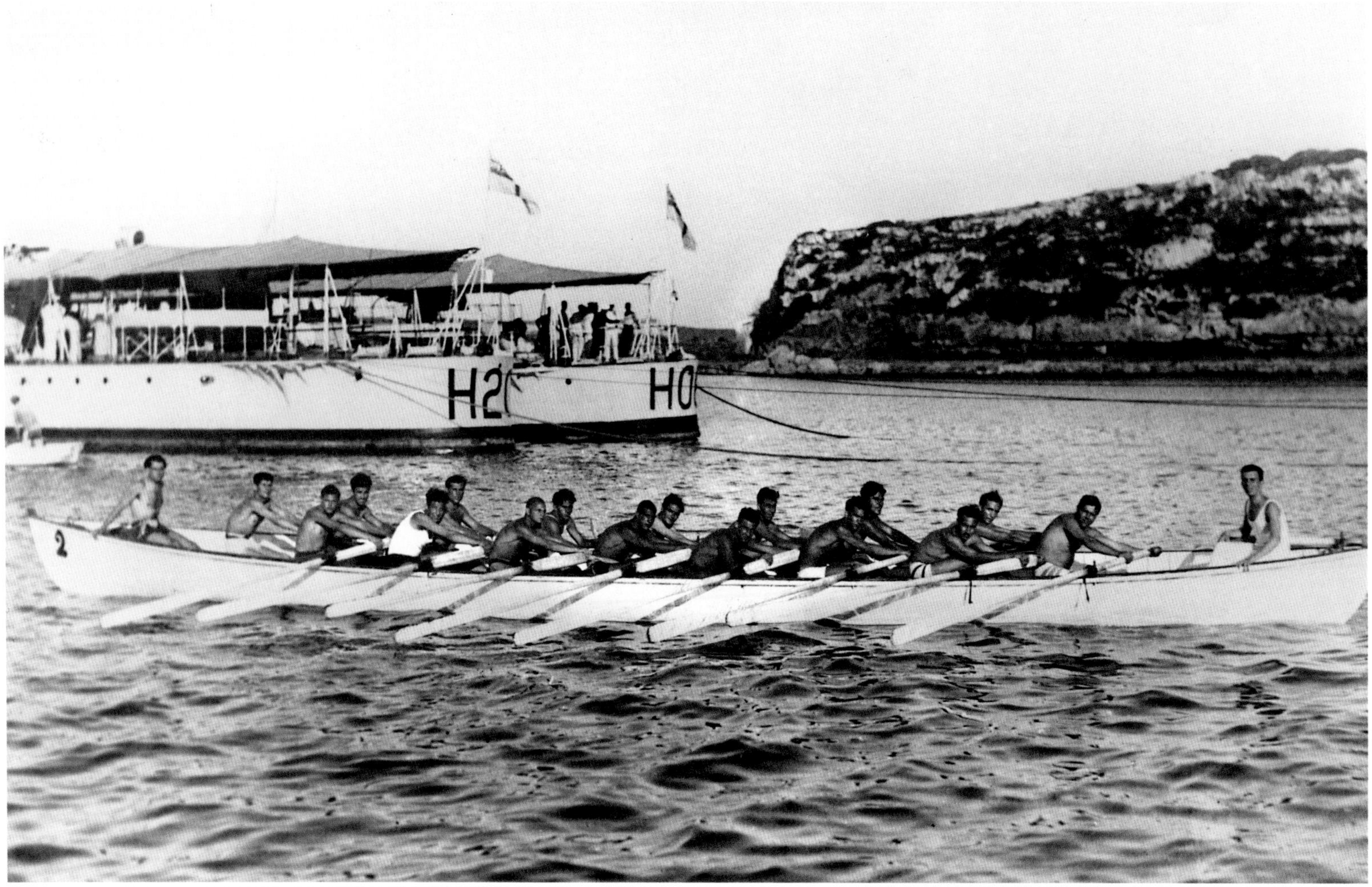

▲

Remers! No badeu que perdreu el nord!

¡Remeros, no os distraigáis que vais a perder el norte!

Oarsmen! Don't be distracted or you'll lose your way!

BAIXAMAR

►

El pont de fusta de Sa Colàrsega té els dies comptats amb l'arribada dels cotxes

El puente de madera de Sa Colàrsega tiene los días contados con la llegada de los automóviles

Days are counted for the Colàrsega wooden bridge with the arrival of motor vehicles

SA COLÀRSEGA

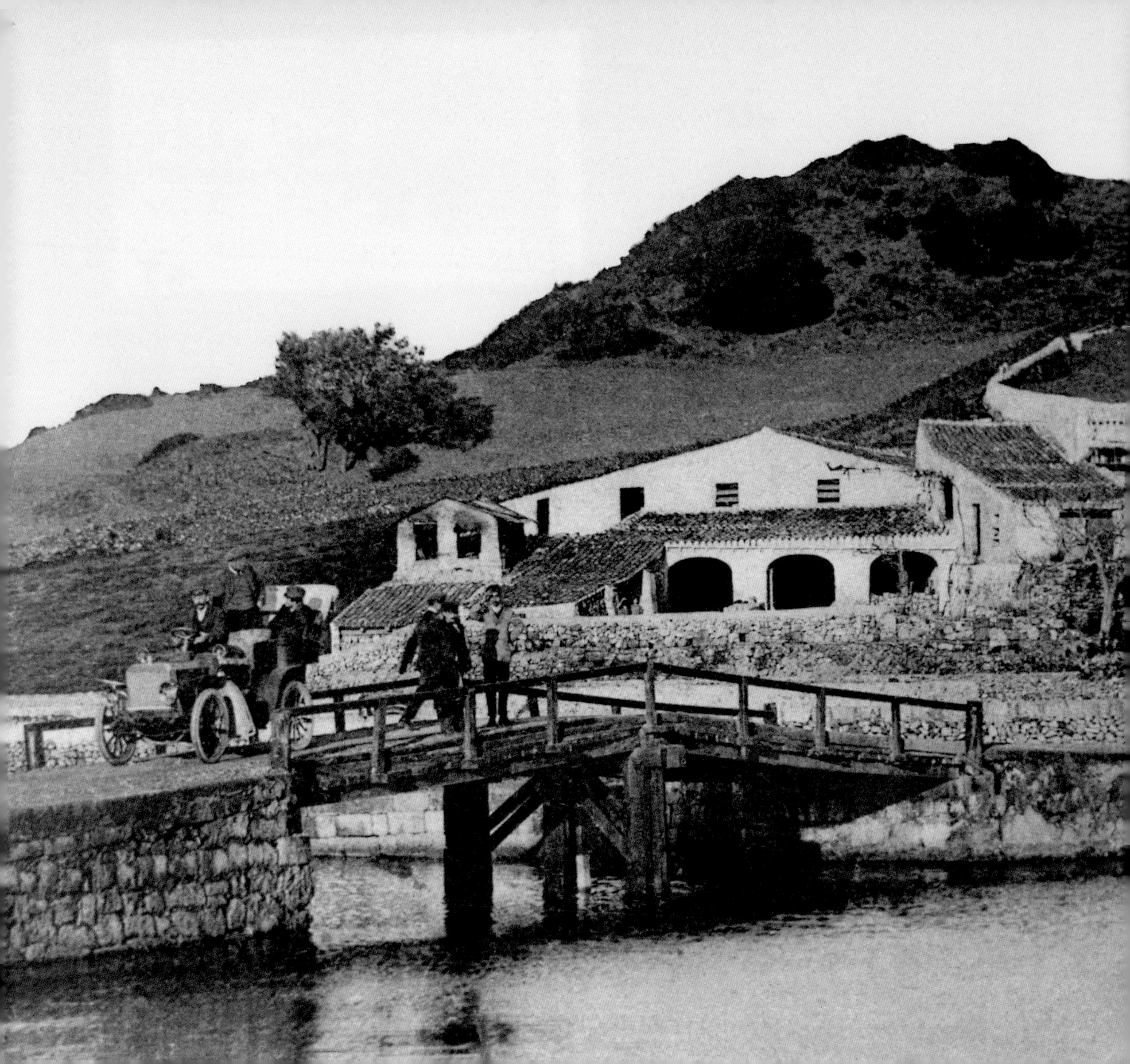

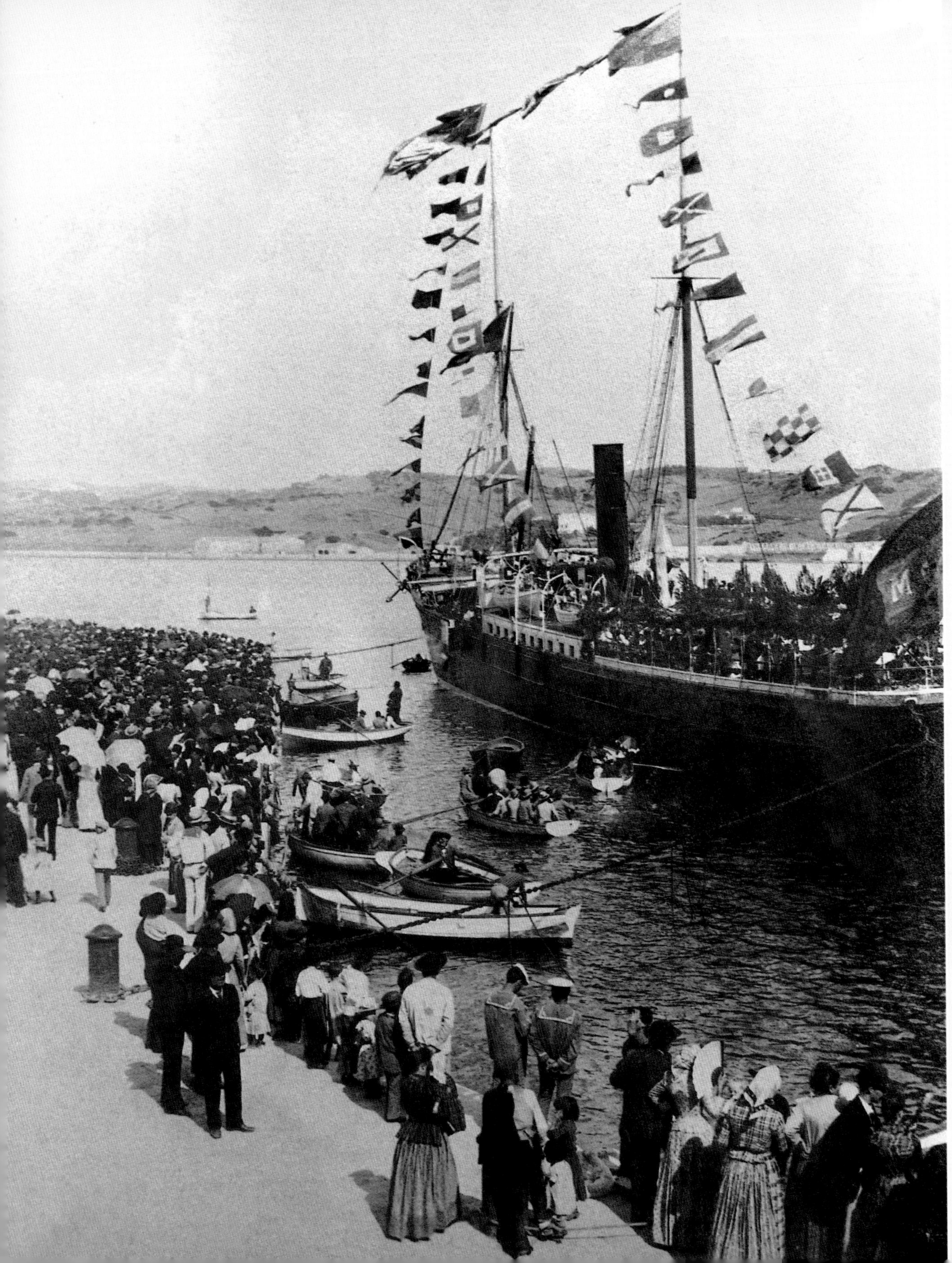

L'arribada d'un gran personatge
provoca una curiositat inusitada

La llegada de un gran personaje
provoca una curiosidad inusitada

The arrival of a celebrity
arouses great curiosity

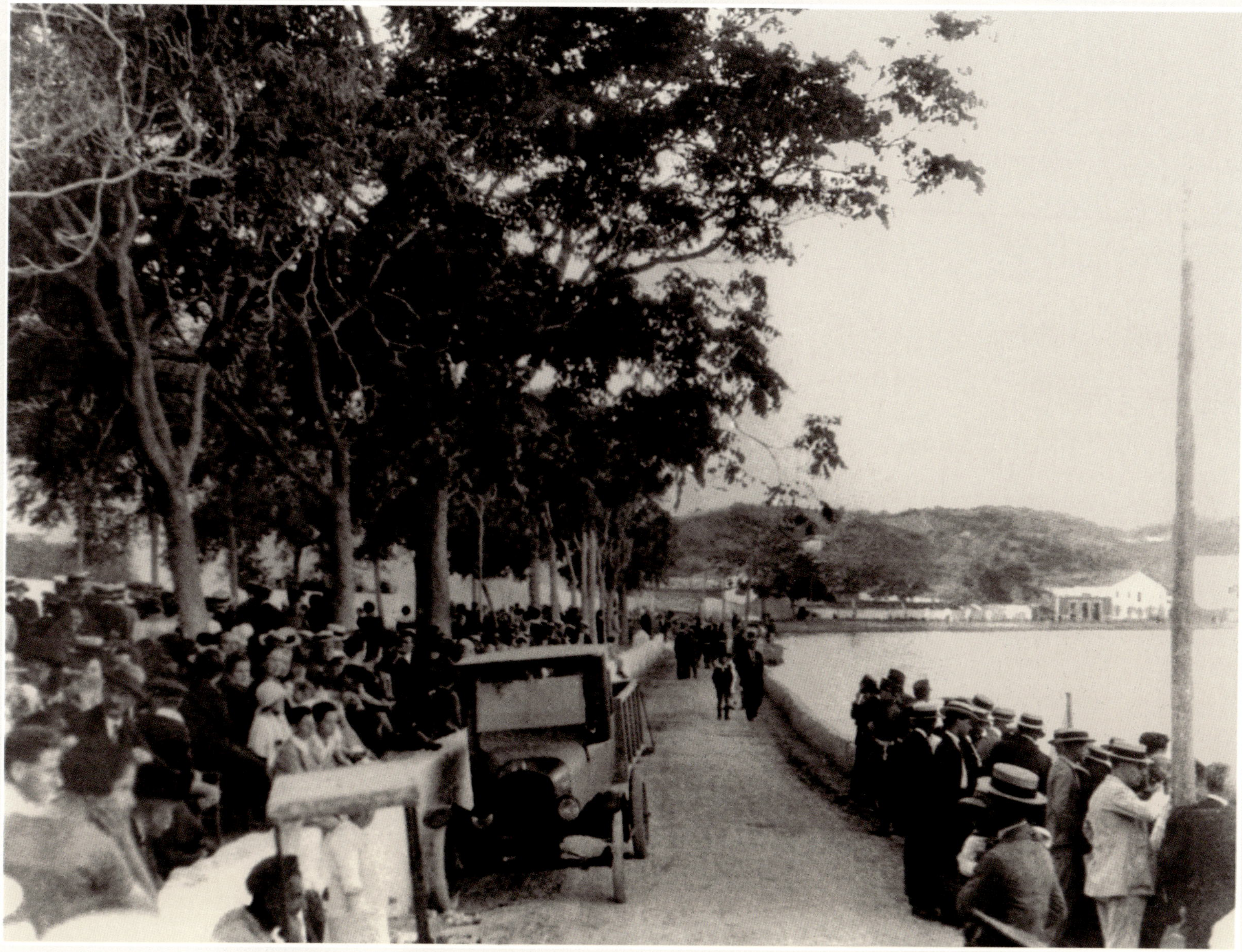

El passeig s'omple per festes de capells endiumenjats

El paseo se llena en días de fiesta de sombreros encopetados

The promenade decked out in its Sunday best

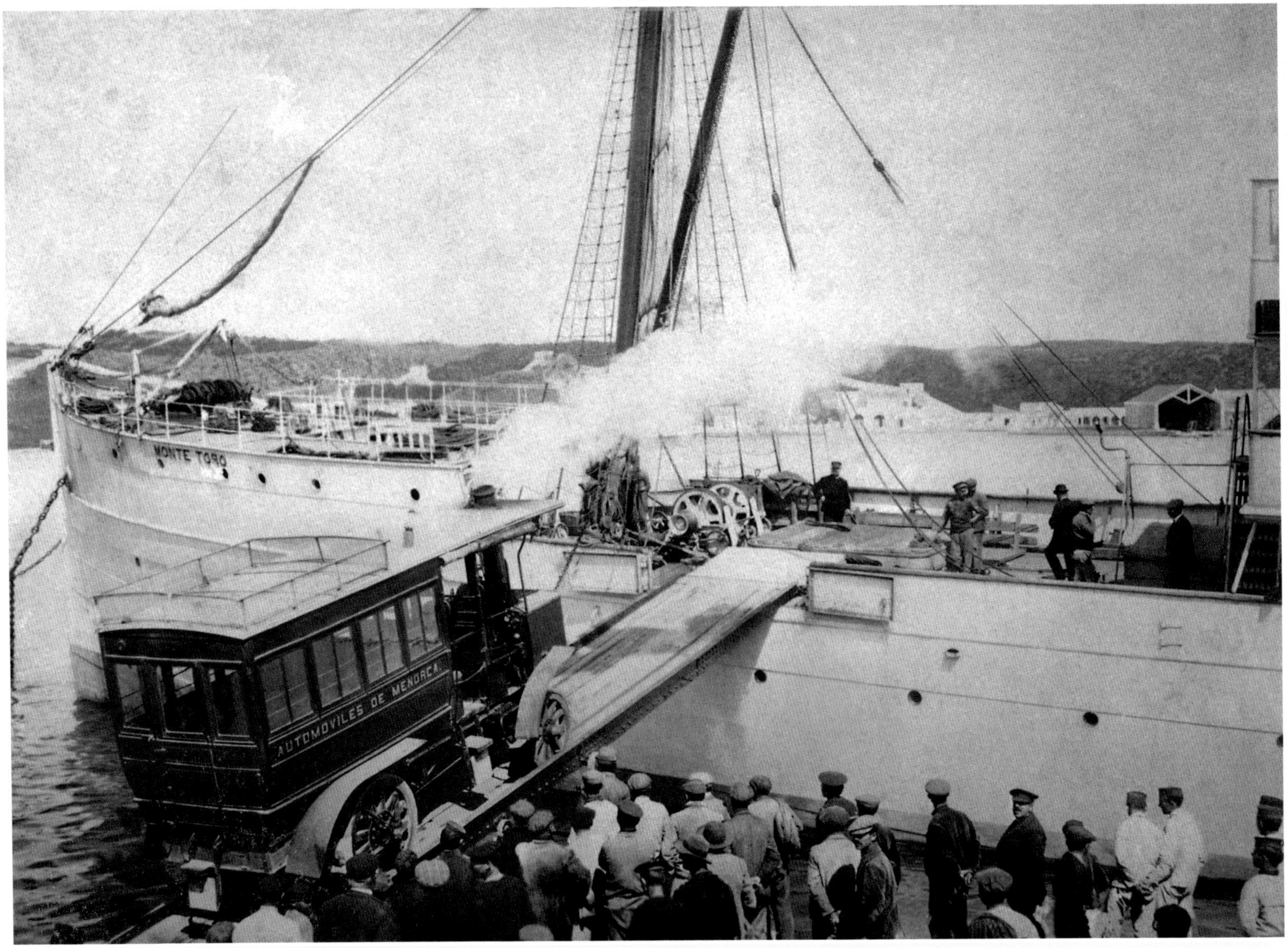

▲

Baixi o pugi el cotxe, quin fumeral!
I quina expectació!

▲

Suba o baje el coche, ¡vaya chimenea!
¡Y qué expectación!

▲

Going up or coming down?
Lots of smoke and expectation

BAIXAMAR

▶

Canvien els temps, però la maniobra
continua atraient curiosos

▶

Cambian los tiempos, pero la
maniobra sigue atrayendo curiosos

▶

Times have changed but the
procedure is no less curious

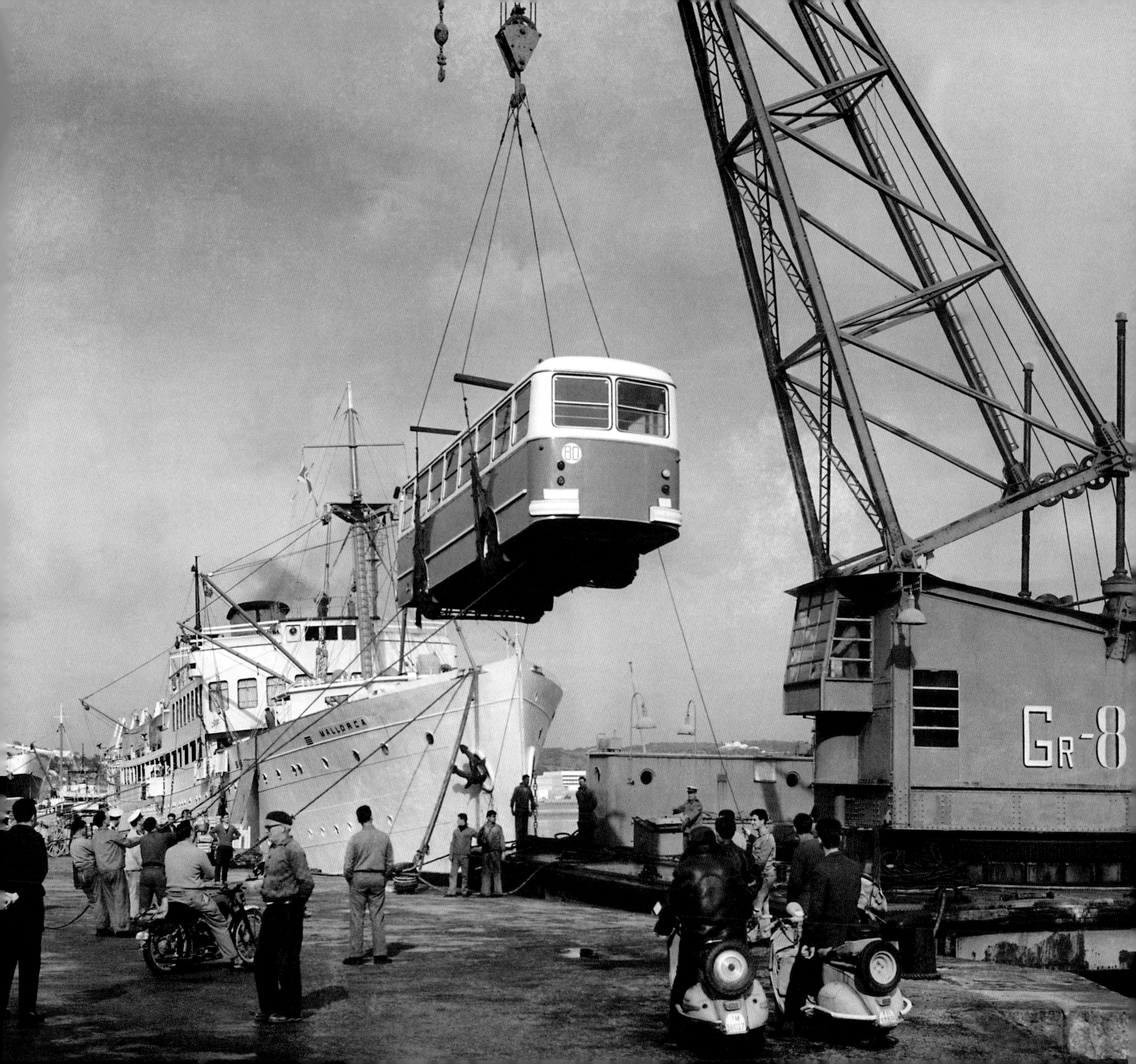
80
MALLORCA
Gr-8

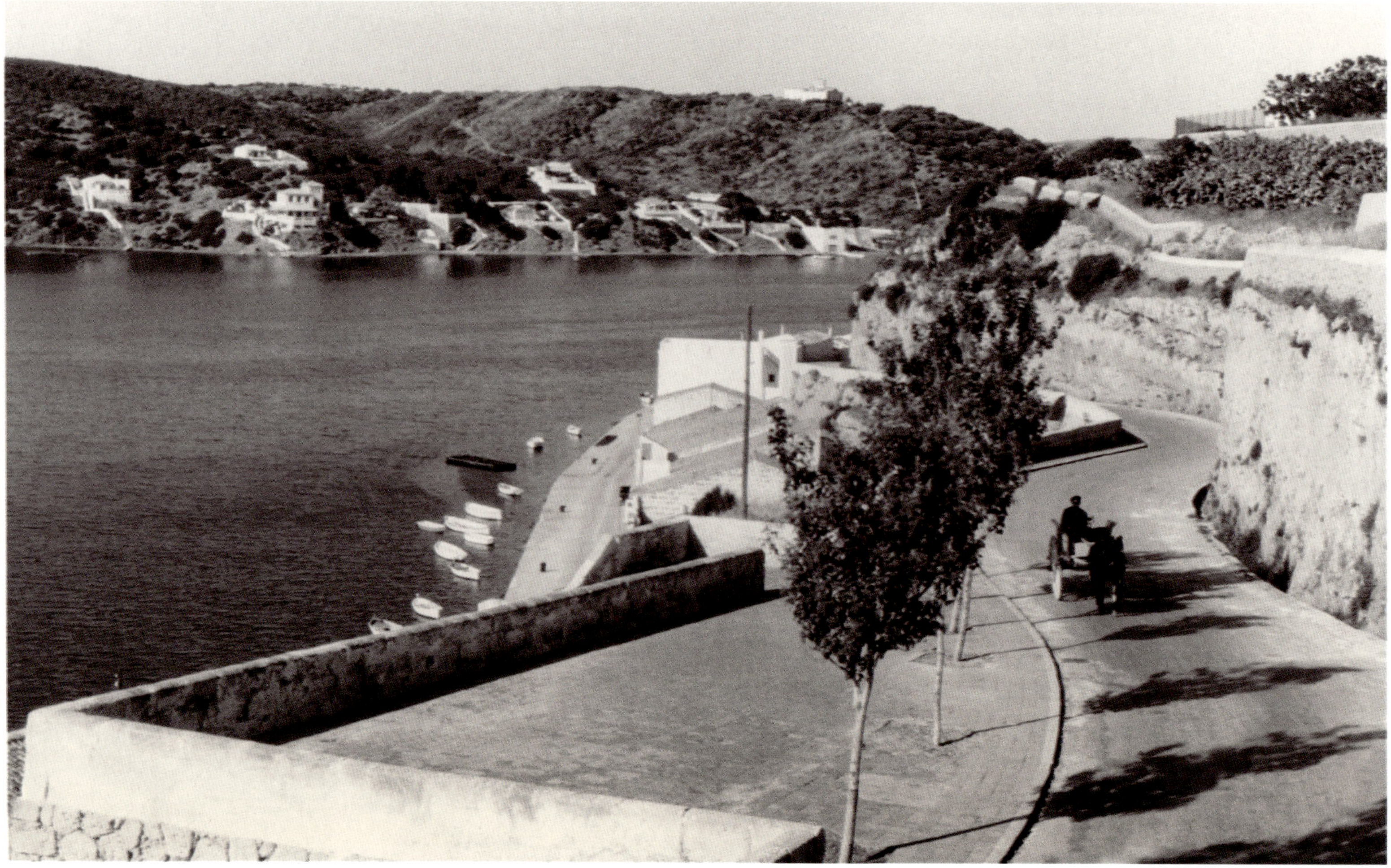

Quina pau traspua
l'espai al capvespre!

¡Qué paz transmite este
espacio al atardecer!

Tranquility reigns in the afternoon

COSTA D'EN REYNÉS

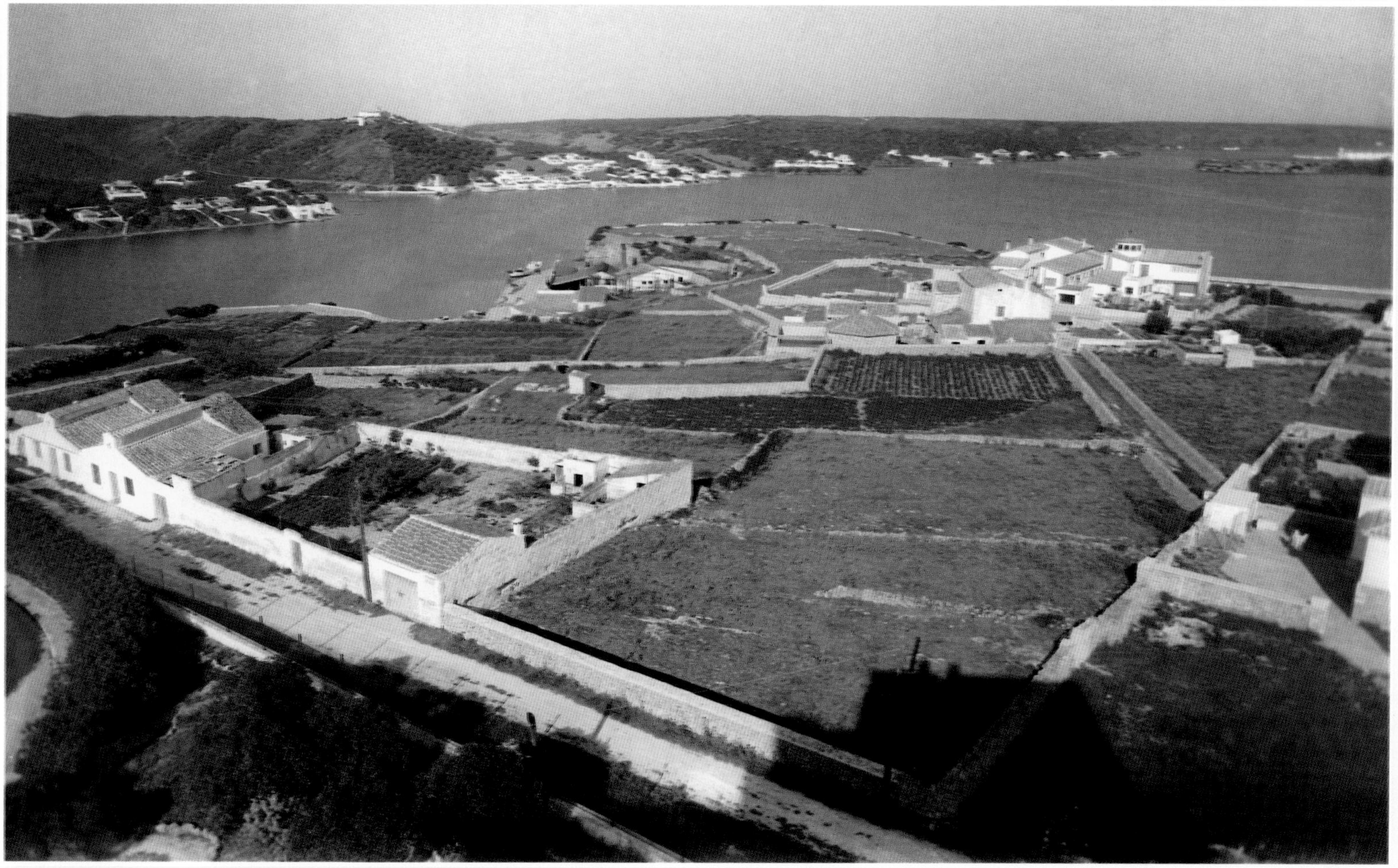

És estrany veure aquest racó tan poc urbanitzat. Durarà gaire?

Es extraño ver este rincón tan poco urbanizado, ¿durará mucho así?

How long will this spot remain unspoilt?

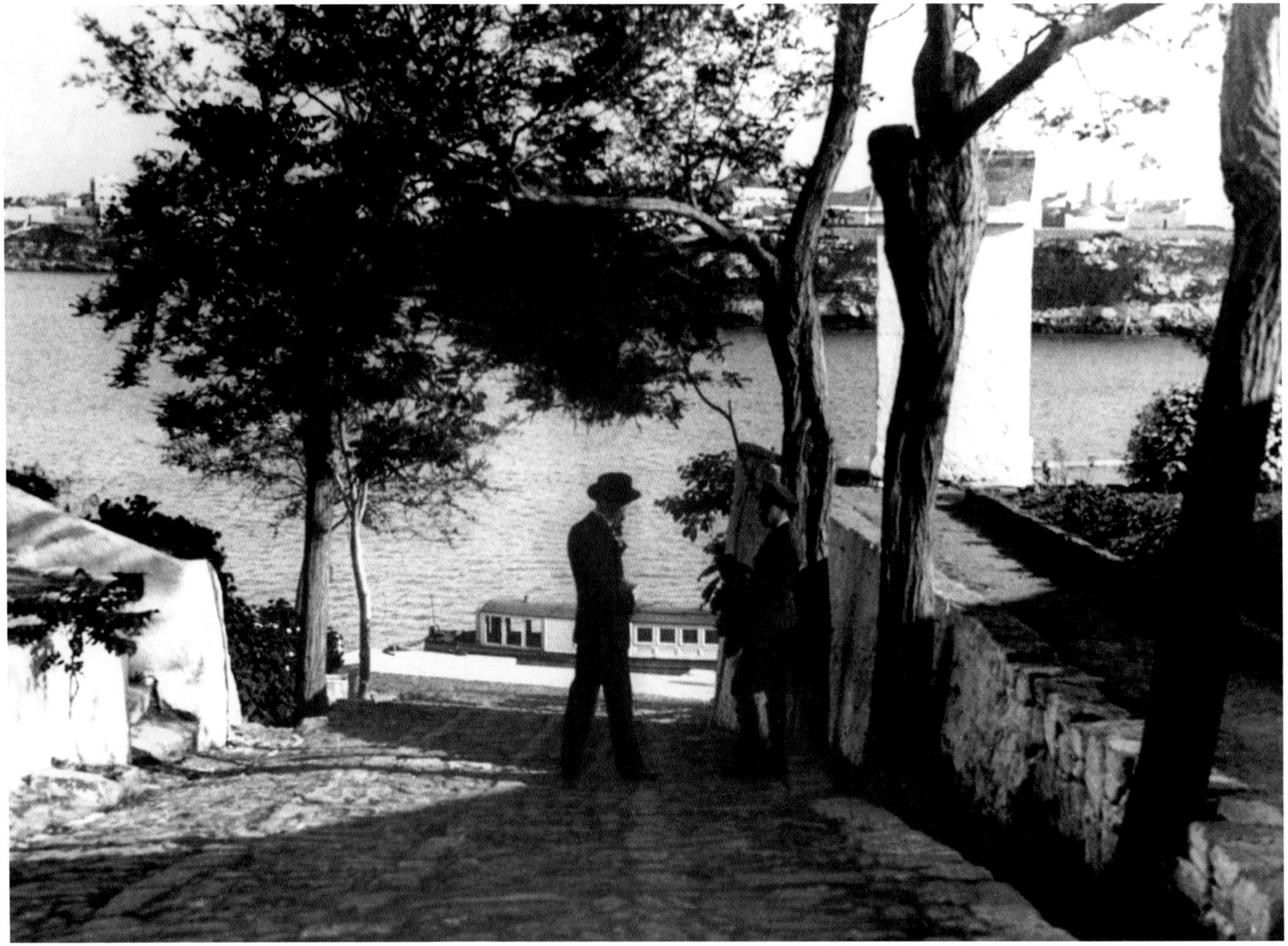

La conversa ajuda a matar l'espera a l'Hospital de l'illot

La conversación ayuda a matar la espera en el Hospital del islote

Conversation helps to pass the time while waiting at the islet hospital

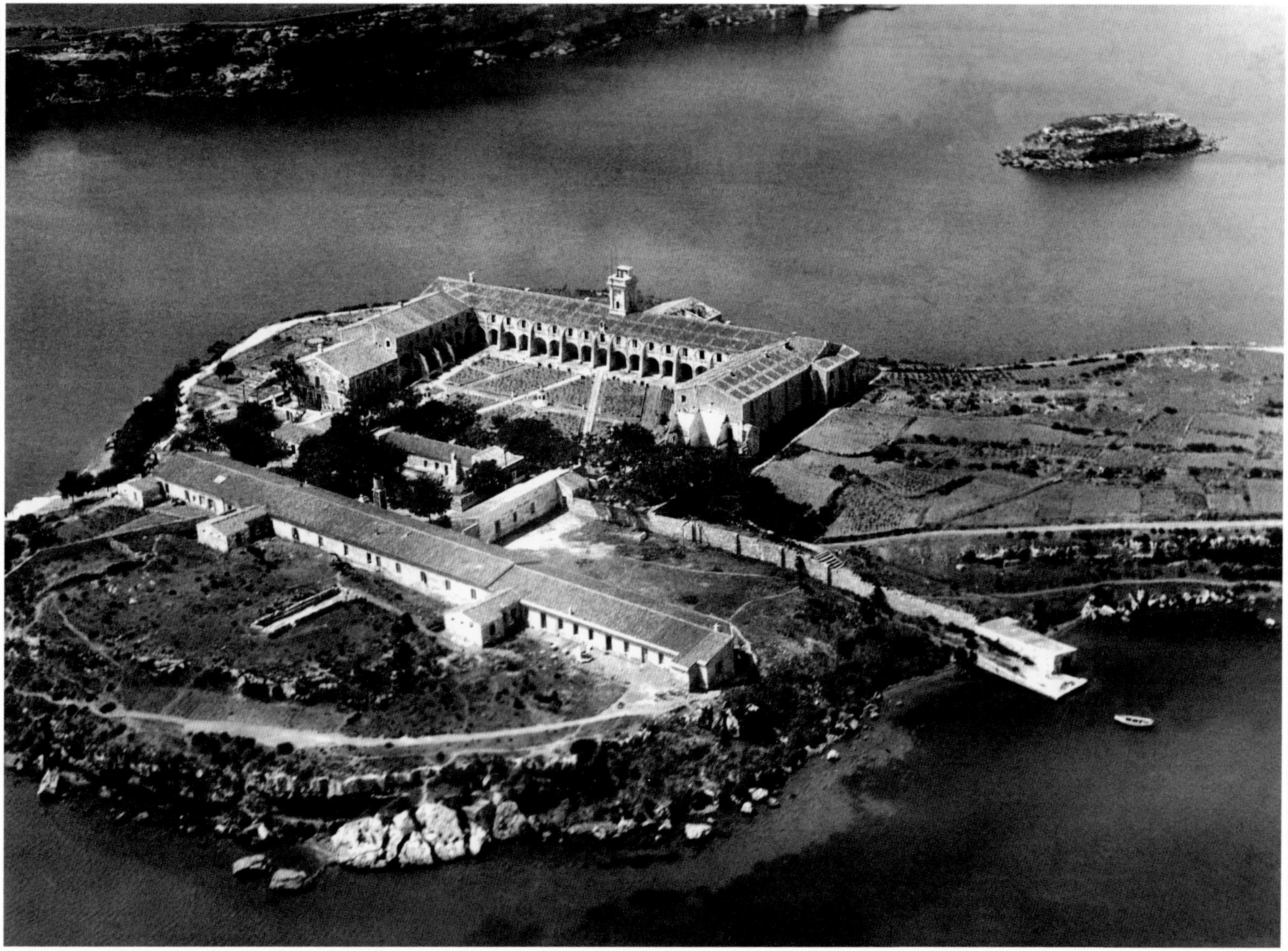

La petita Illa de ses Rates té els dies comptats, degut a les noves necessitats de navegació

La pequeña Illa de ses Rates tiene los días contados, debido a las nuevas necesidades náuticas

The little Rates islet is destined to disappear to make way for increasing traffic

Així, anarem seguint la cinta d'aigua del port, lentament, amb els ribatges minerals a cada banda, dibuixats sinuosament, d'una amplitud diversa, amb petites raconades resguardades del vent.

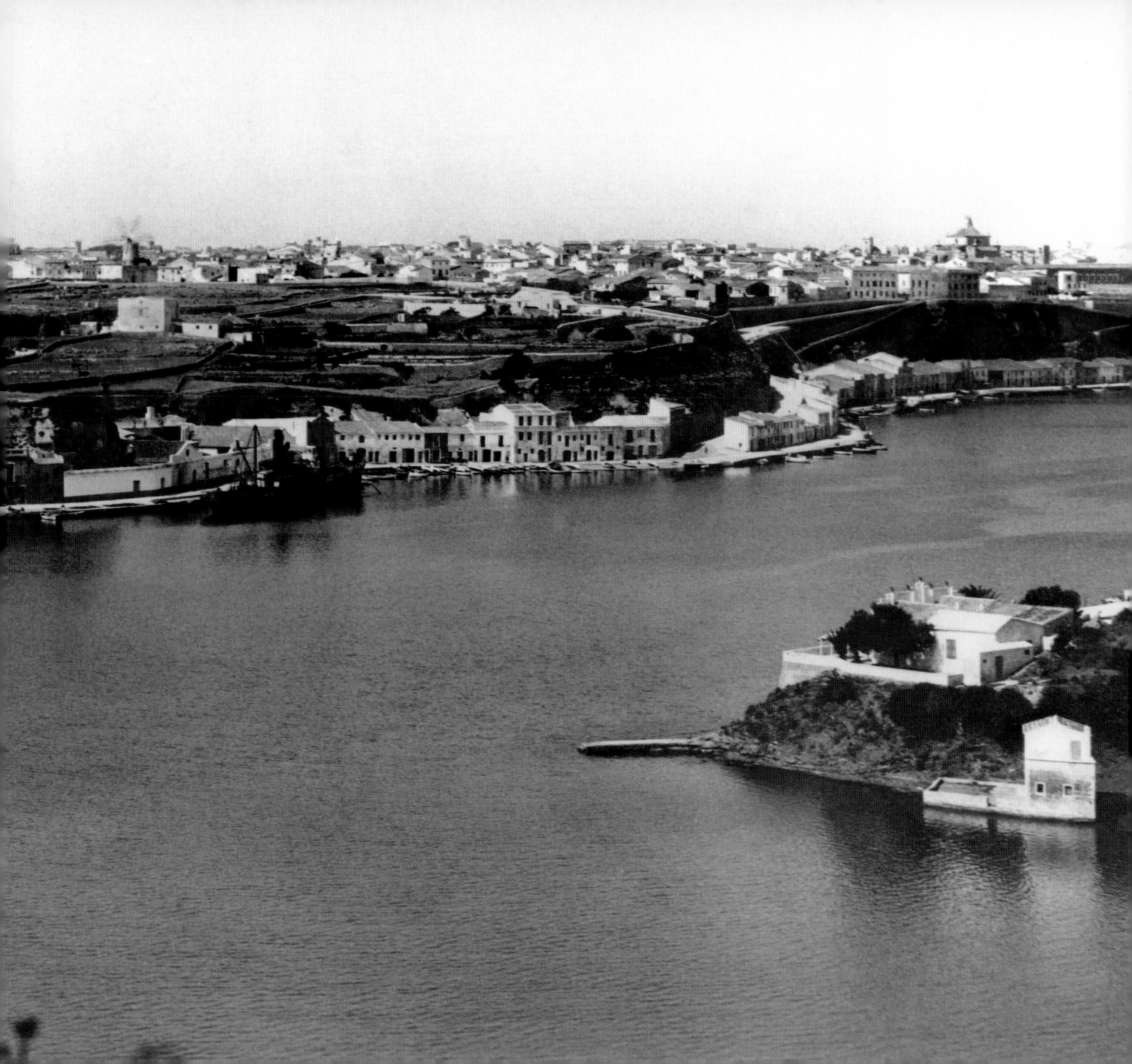

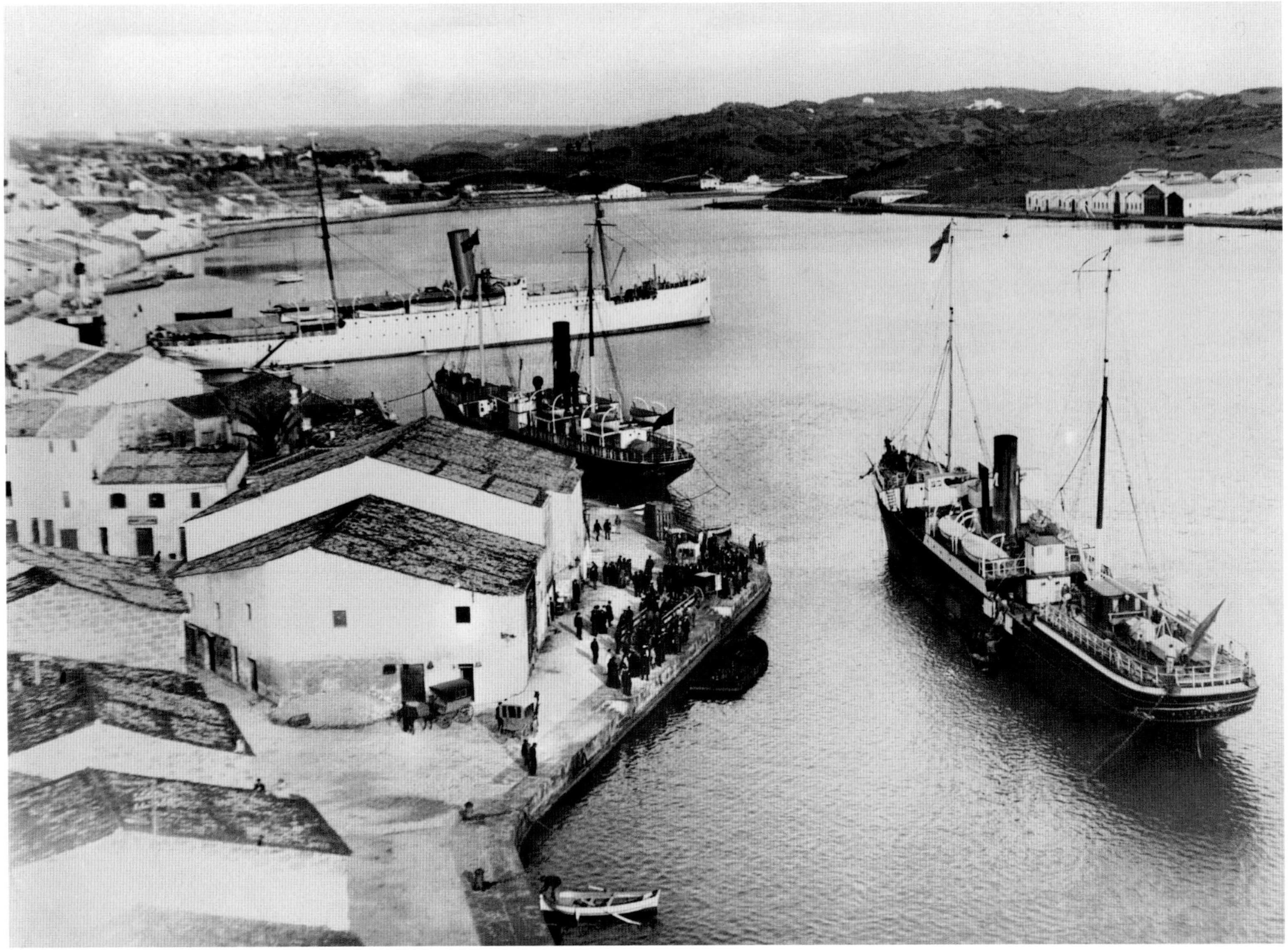

Un reduït moll al peu de la ciutat concentra el trànsit portuari

Un reducido muelle al pie de la ciudad concentra el tráfico portuario

The harbour traffic is concentrated in a tiny port at the foot of the city

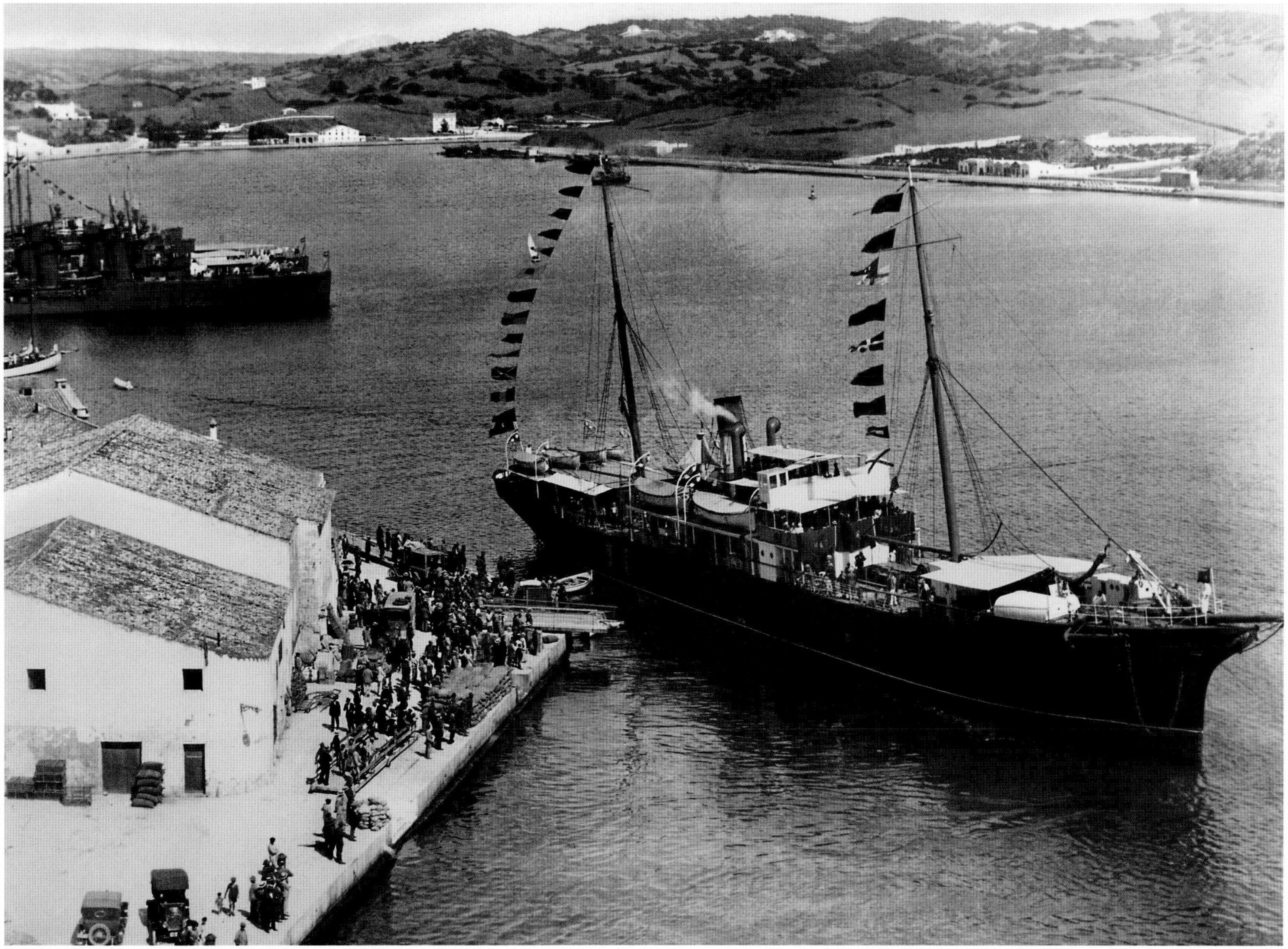

No hi ha por que fracassi la maniobra amb tants vigilants

¡Imposible que fracase la maniobra con tantos vigilantes!

Surely the manoeuvre will be successful with so many onlookers...

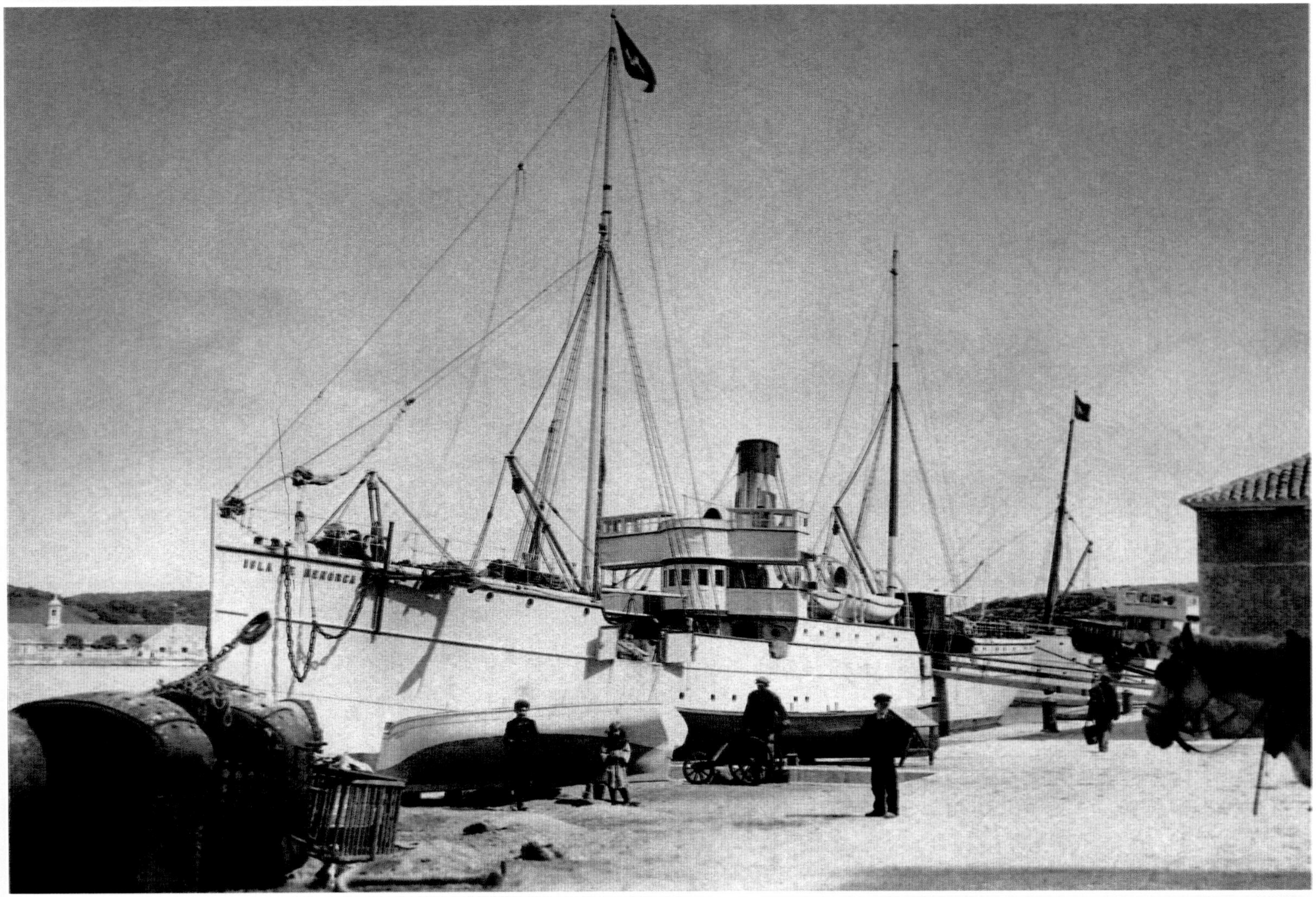

El cavall estira el coll perquè també vol sortir

El caballo estira el cuello porque también quiere salir

A horse impatiently awaits its turn to disembark

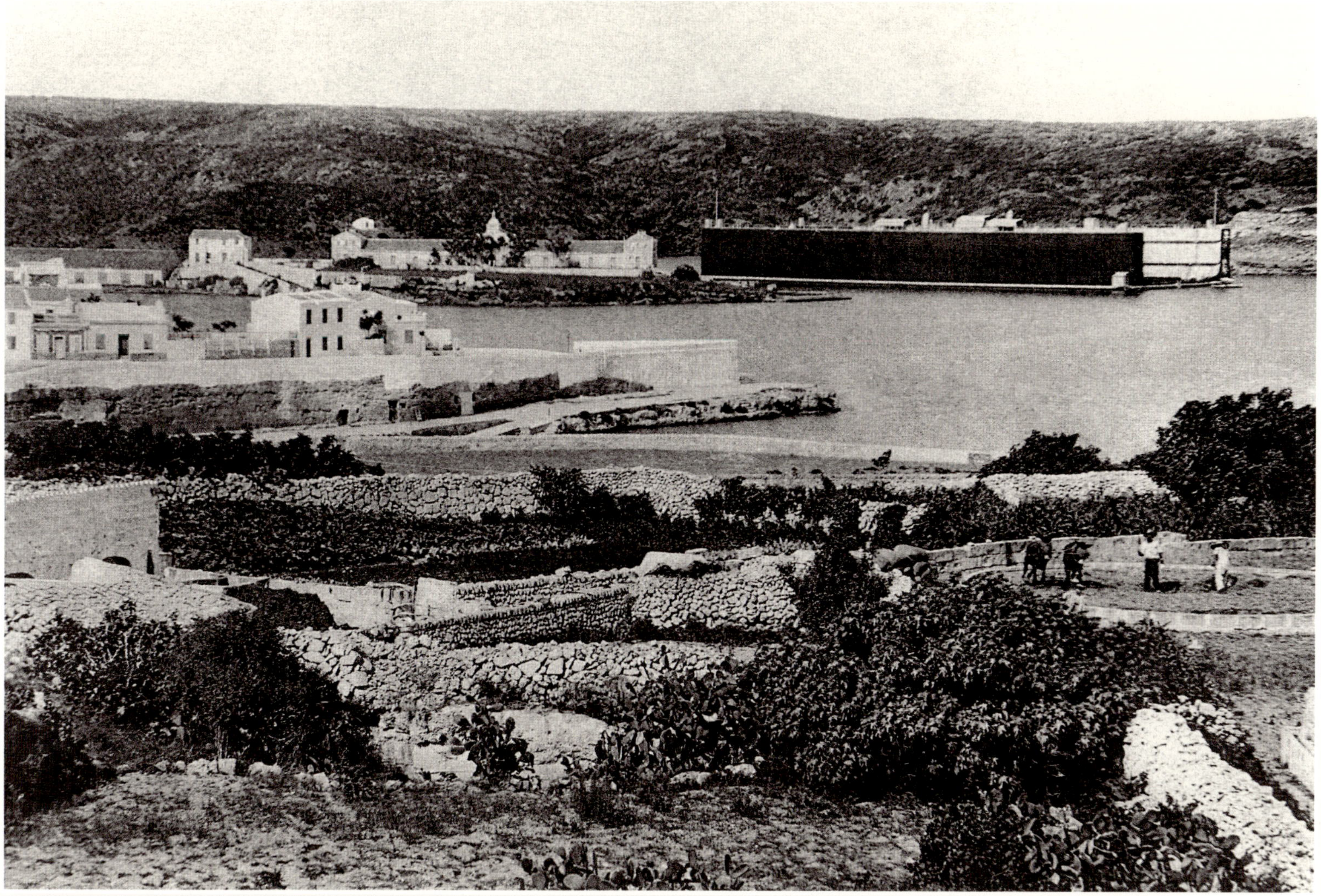

Les feines a l'era i el dic flotant, dues cares diferents d'un mateix indret

Los trabajos en la era y el dique flotante, dos caras diferentes de un mismo lugar

Work on the land and the floating dock, two different aspects of the same place

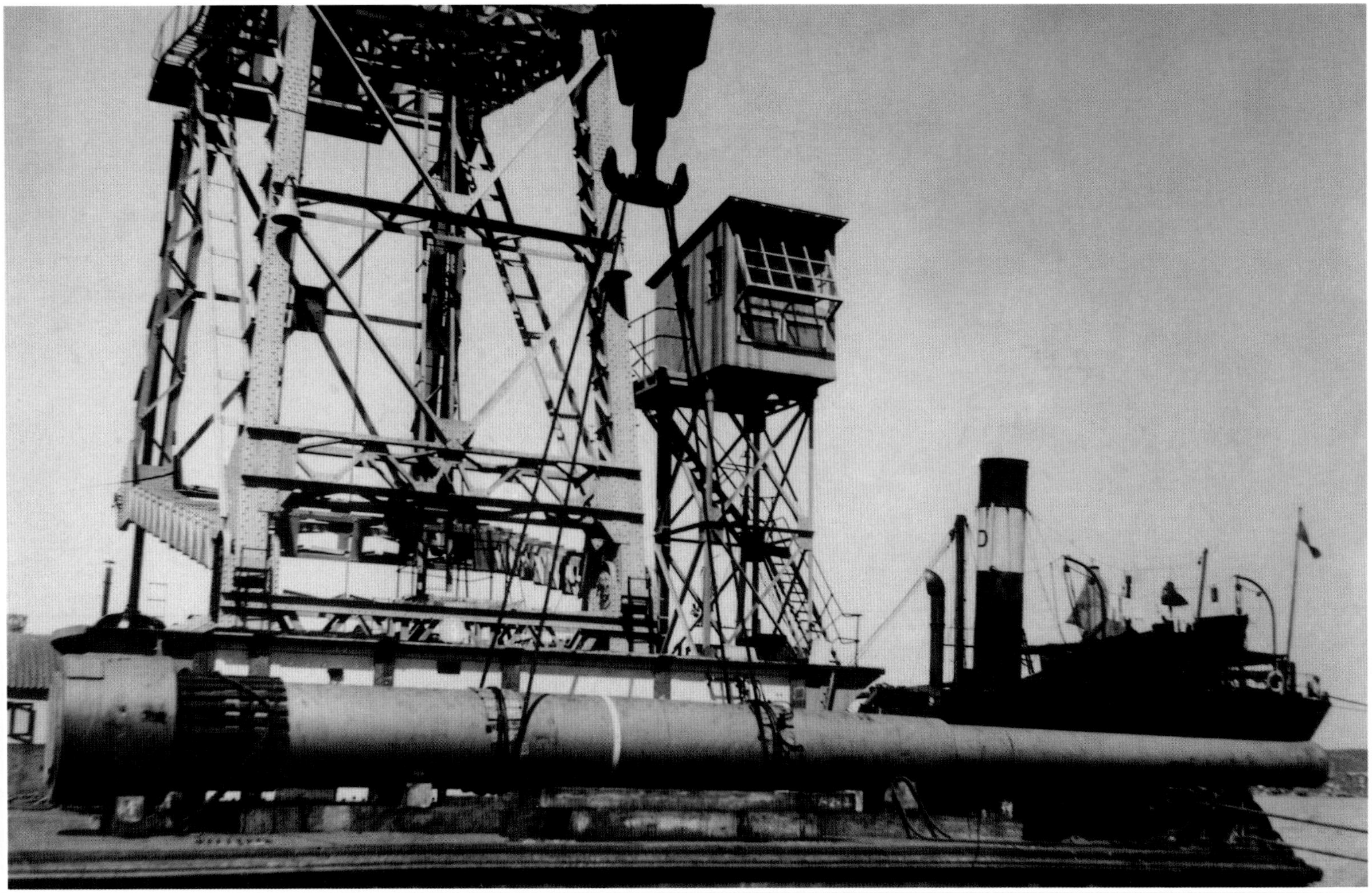

▲ Acer massís, negror de fons, ombres deshabitades. Són temps difícils

▲ Acero macizo, negrura de fondo, sombras deshabitadas. Son tiempos difíciles

▲ Solid steel, uninhabited shadows. Hard times

▲ MOLL

► Aturau la feina, que això mereix una foto!

► ¡Parad la faena, que esto merece una foto!

► A respite from work to pose for the photographer

► CALA FIGUERA

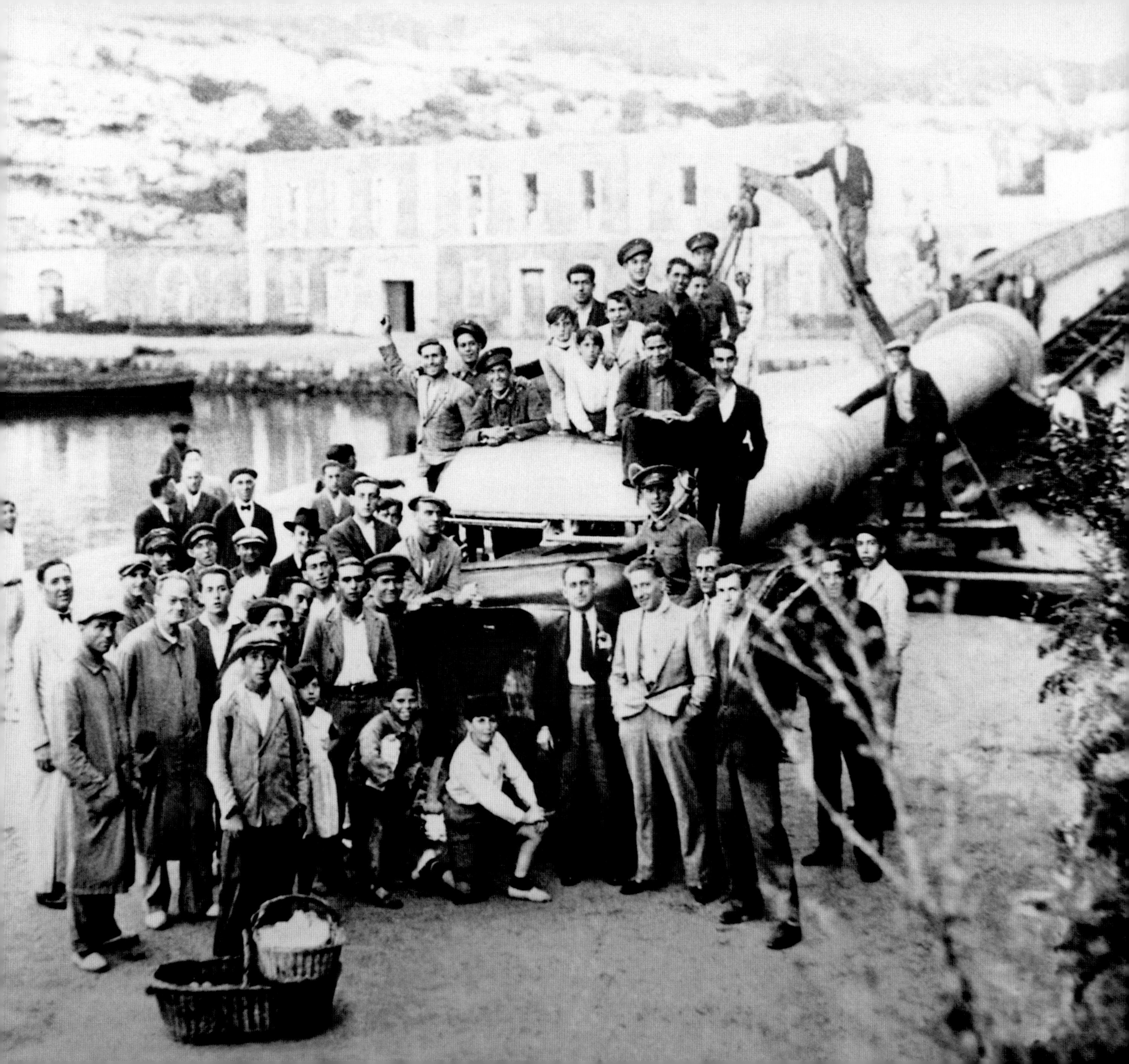

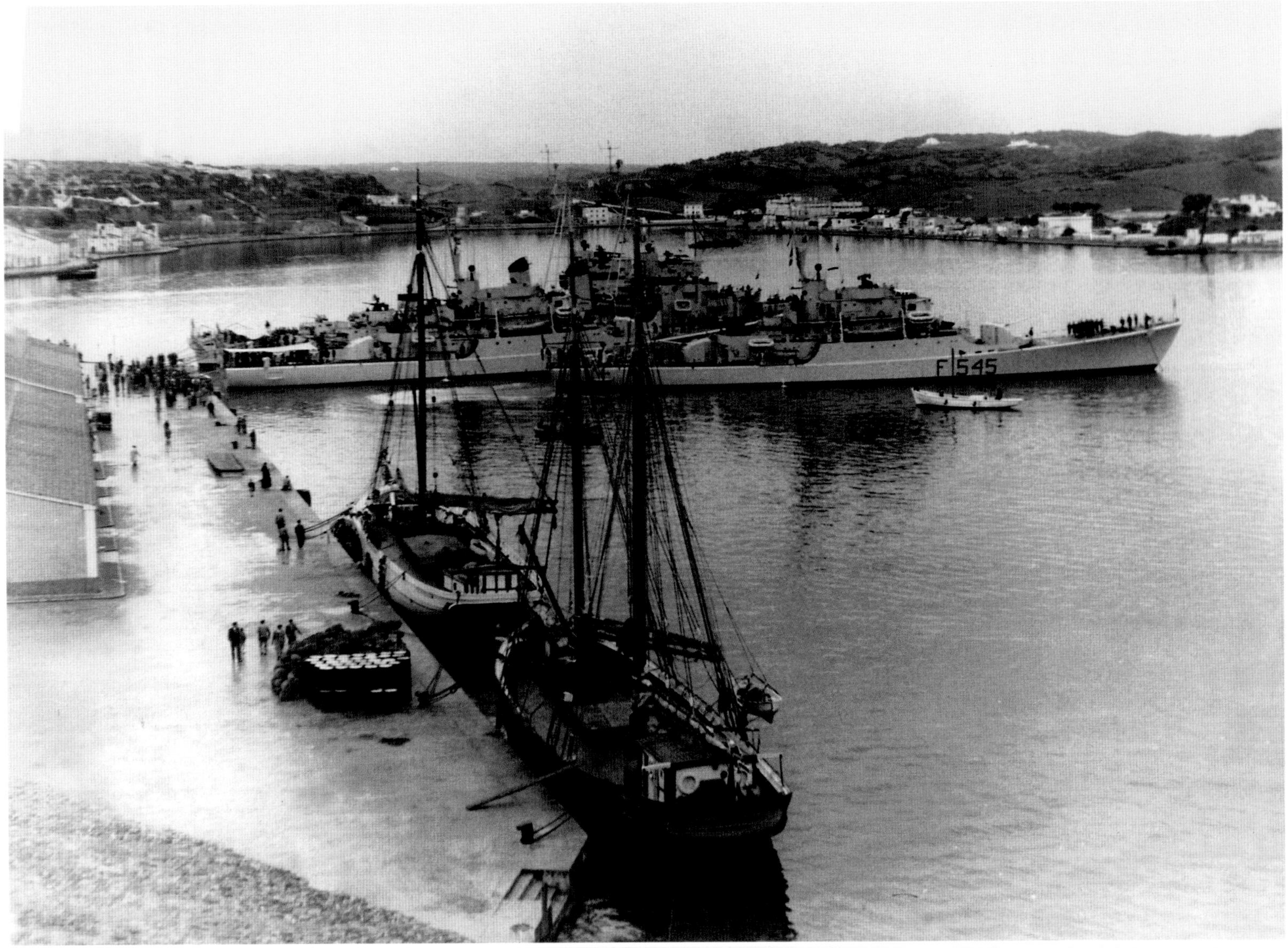

Naus civils i militars mantenen una gran distància tecnològica

Naves civiles y militares mantienen una gran distancia tecnológica

Civil and military craft keep their technological distance

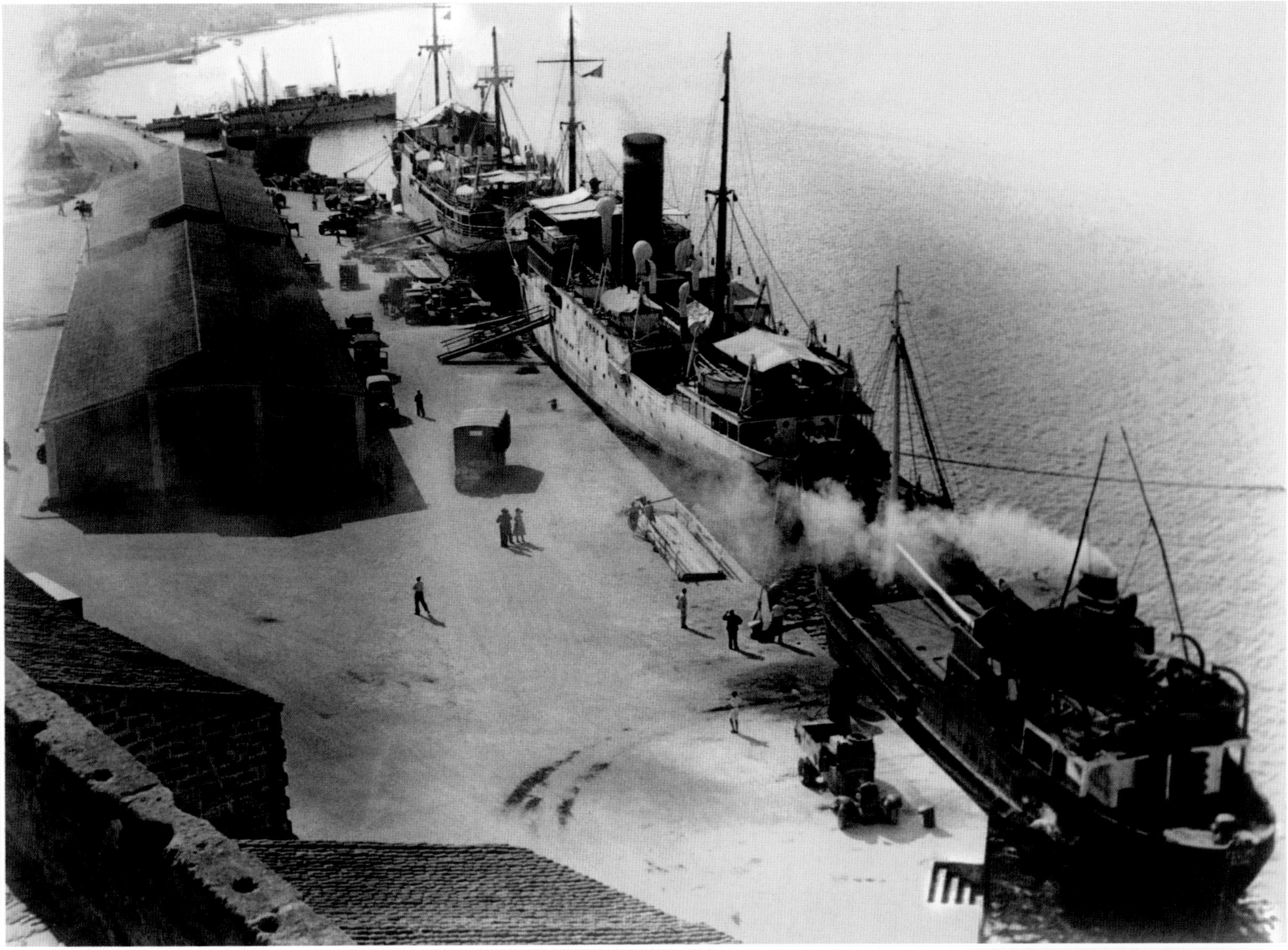

Un moll comercial més gran dóna cabuda a les creixents necessitats del transport

Un muelle comercial más grande da cabida a las crecientes necesidades del transporte

A larger commercial wharf makes room for growing transportation needs

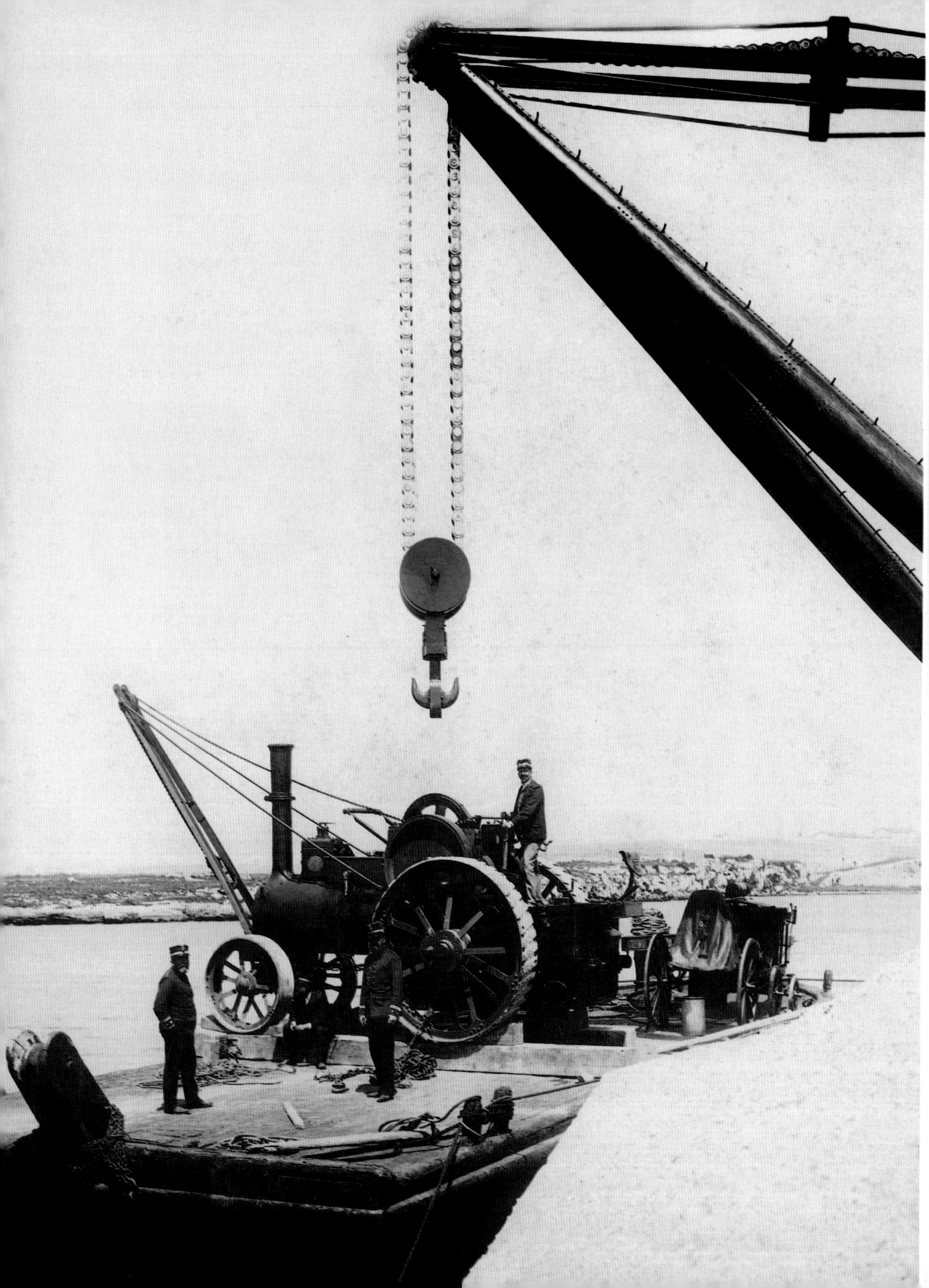

LA MOLA

Els artefactes mecànics inspiren
la composició geomètrica

Los artefactos mecánicos inspiran
la composición geométrica

Mechanical artefacts inspire
geometrical compositions

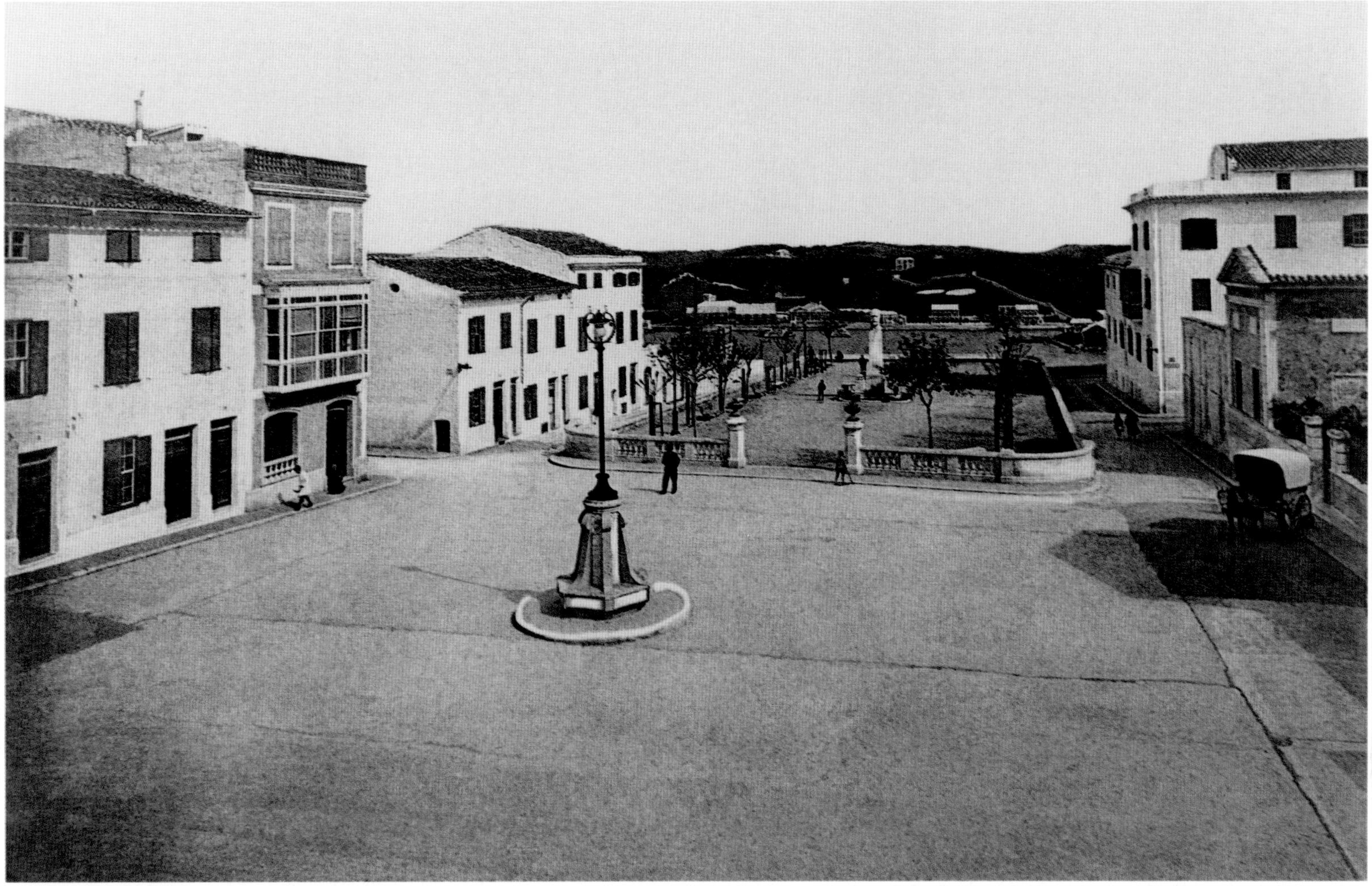

La Miranda, un balcó excel·lent per observar el port i la seva evolució

La Miranda, un excelente balcón para observar el puerto y su evolución

Miranda square, a great mirador over the port and its evolution

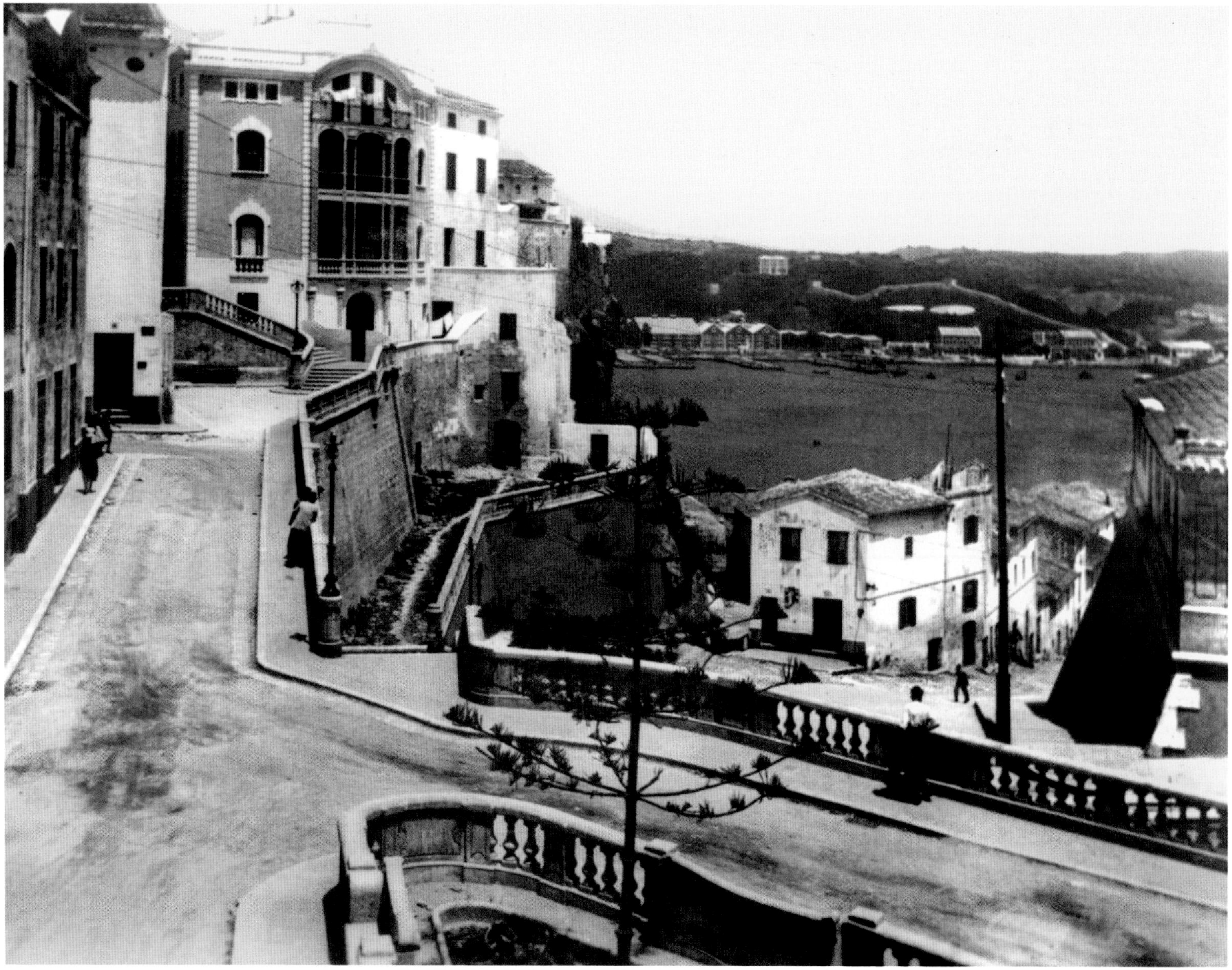

Les antigues costes eren artèries principals de connexió amb Baixamar

Las antiguas cuestas eran las arterias principales de conexión con el muelle

The old *costes* were the principal arteries between the city and Baixamar

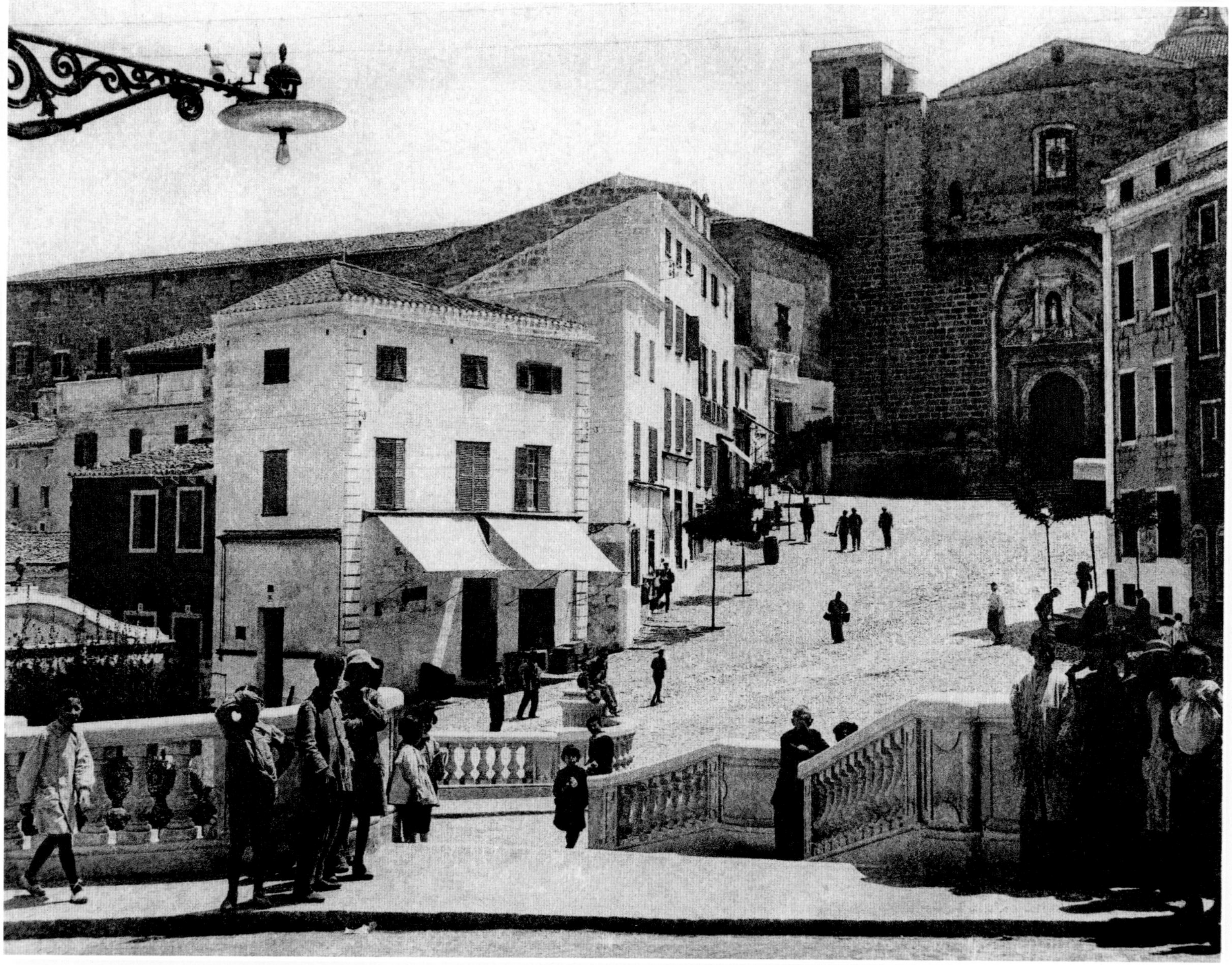

Quin respecte!, els al·lots, a les bandes de la balustrada, per no tapar l'escena

Respetuosos, los niños se arriman a las balaustradas para no tapar la escena

Obedient children stand aside so as not to block the view

El prodigiós fiord o port de Maó devia
ser molt més bonic que avui, a l'època
de la presència dels grans vaixells de vela,
d'altes arboradures elegants i esveltes.

És un paisatge que produeix estampes,
com altres produeixen riquesa o misèria.

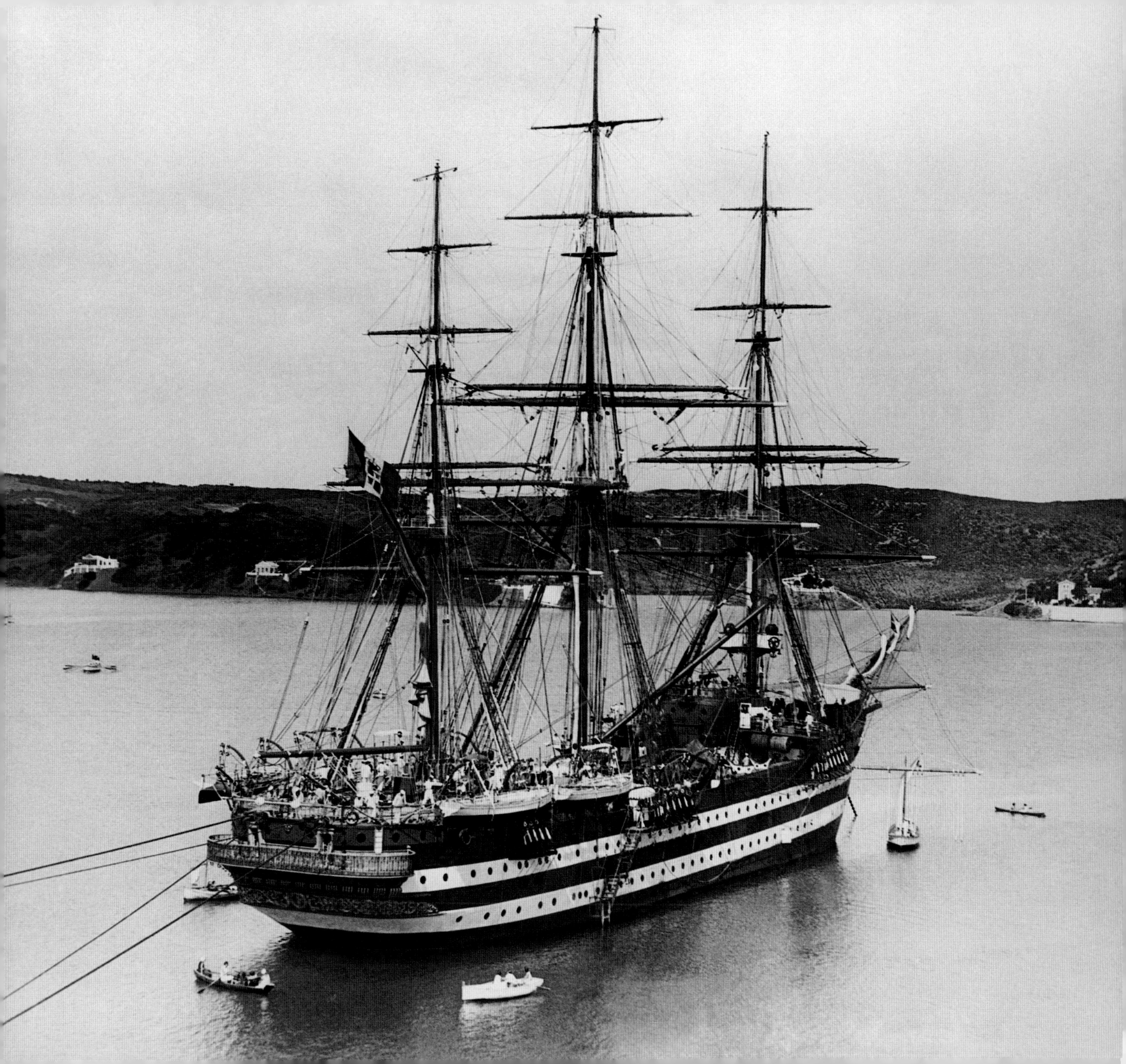

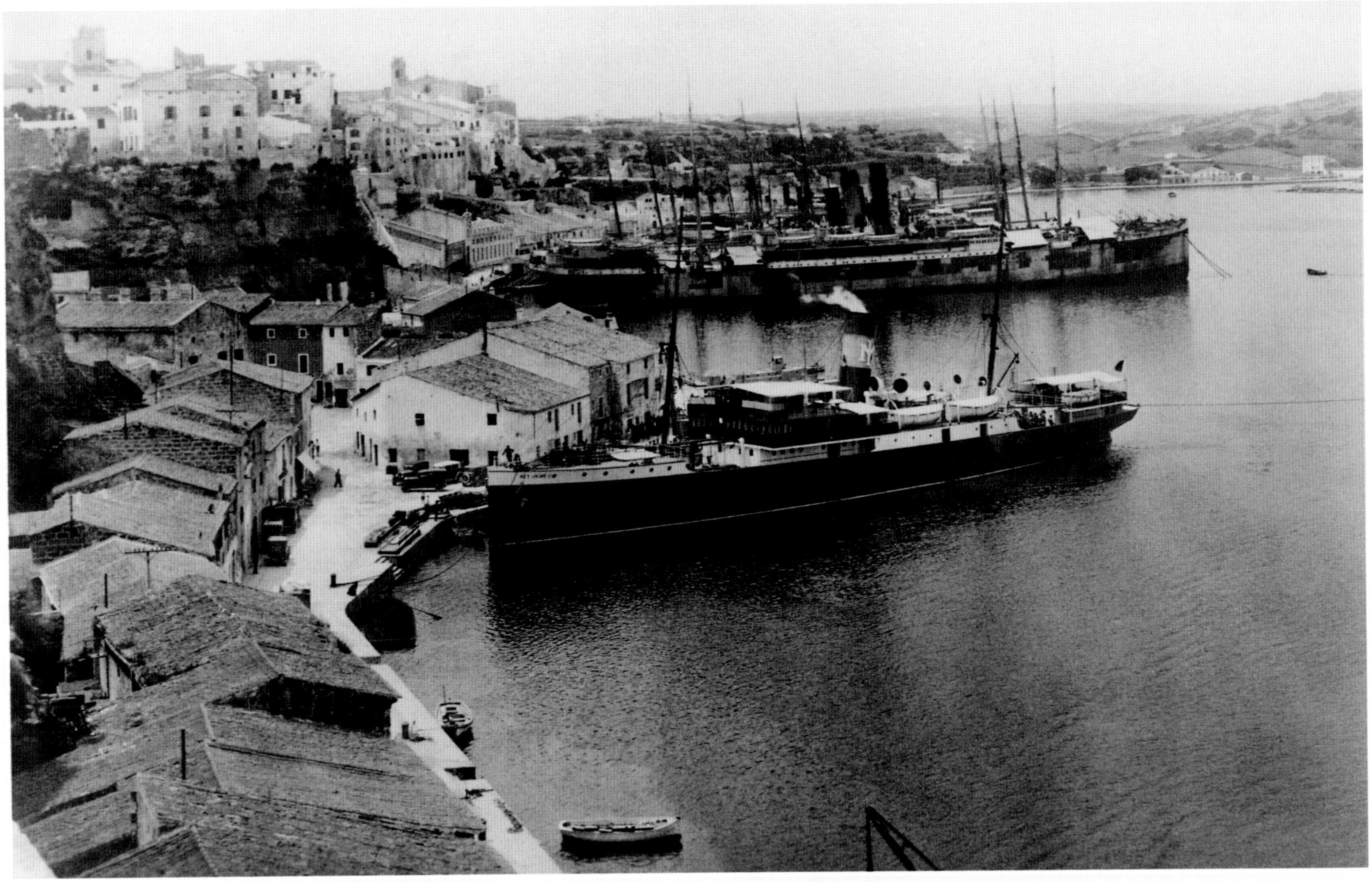

Les teulades de fàbriques i magatzems donen caràcter als molls

Los tejados de fábricas y almacenes dan carácter a los muelles

The rooftops of factories and warehouses add character to the wharves

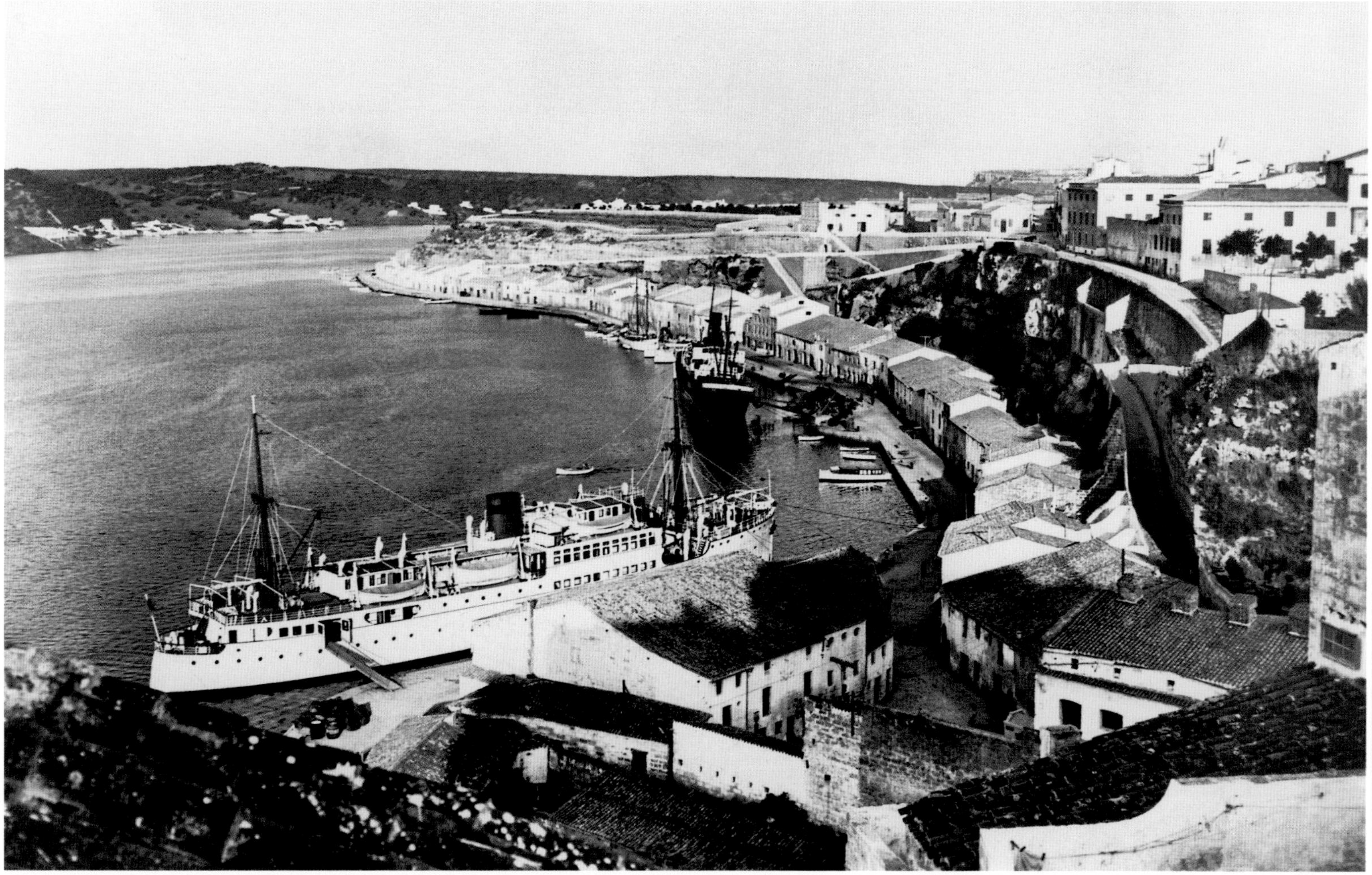

Les cases del primer pla han desaparegut per permetre un accés més ordenat

Las casas del primer plano han desaparecido para permitir un acceso más ordenado

The houses in the foreground have disappeared to allow a more orderly access

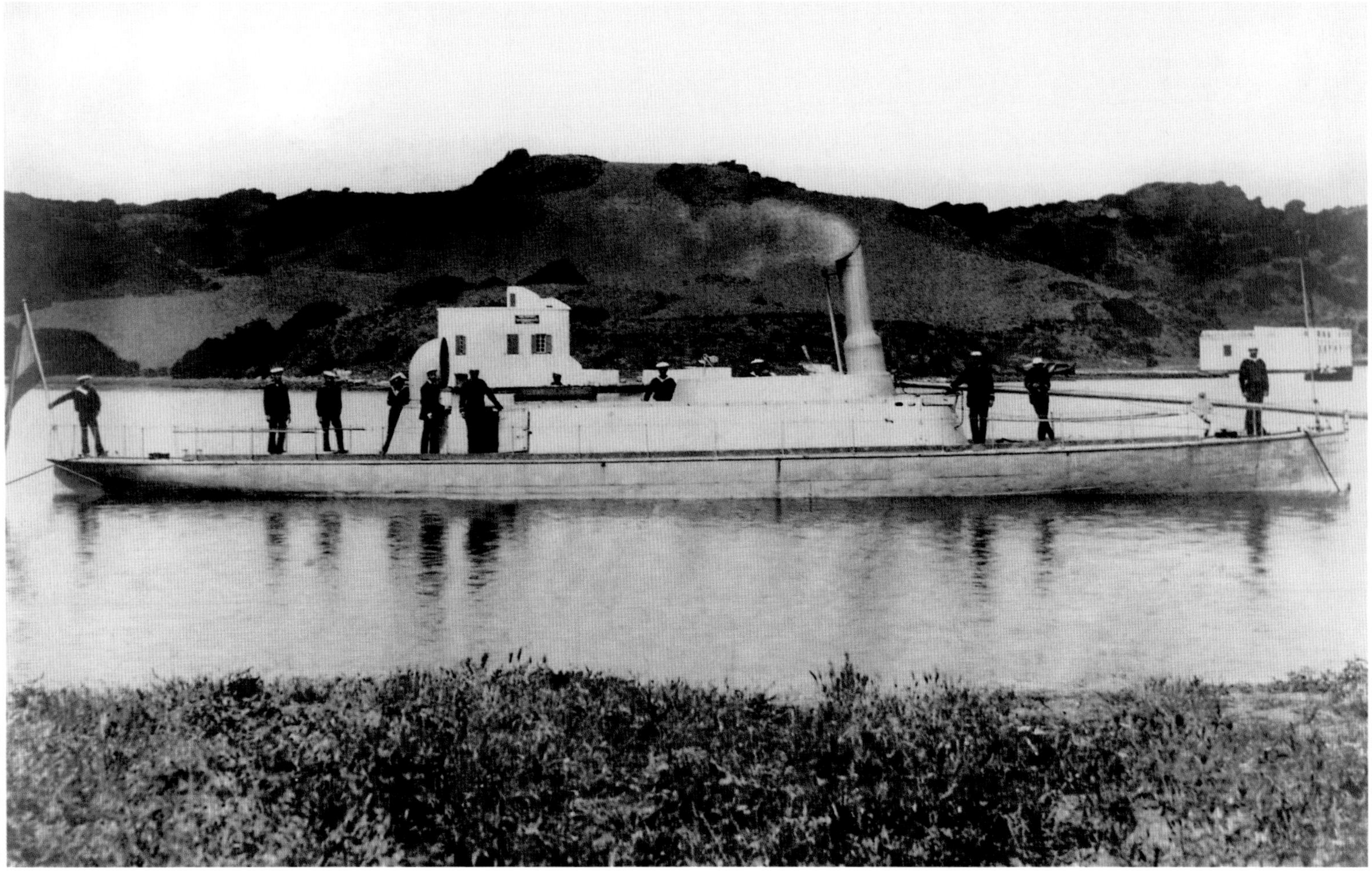

Atenció, mariners!
Atents a l'ocellet!

¡Atención, marineros!
¡Atentos al pajarito!

Sailors!
Watch the birdie!

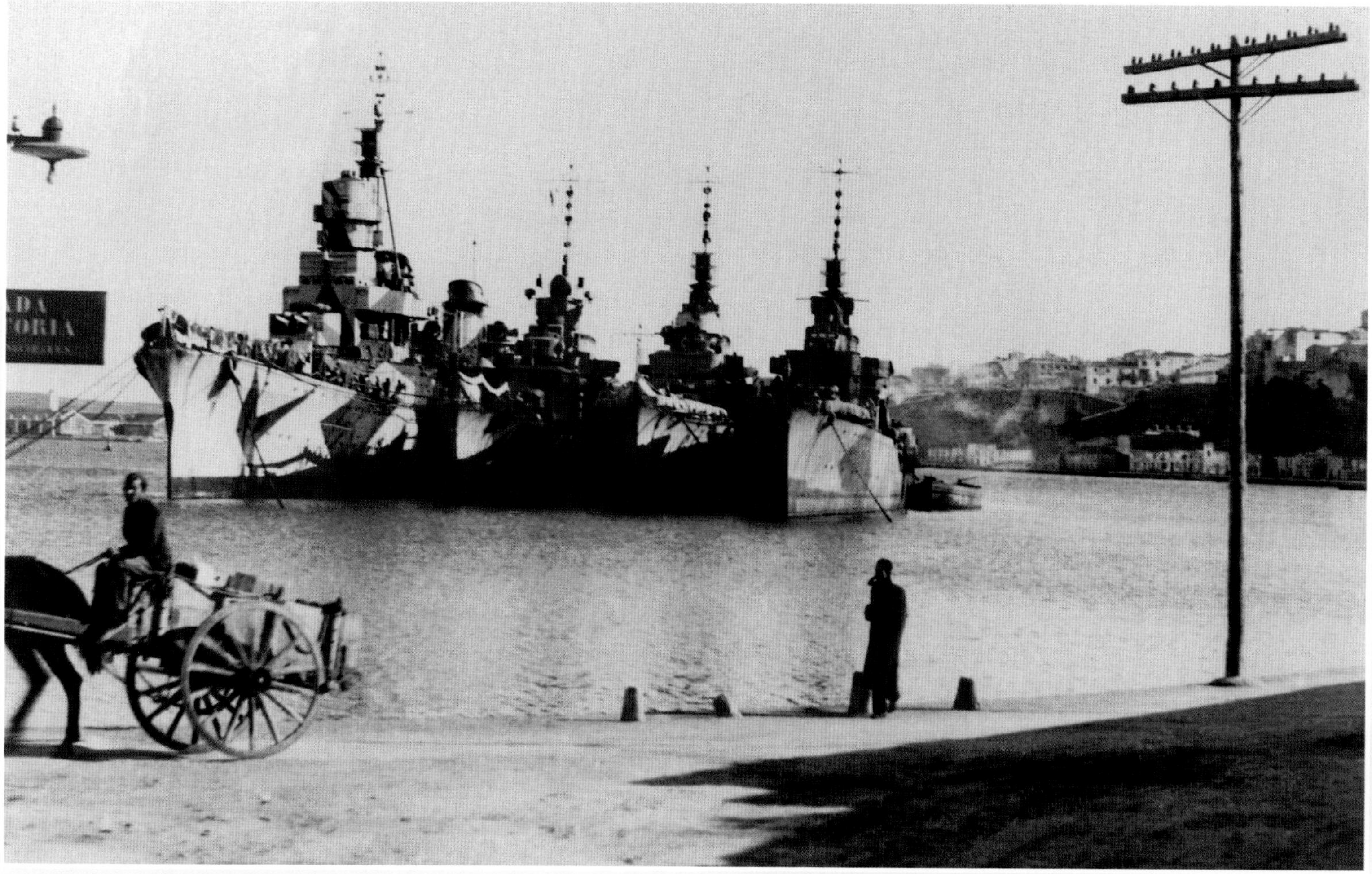

Maó sempre ha estat un redós idoni per a les missions navals per la Mediterrània

Maó siempre ha sido un refugio idóneo para las misiones navales por el Mediterráneo

Maó has always given shelter to naval missions in the Mediterranean

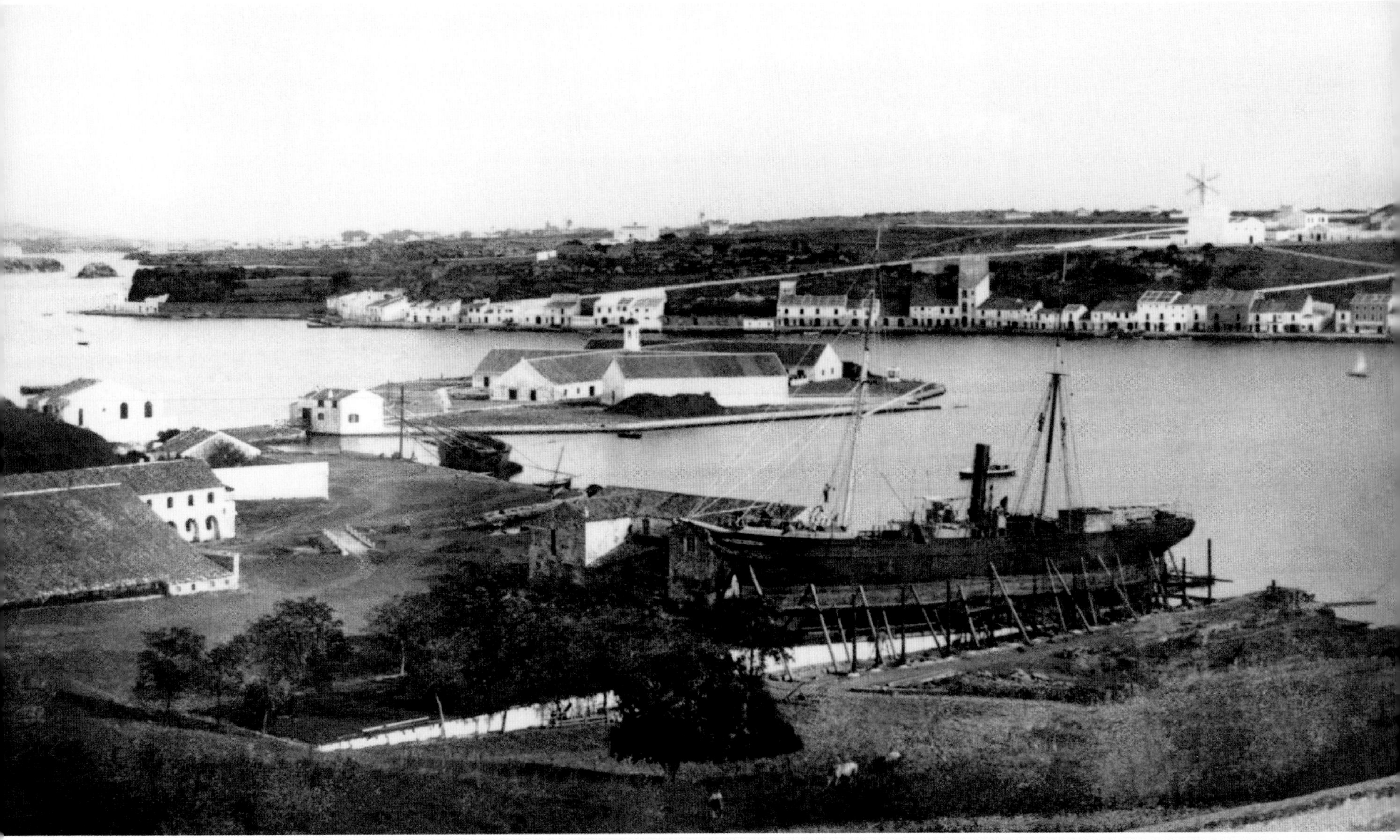

A s'Altra Banda s'hi construeixen i reparen les naus

En s'Altra Banda se construyen y reparan las naves

Ships are built and repaired on the far side of the port

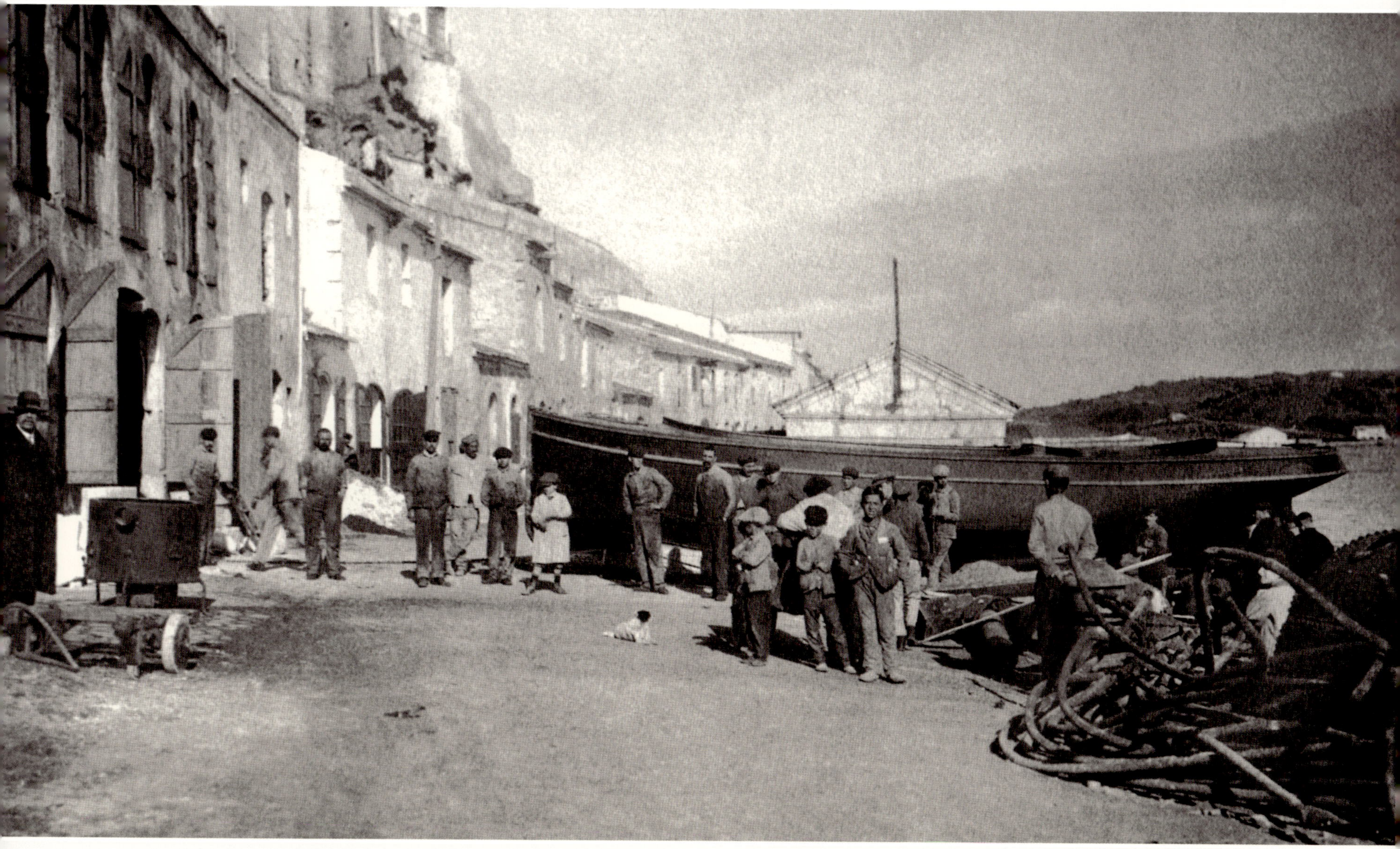

"Qualsevol avaria o desperfecte, als Tallers Romp li ho deixam sense defecte"

"Cualquier avería o desperfecto, en los talleres Romp se lo dejamos sin defecto"

Any breakdown or damage can be fixed at Tallers Romp

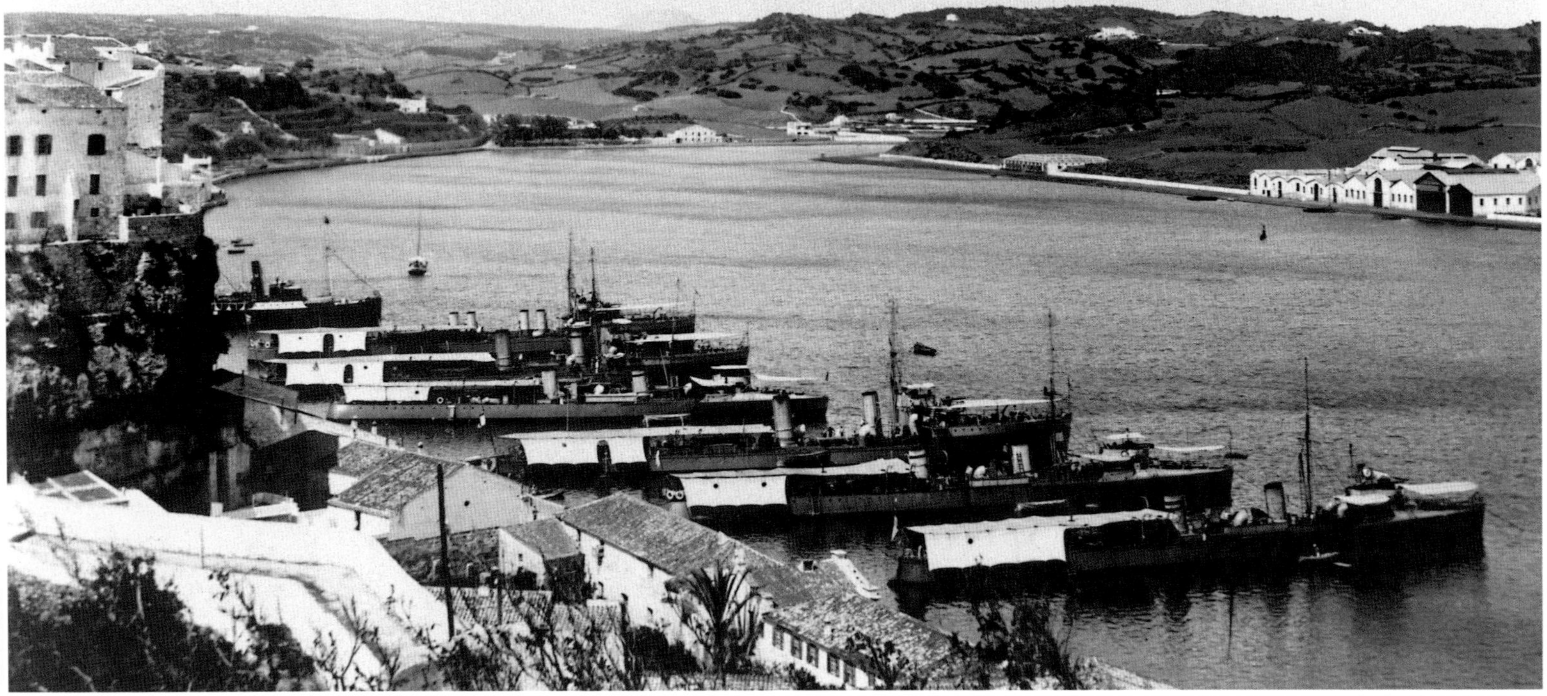

La rada protegeix els vaixells de guerra i ofereix repòs als mariners

La rada protege los buques de guerra y ofrece reposo a los marineros

The harbour offers shelter and rest to vessels and sailors

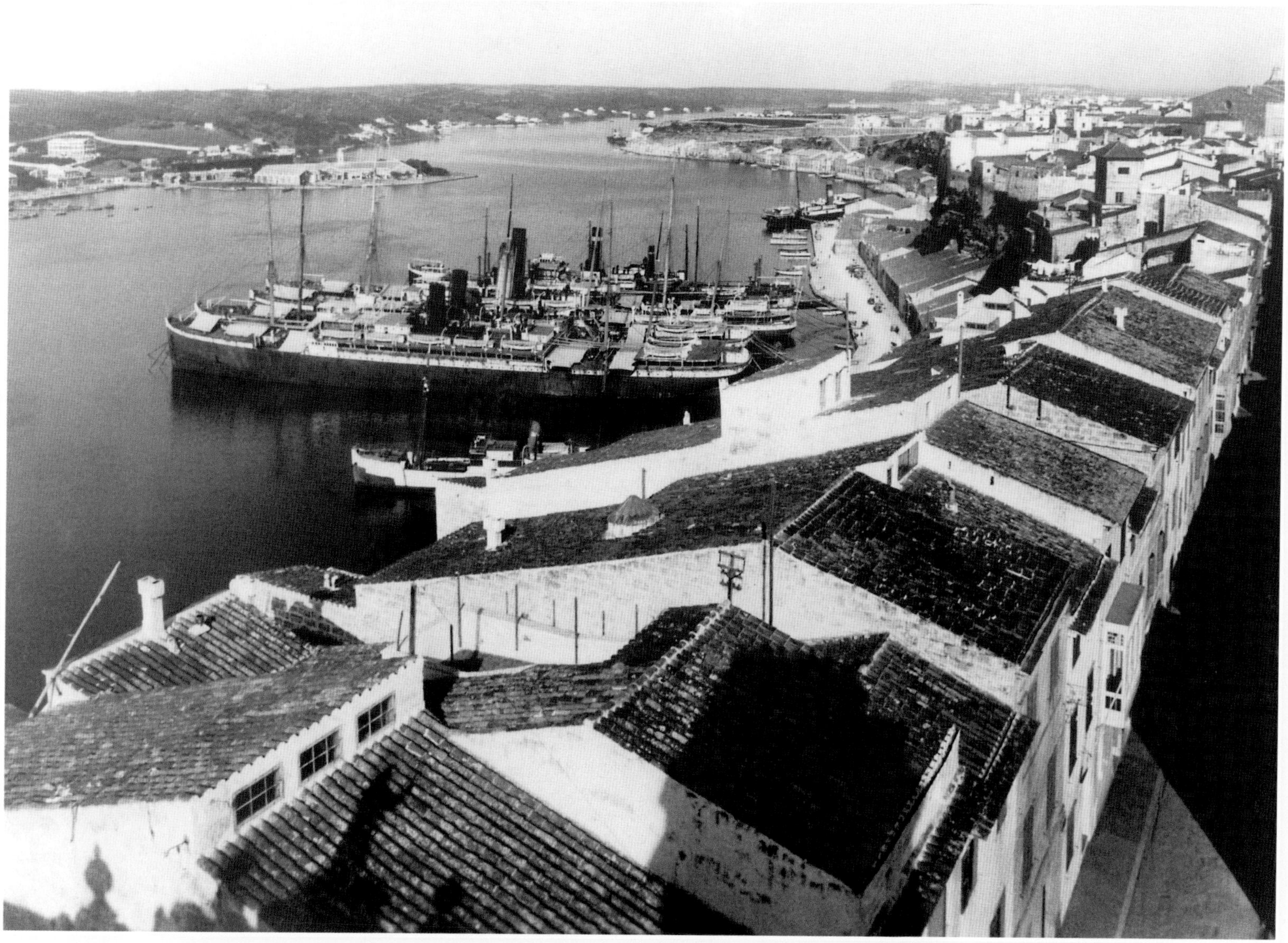

L'ombra de Sant Francesc plana damunt les teulades de la ciutat

La sombra de Sant Francesc se dibuja sobre los tejados de la ciudad

The shadow of Sant Francesc glides over the rooftops of the city

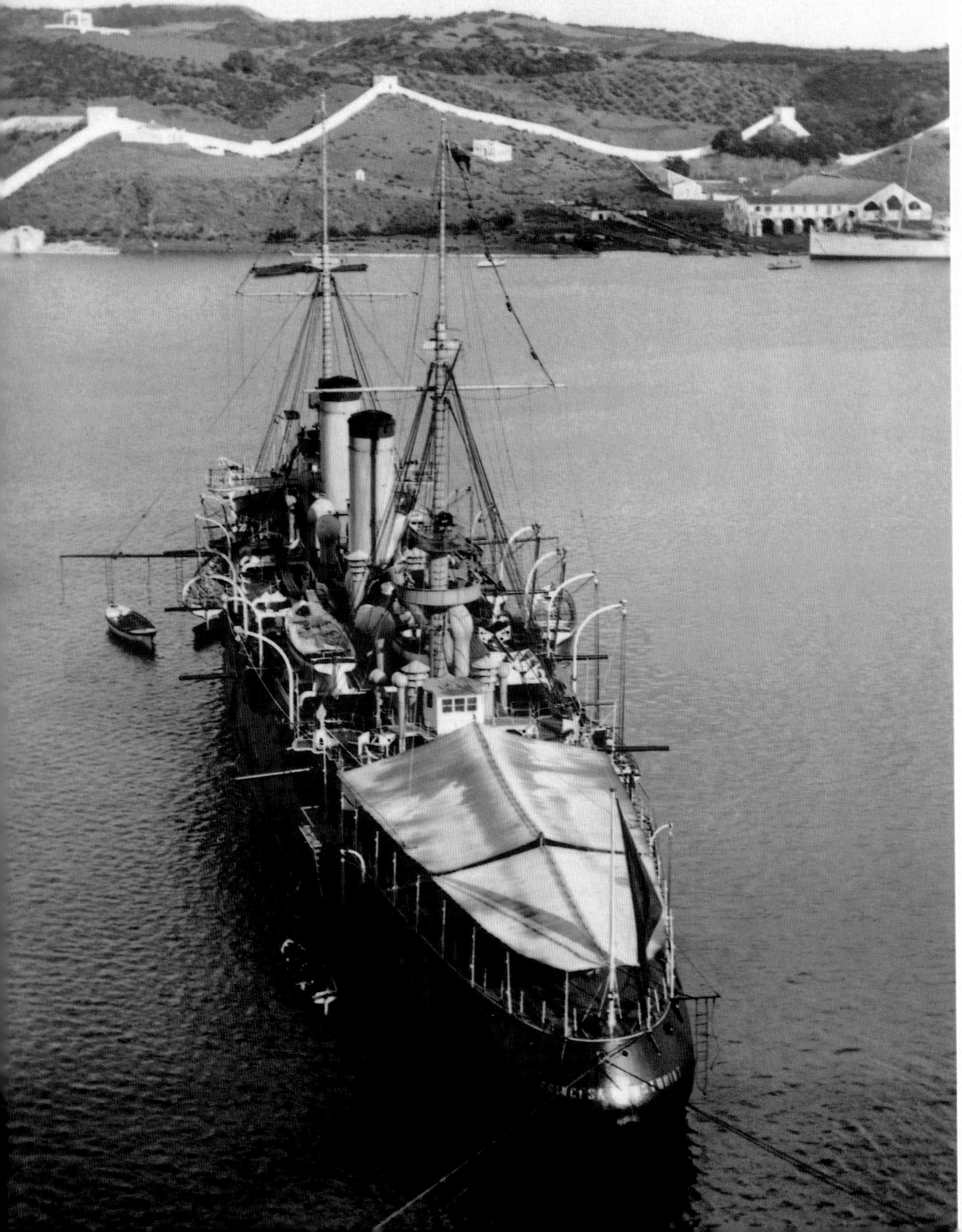

S'ALTRA BANDA

Un vaixell s'orienta cap a la modesta
rèplica de la gran muralla xinesa

Un barco se orienta hacia una modesta
réplica de la gran muralla china

A vessel observes a minature replica
of the Great Wall of China

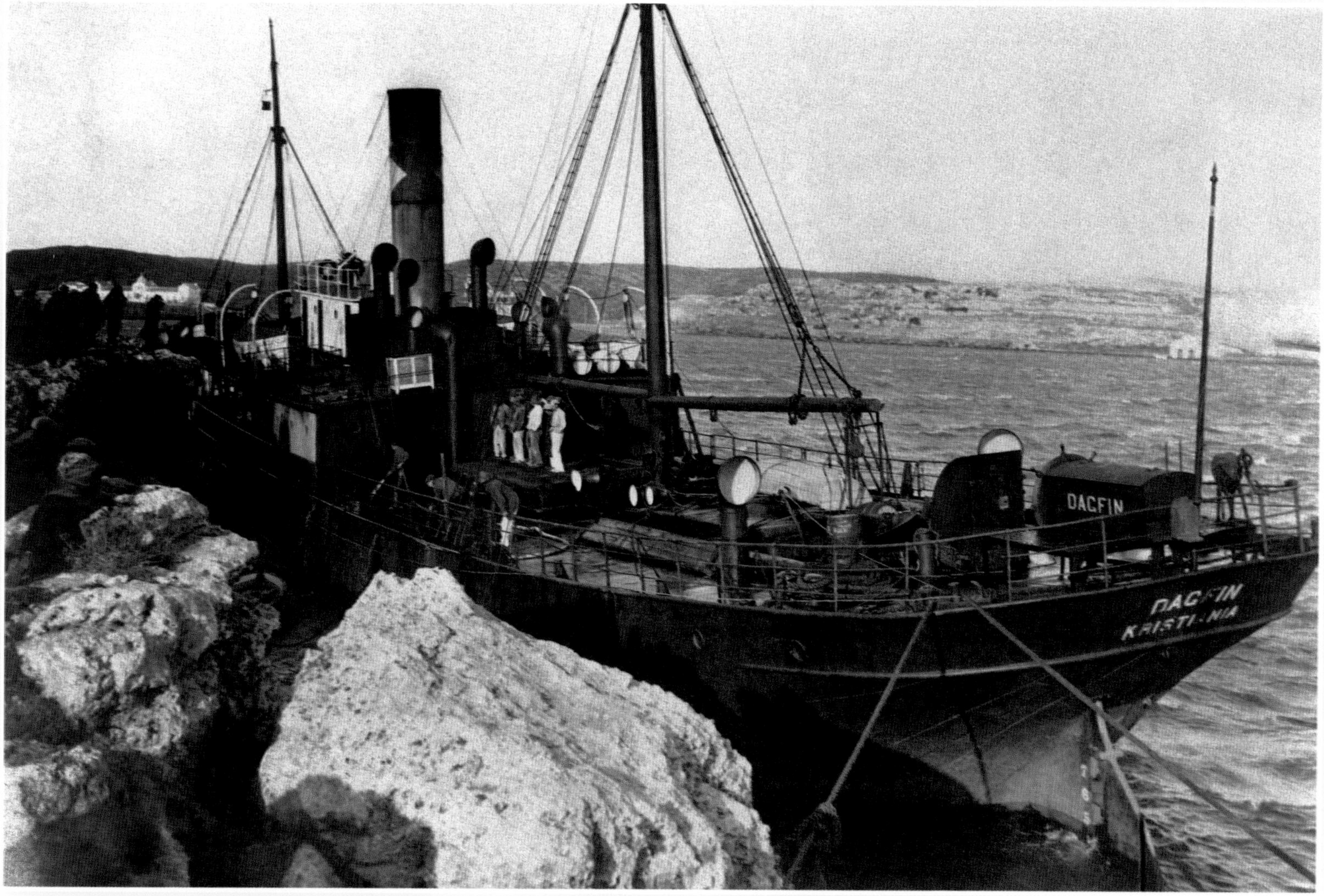

La nau fa una amarrada forçosa a l'entrada del port

La nave realiza un amarre forzoso en la entrada del puerto

A forced mooring at the mouth of the port

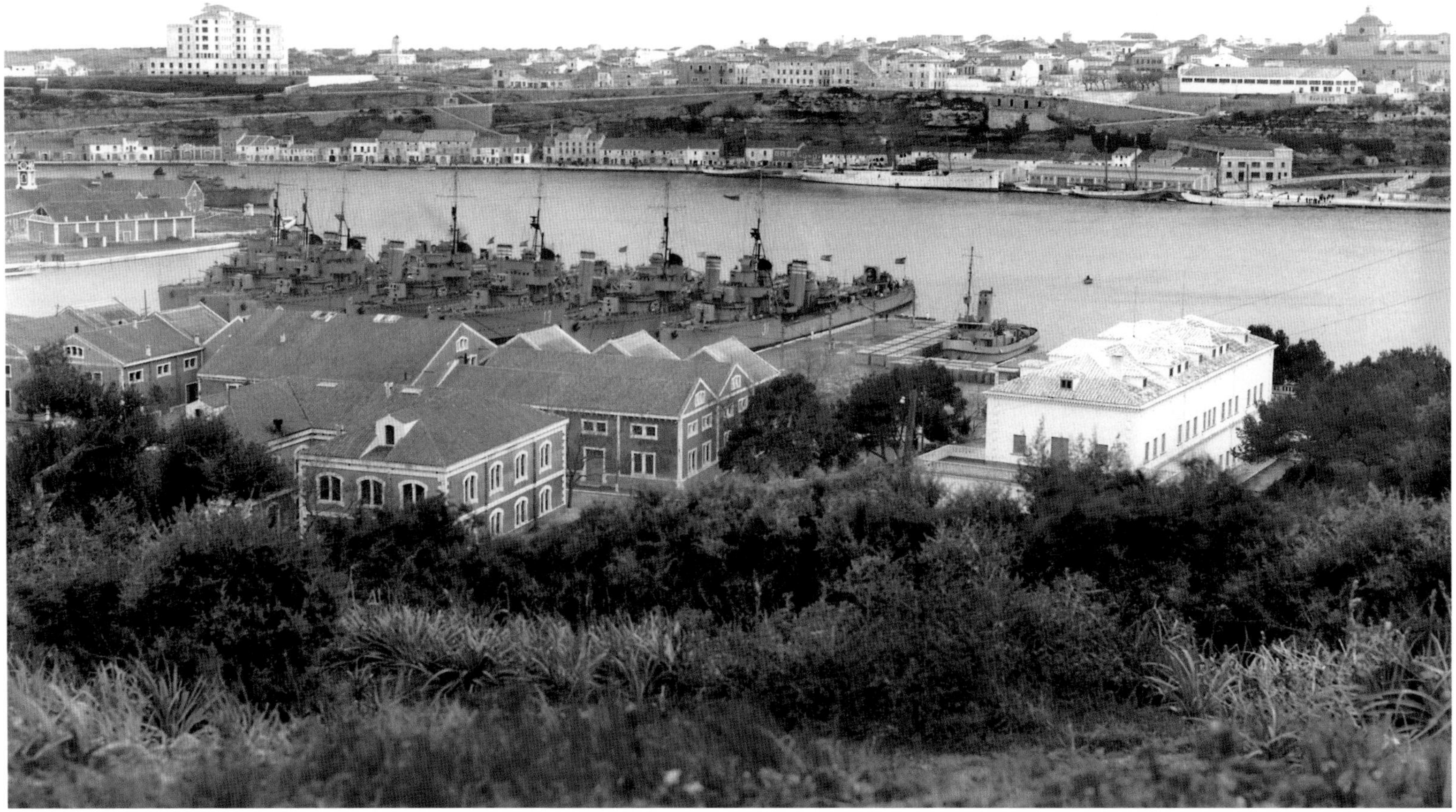

La Base Naval ja no pot acollir més vaixells, està en plena ocupació

La Base Naval ya no puede acoger más naves; está totalmente ocupada

The naval base filled to capacity

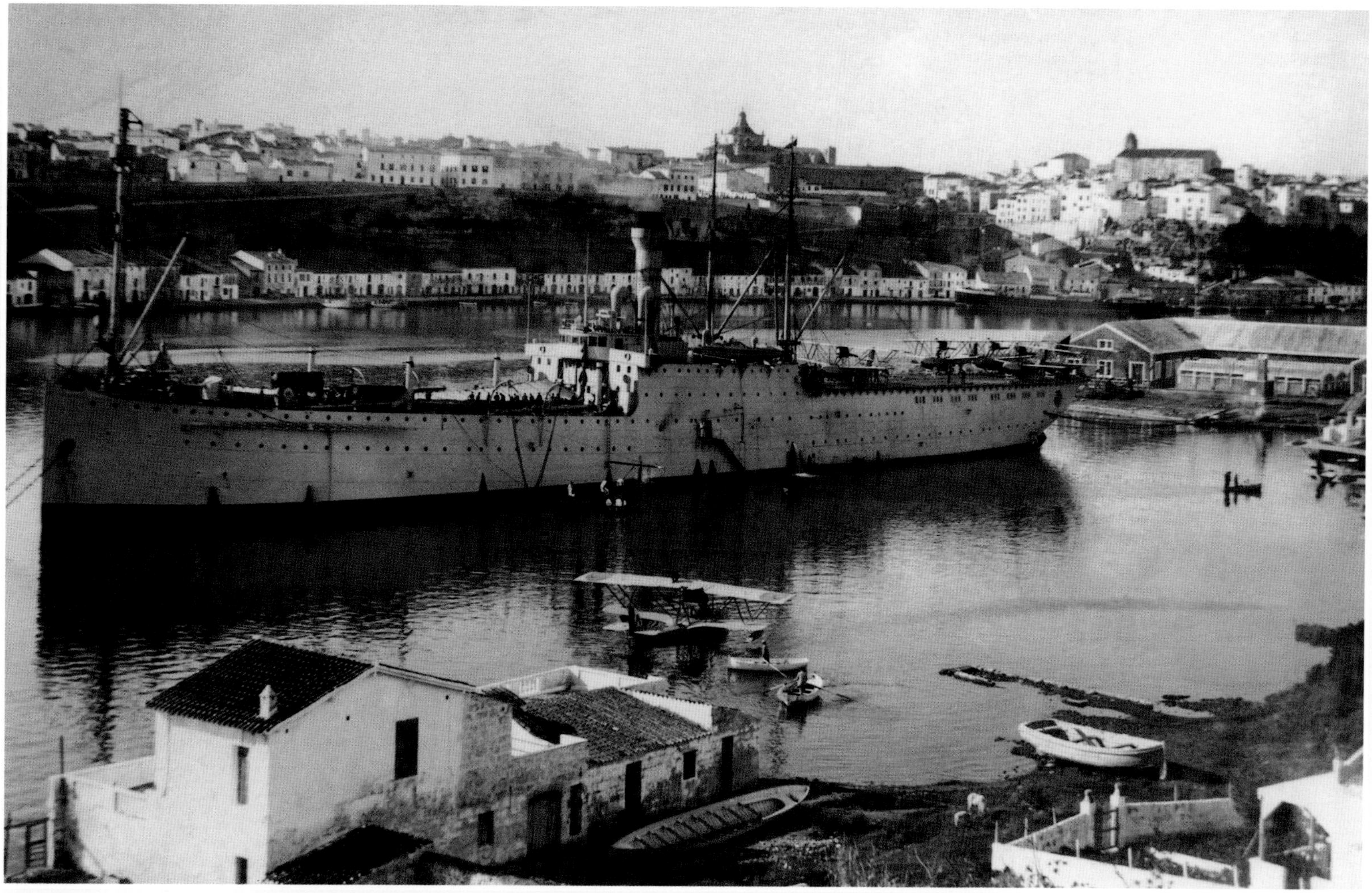

▲

Hidroavions, portaavions... una demostració de tecnologia avançada

Hidroaviones, portaaviones... una demostración de tecnología avanzada

Hydroplanes, aircraft carriers...a display of advanced technology

LA BASE NAVAL

►►

Els penyals, frontera natural entre la vida de la ciutat i del moll

El acantilado, frontera natural entre la vida de la ciudad y del muelle

The cliffs, natural fontier between the city and the harbour

BAIXADA AL PORT

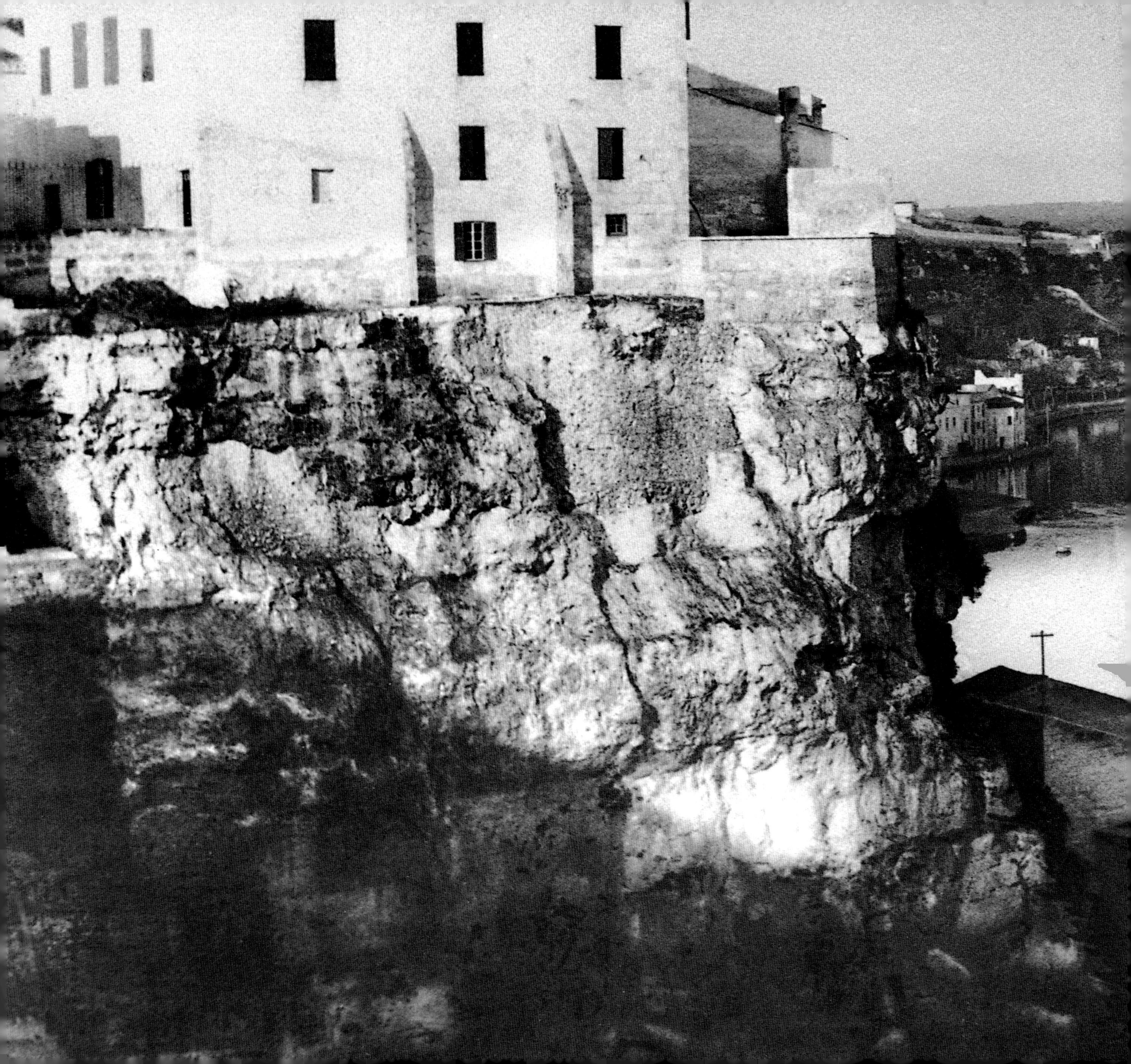

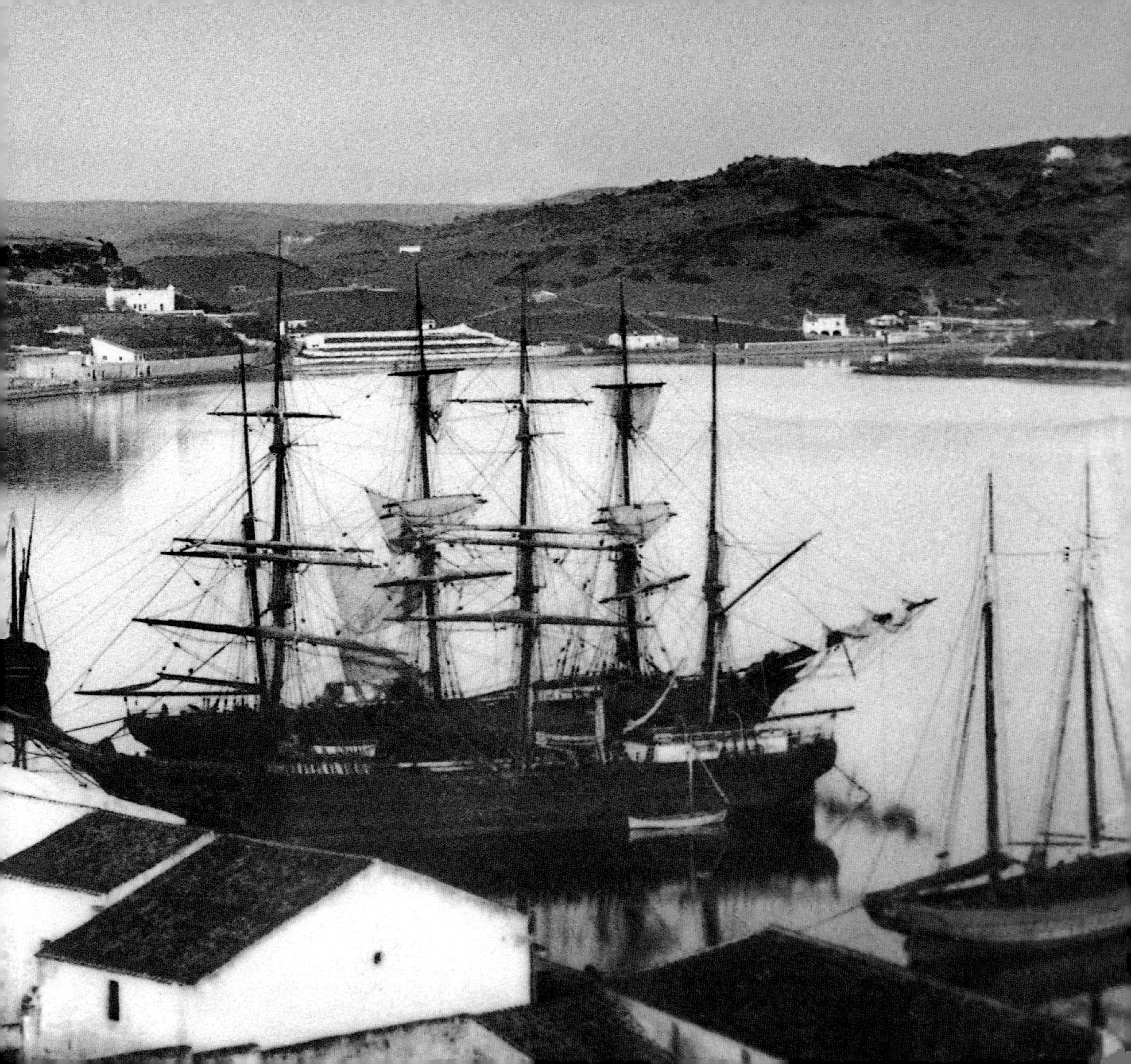

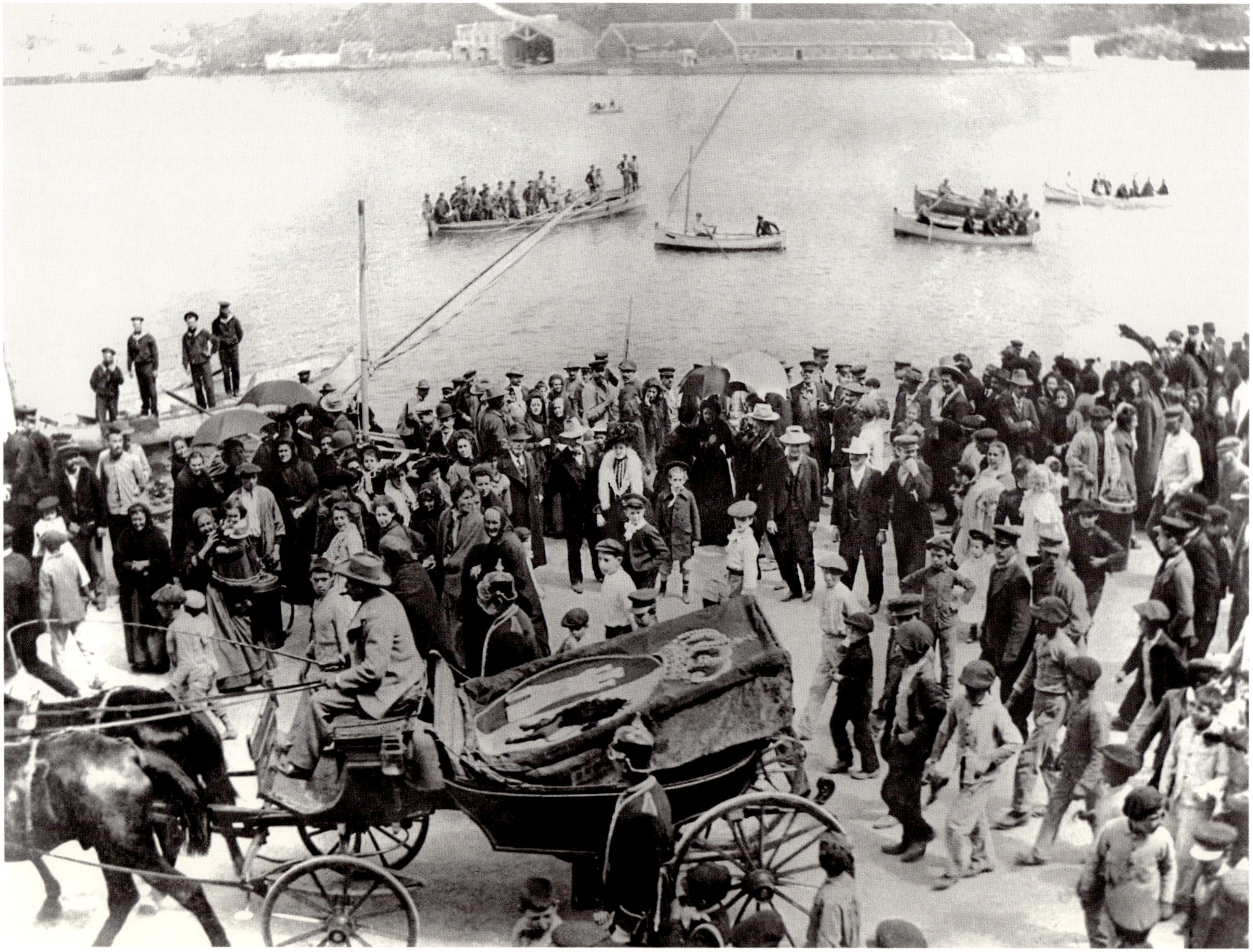

▲
L'escut, amb carro; la gent, a peu. A on van tots tan decidits?

▲
El escudo sobre ruedas y la gente a pie. ¿Adónde van todos tan resueltos?

▲
People on foot, while the shield is carried in style

►
Tothom saluda el Rei, des de la mar, des de terra, i des de les teulades

►
Todo el mundo saluda al Rey, desde el mar, desde tierra y desde los tejados

►
The King is hailed from the sea, from land and from the rooftops

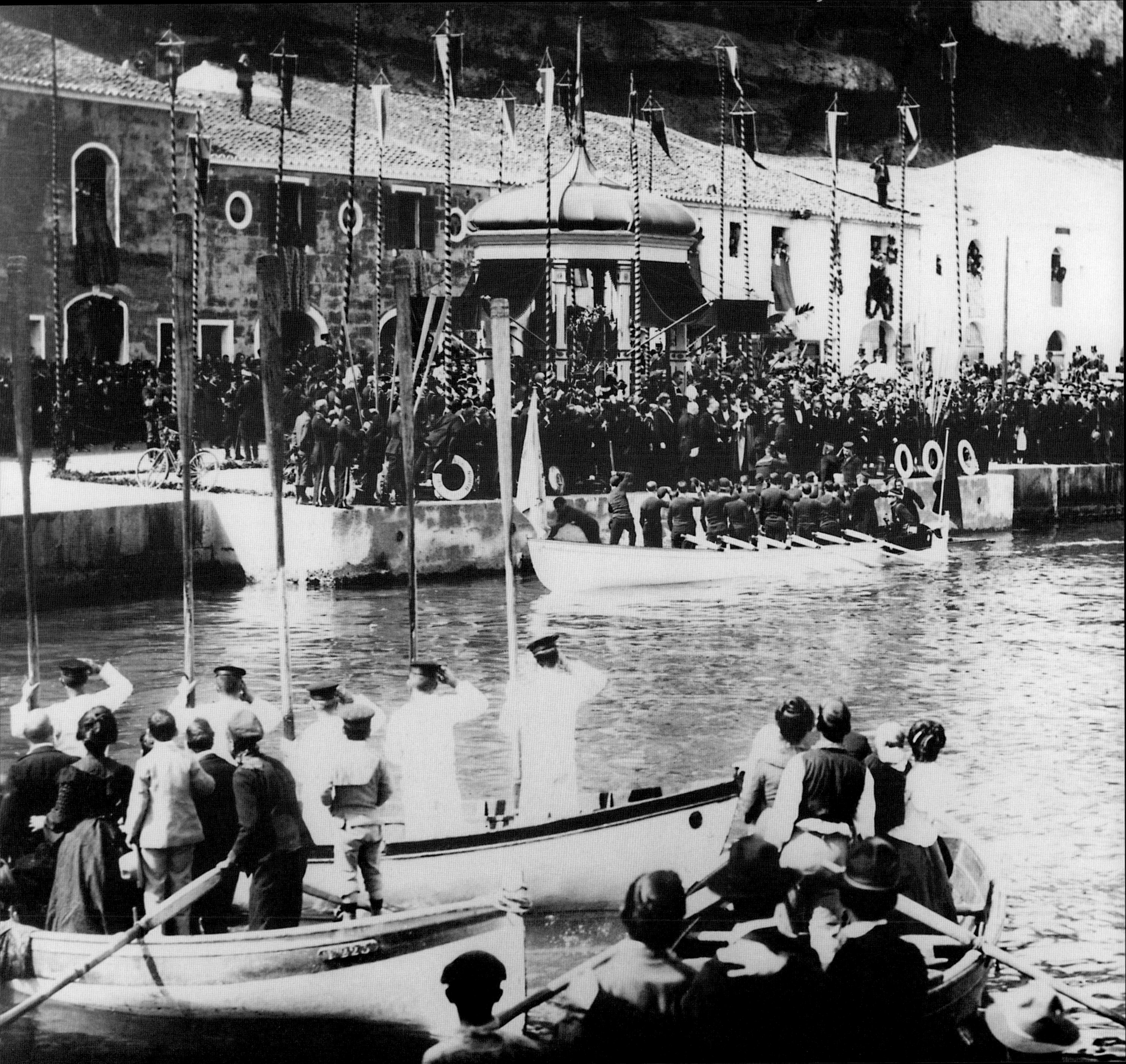

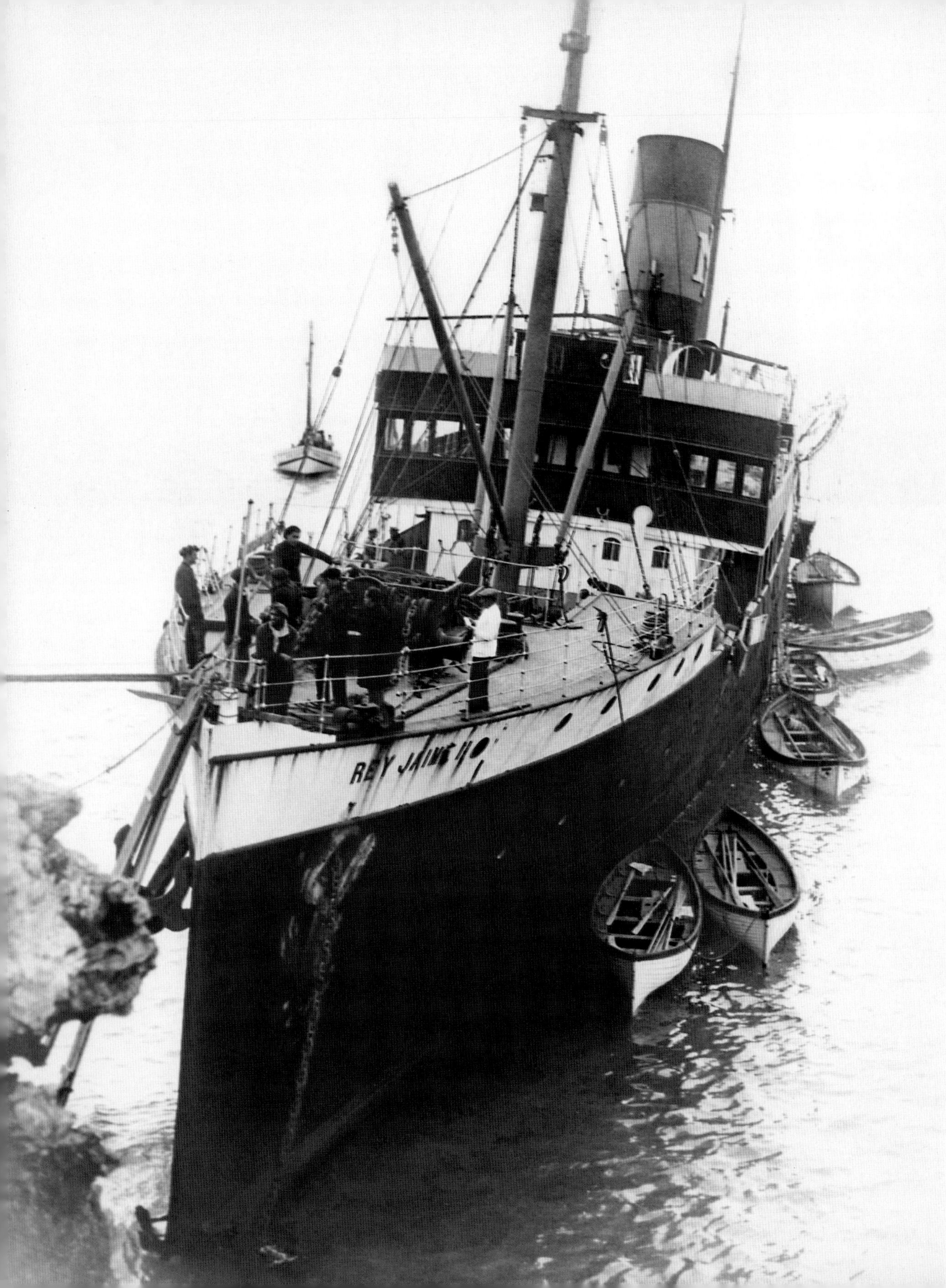

◄

Una mala jugada de la mar
fa atracar d'urgència el vaixell

Una mala pasada de la mar hace
que el barco atraque de urgencia

An emergency caused by a trick of the sea

►

De com una desgràcia esdevé
un espectacle per als curiosos

De cómo una desgracia deviene un espectáculo para los curiosos

Misfortune can become a spectacle for
the curious

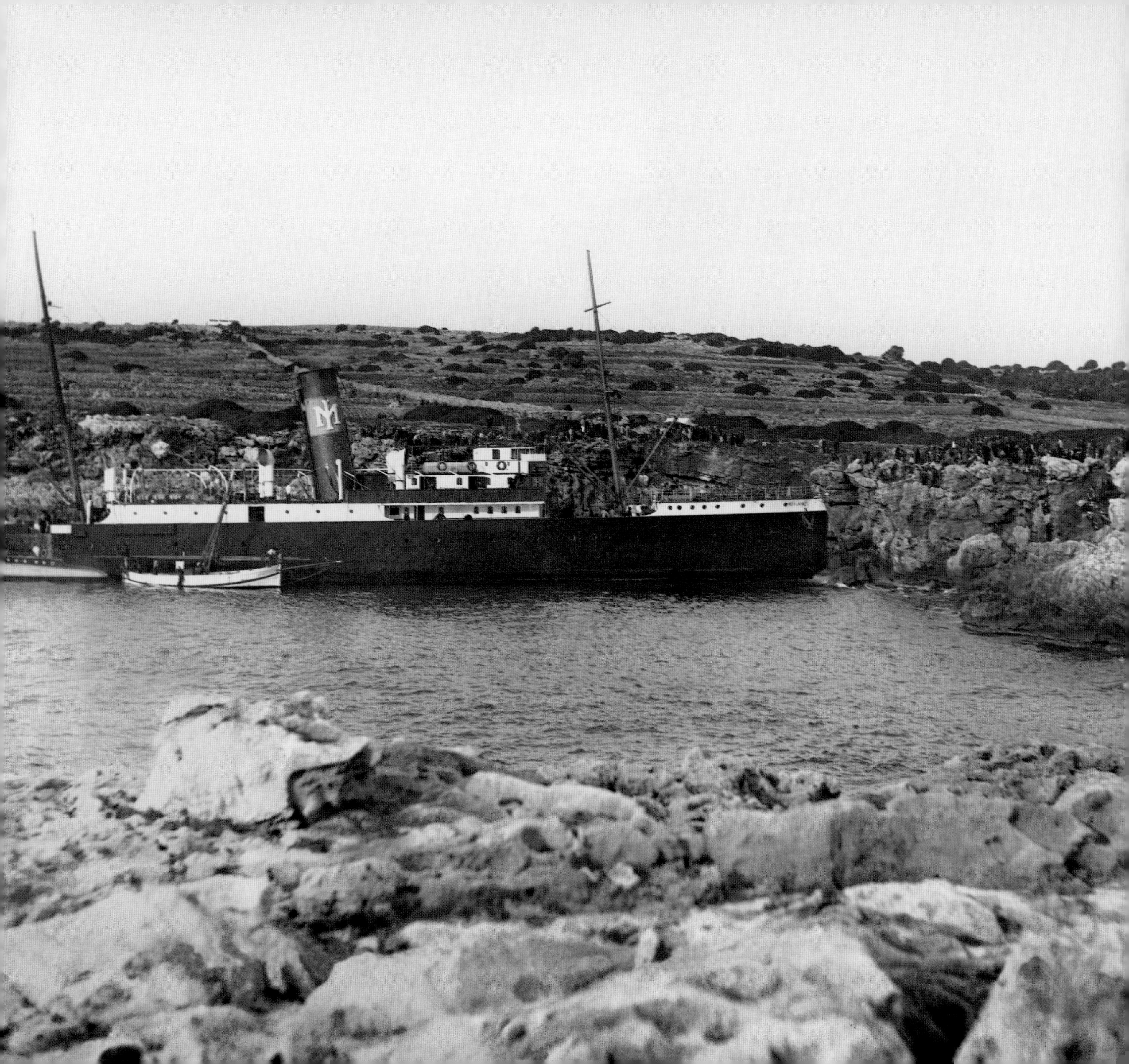

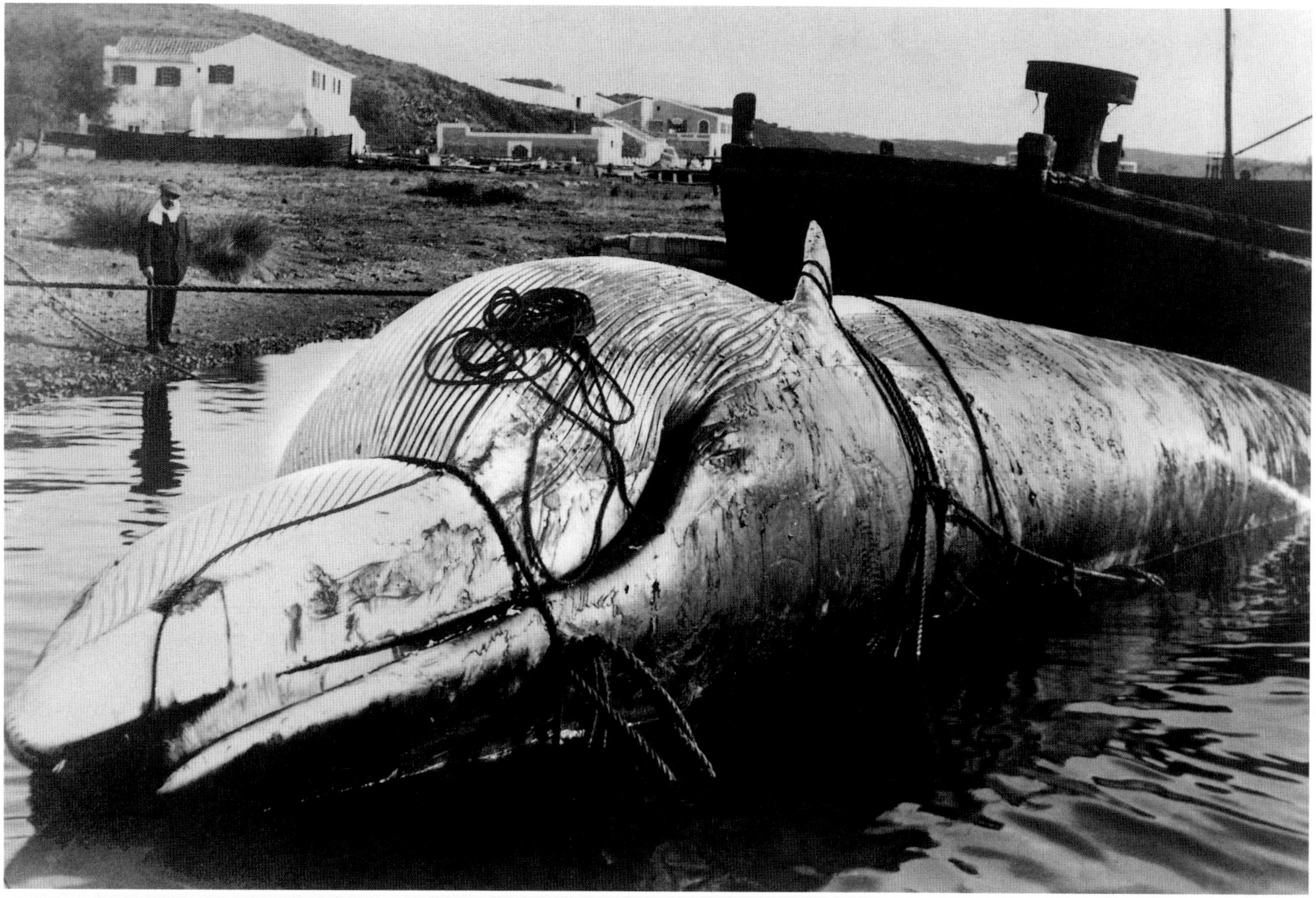

Com haurem de cuinar
aquest tros d'animal?

¿Cómo cocinaremos un
animal tan grande?

How should we cook
this great beast?

SA COLÀRSEGA

Les urgències del contraban
ja ho tenen, això: es pot
acabar damunt un escull

Las urgencias del contrabando
tienen estas cosas: puede
tropezar uno con un escollo

The urgencies of contraband can
lead to this kind of mishap

EN CARAGOL

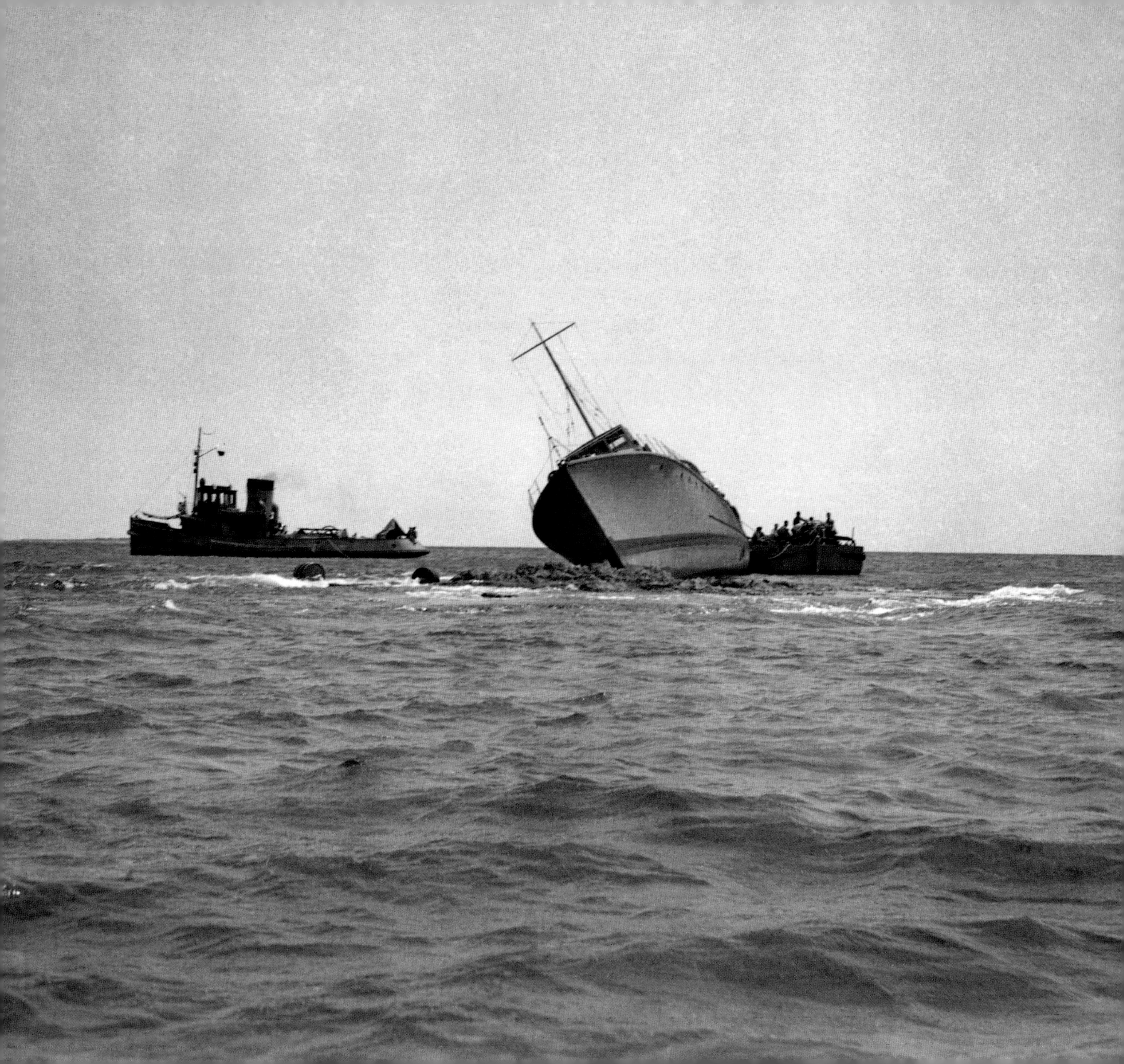

El ribatge de ponent s'alçà fora de mida i aparegué la ciutat de Maó sobre el pla de sobre, blanca i precisa. Sobre el cel límpid, es dibuixava meravellosament: semblava una estampa feta a la punta seca, d'una perfecció, d'un pes i una gravetat estrictes.

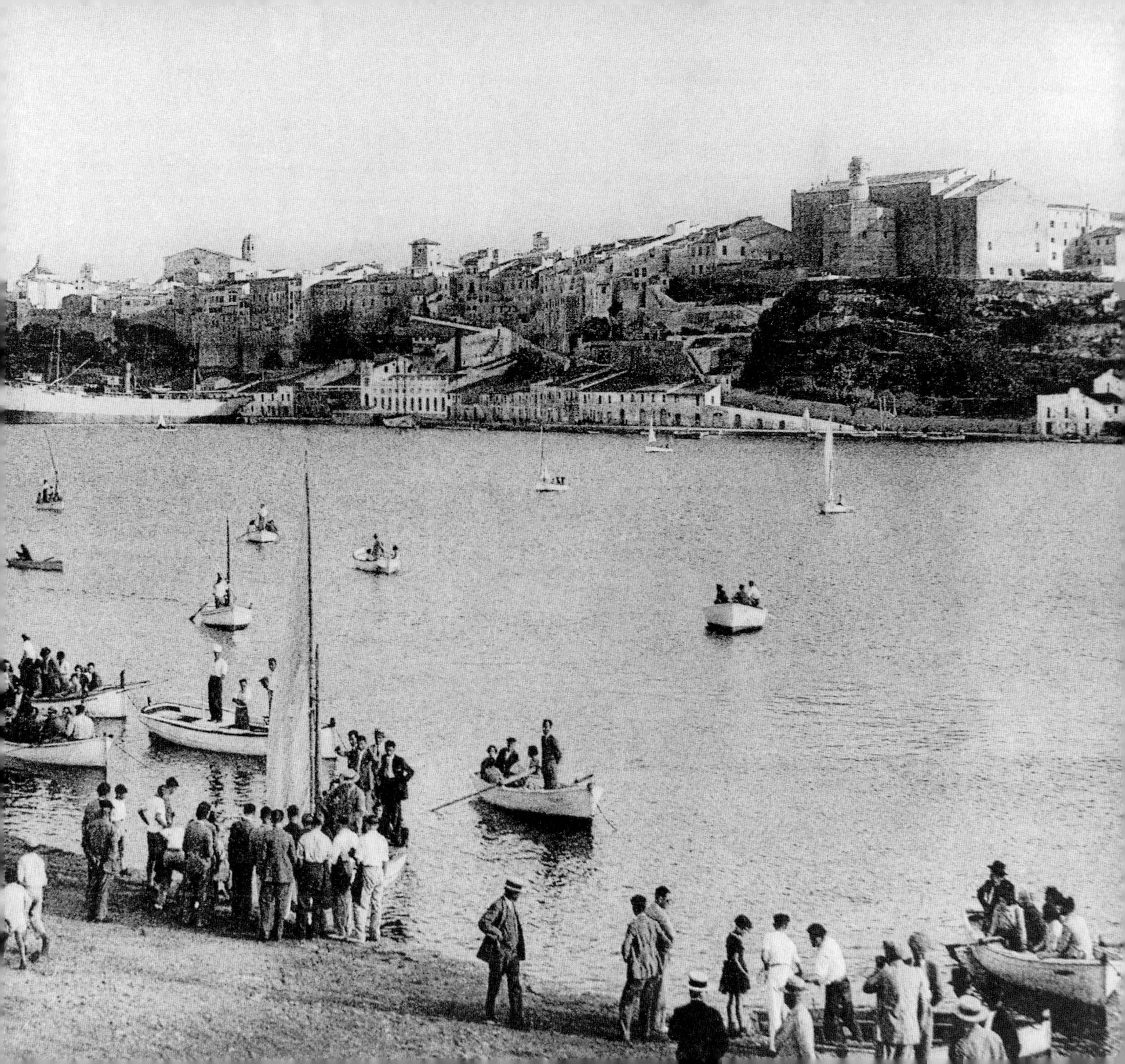

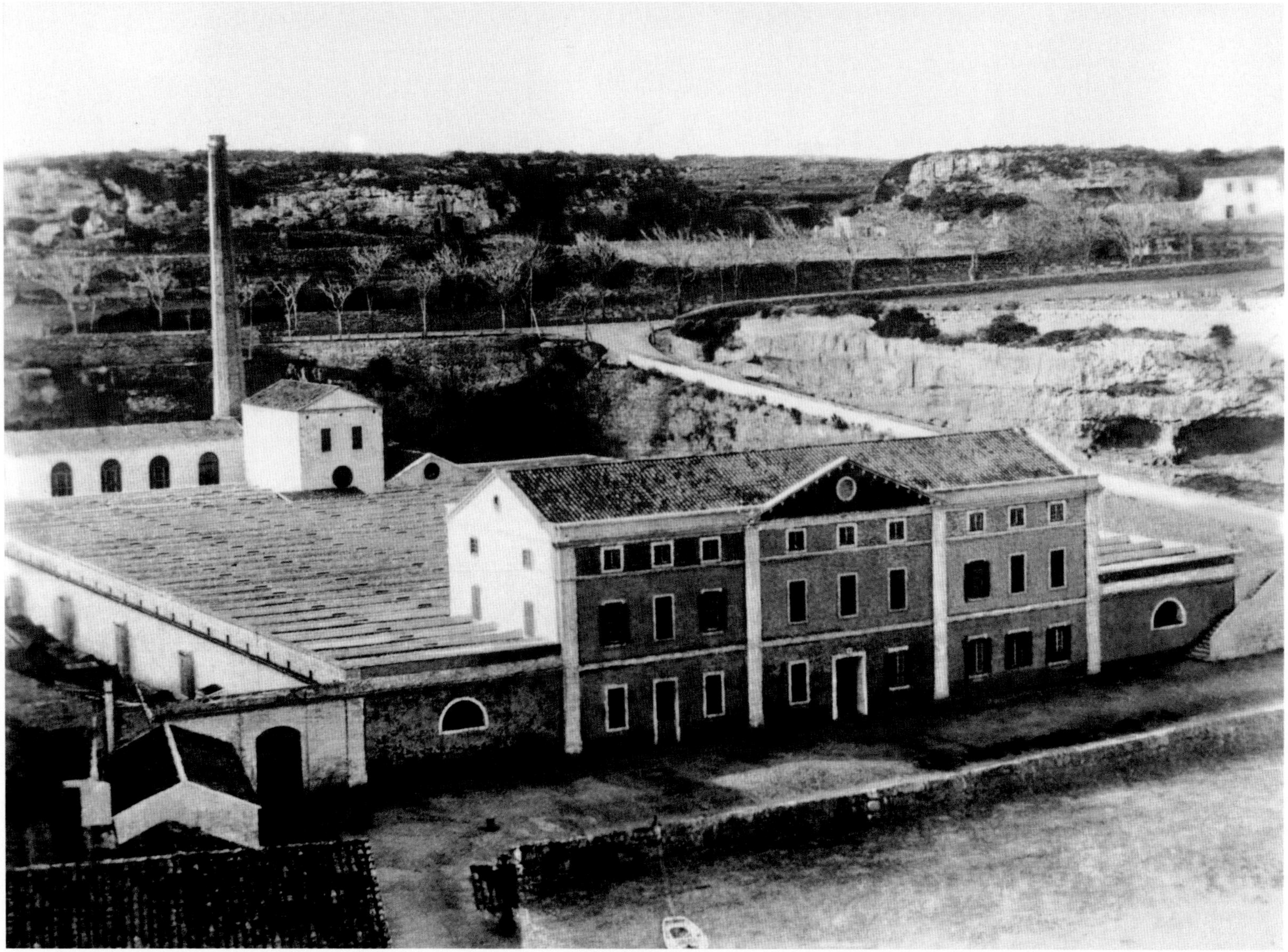

La Fabril Mahonesa, bressol de la tela *azul mahón*

La Fabril Mahonesa, cuna de la tela *azul mahón*

The *Fabril Mahonesa*, cradle of "azul mahon" fabric

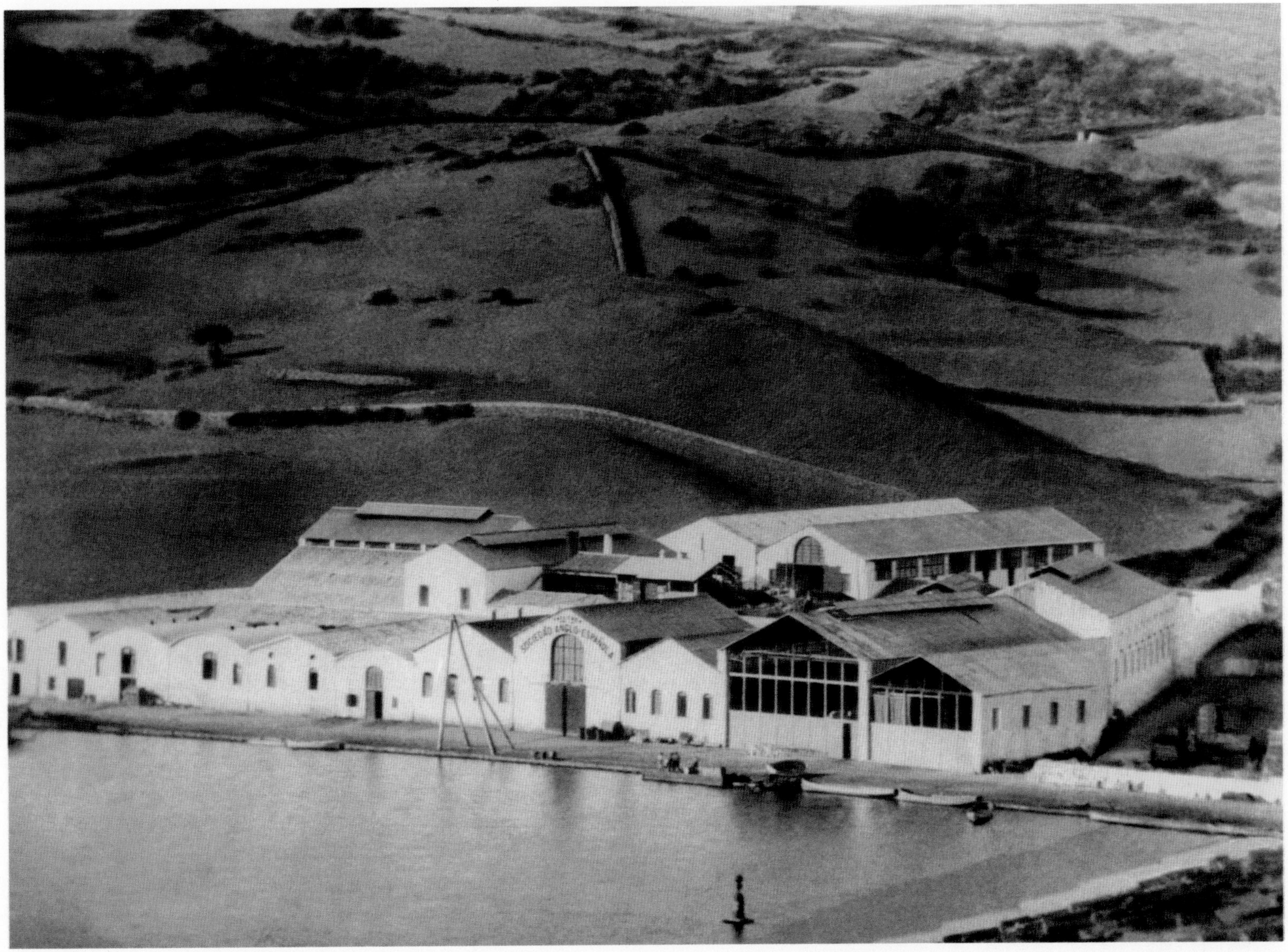

Una altra fàbrica: la *Sociedad Anglo-Española de Motores, Gasógenos y Maquinaria en general*

Otra fábrica: la *Sociedad Anglo-Española de Motores, Gasógenos y Maquinaria en general*

Another factory: the *Sociedad Anglo-Española de Motores, Gasógenos y Maquinaria en general*

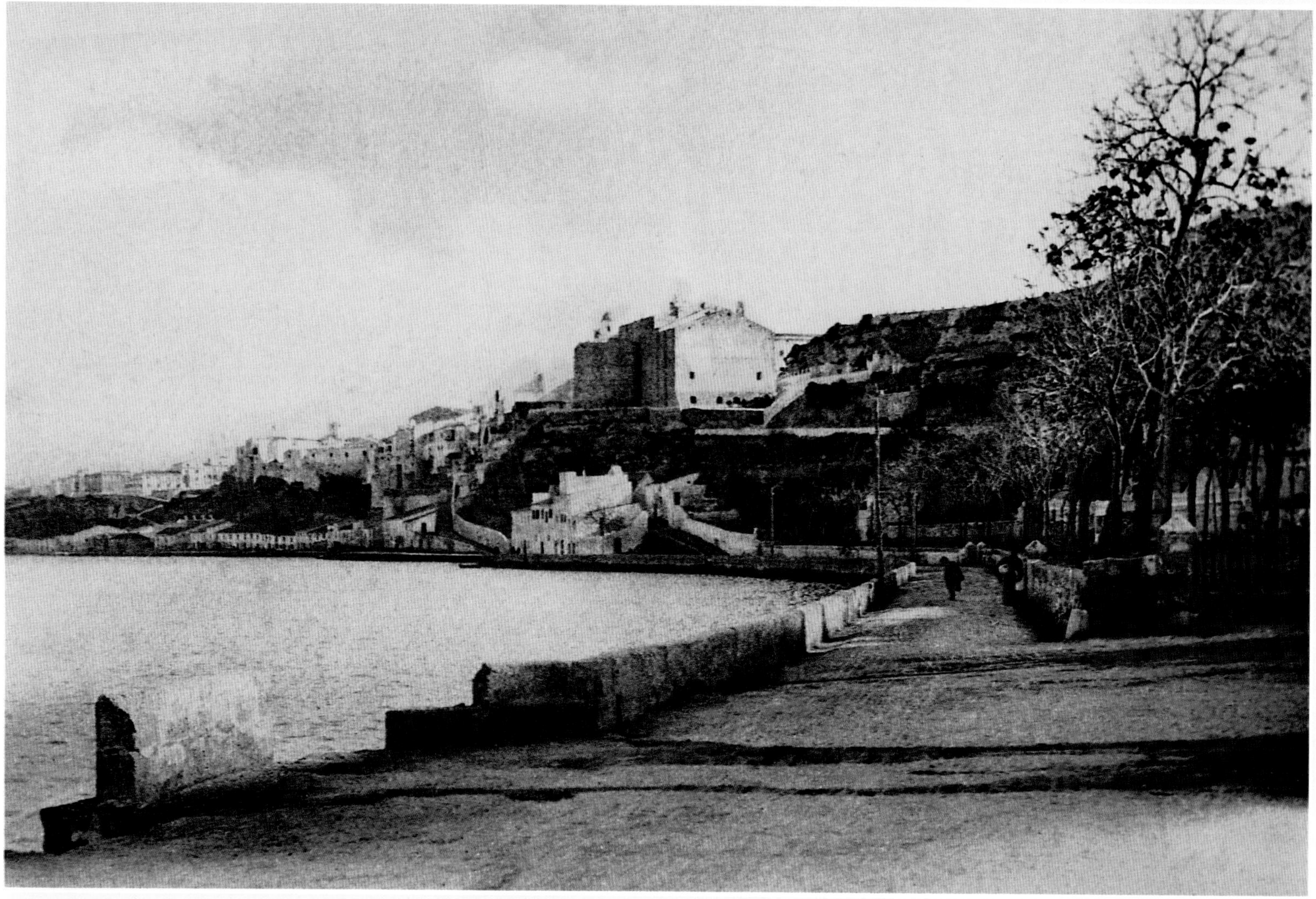

Transitar per aquest tram no té res a veure amb les presses

Transitar por este tramo requiere olvidar las prisas

This promenade is the antithesis of haste

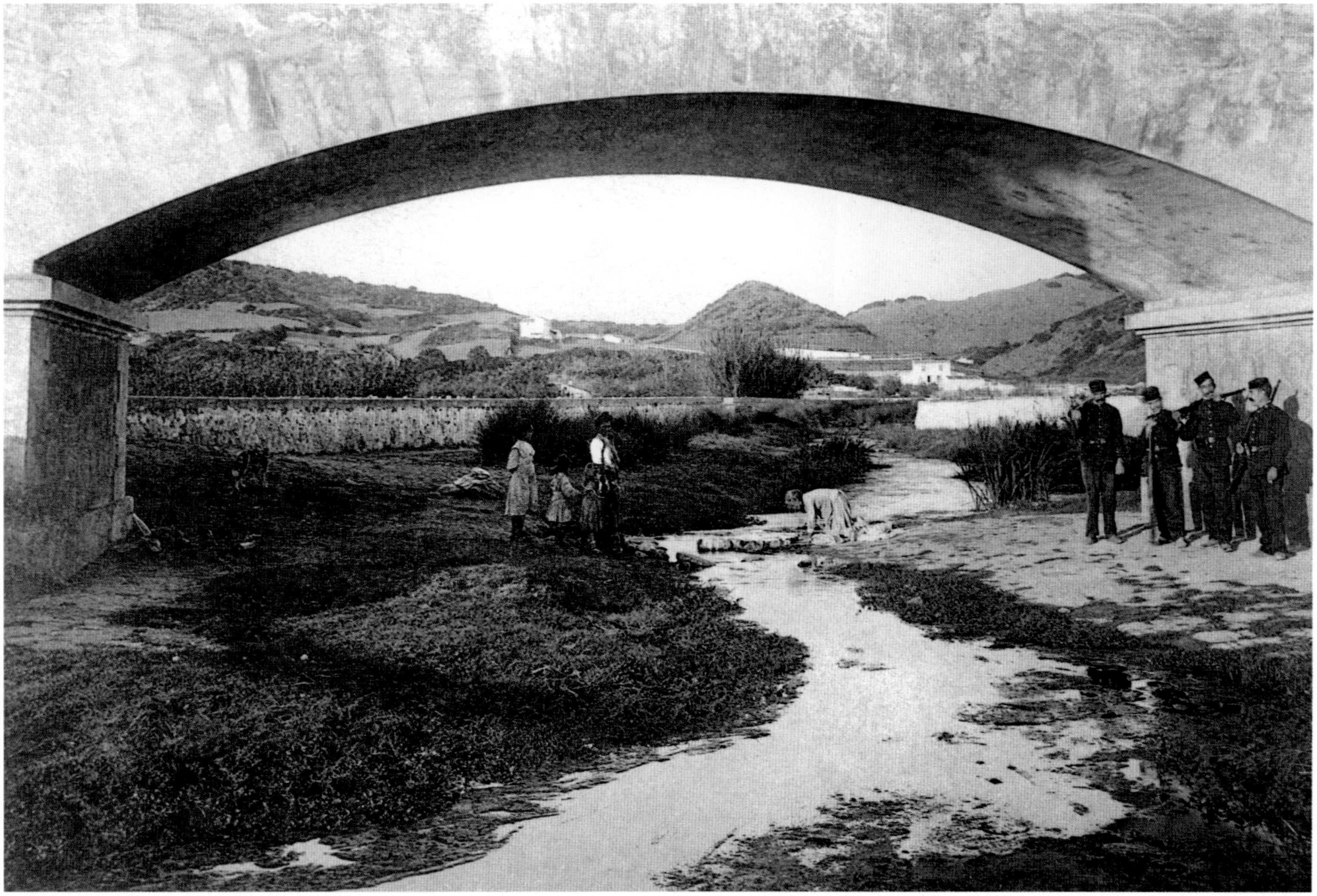

Amb aquesta colla d'homes armats, no hi ha por de sentir-se indefenses

Con una cuadrilla tan bien armada, imposible sentirse indefensas

No one feels defenceless in the presence of this well-armed force

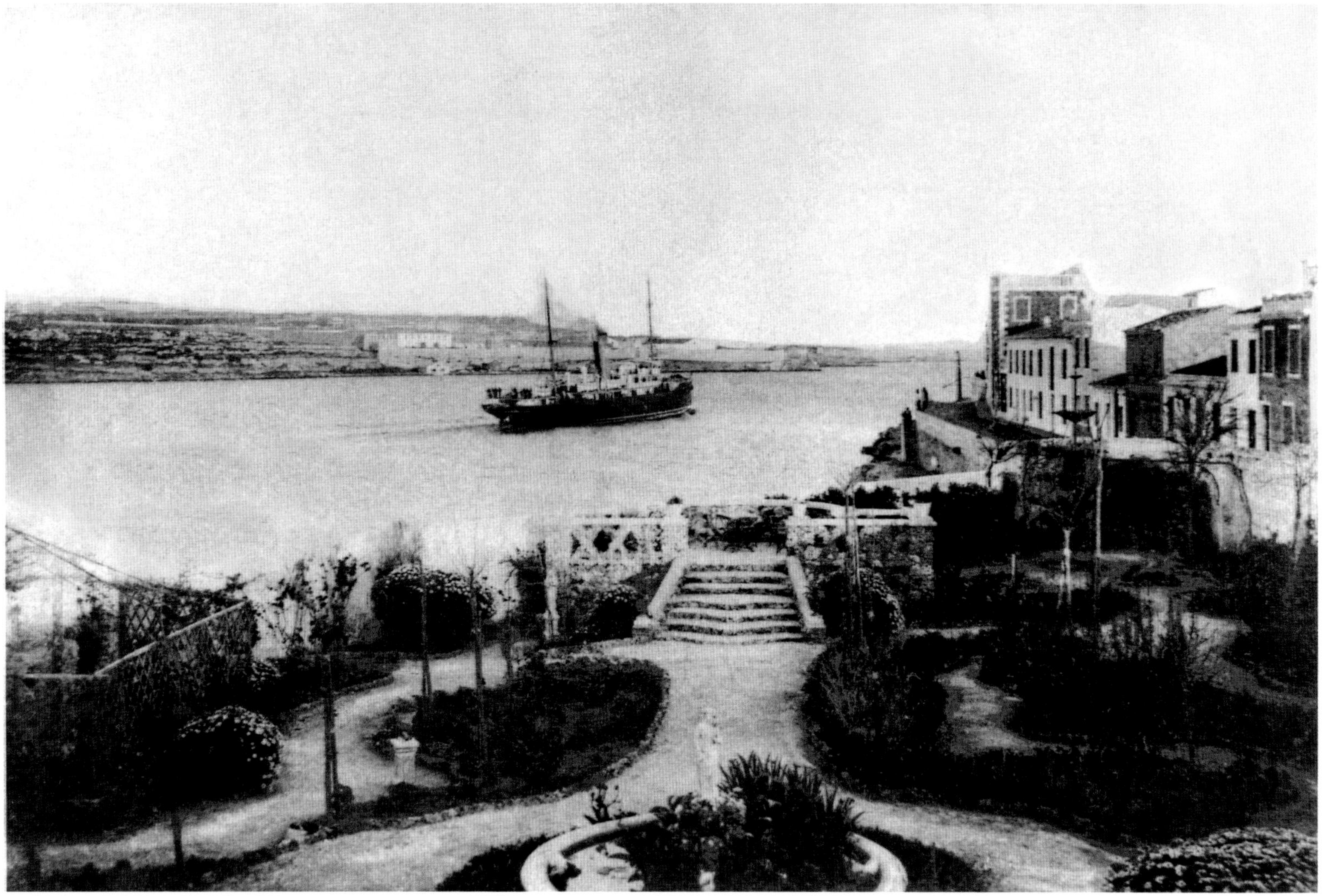

Jardí arran de la mar, escenari ideal per al comiat

Jardín junto al mar, escenario ideal para las despedidas

A garden close to the sea, a good place for waving goodbye

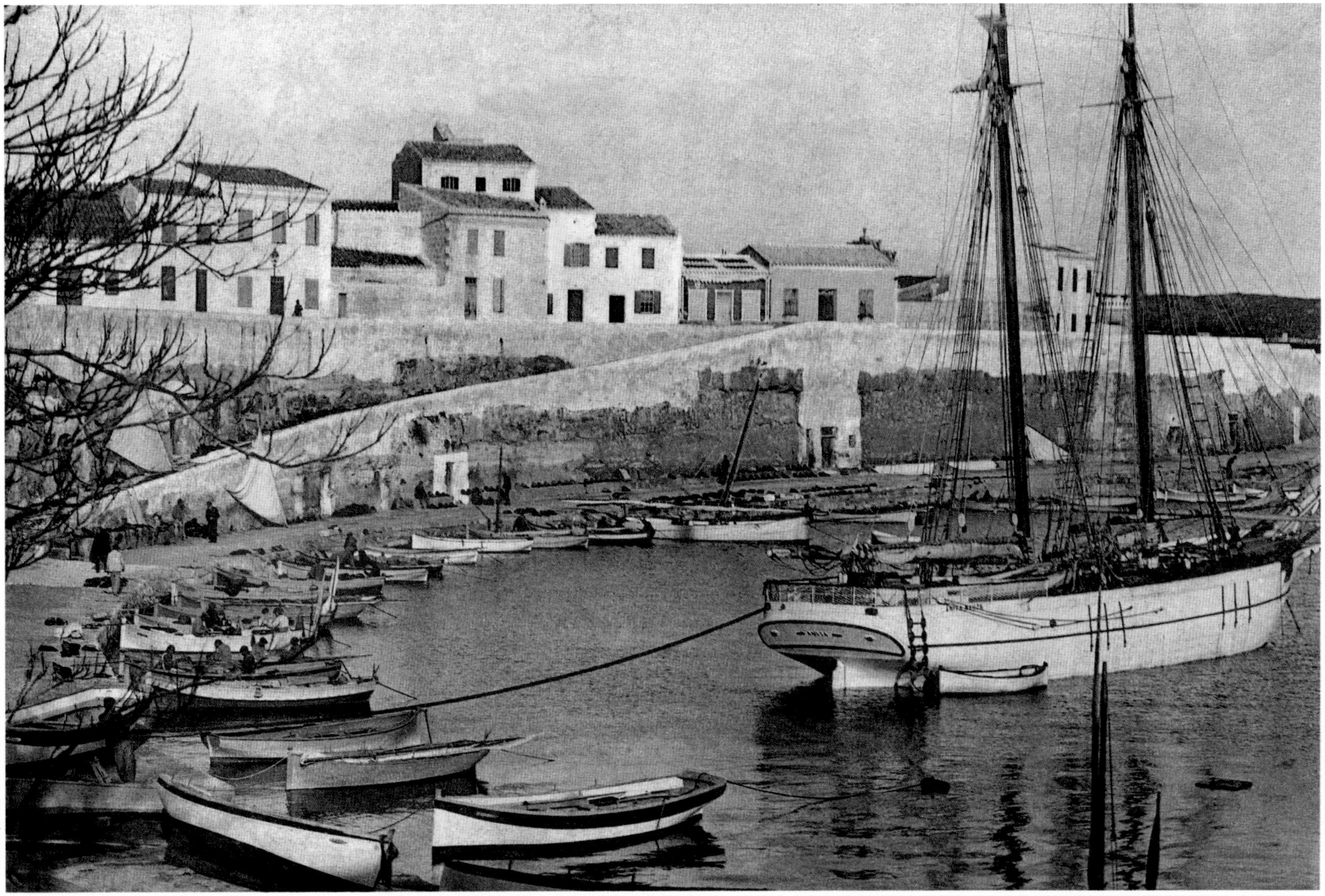

El moll, atapeït, dóna cabuda a grans i petits

El concurrido muelle da cabida a grandes y pequeños

The packed wharf makes room for vessels both great and small

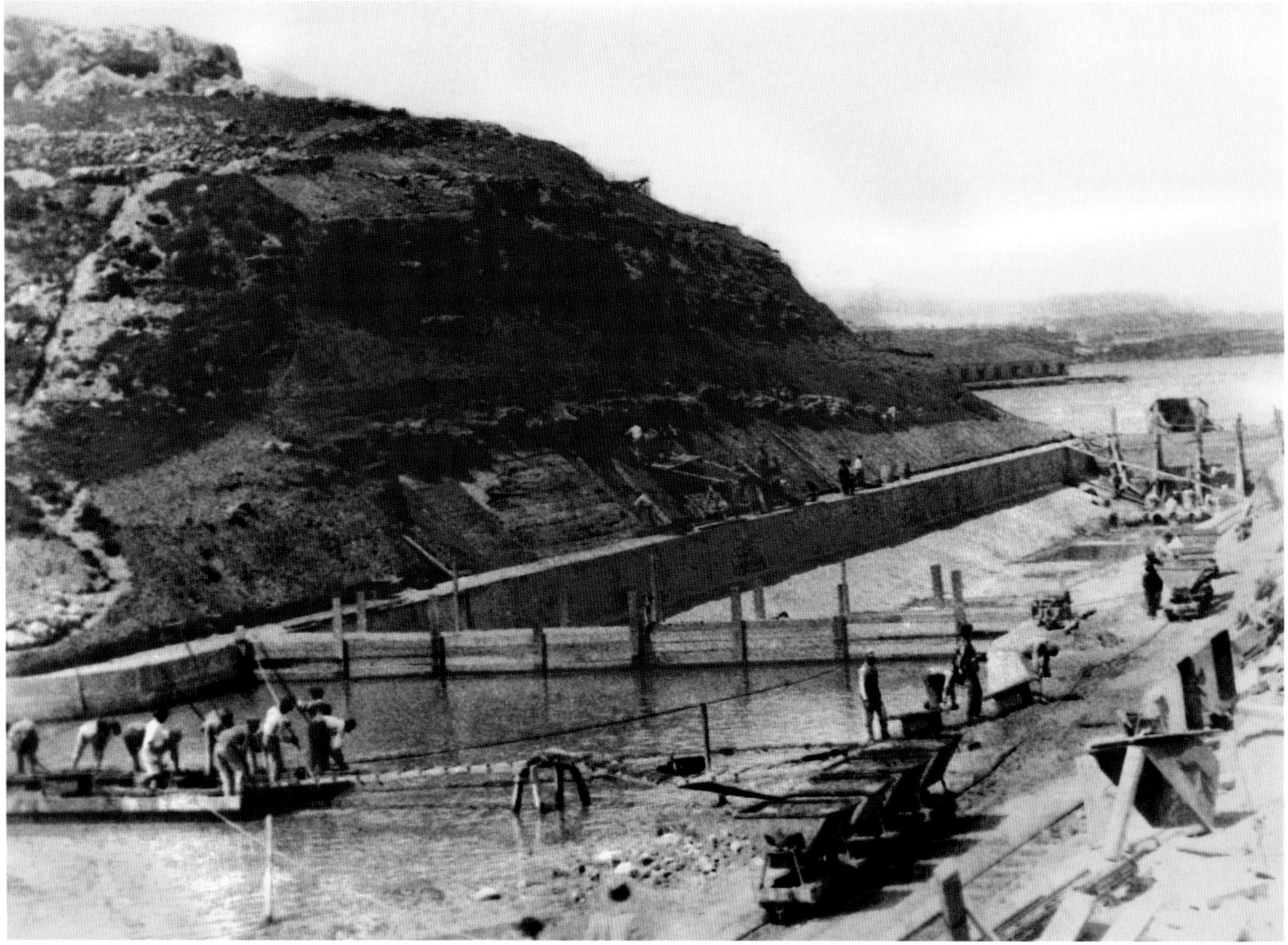

D'una península en va sortir una illa, el Llatzeret

De una península surgió una isla, el Lazareto

From a peninsula, a quarantine island was born

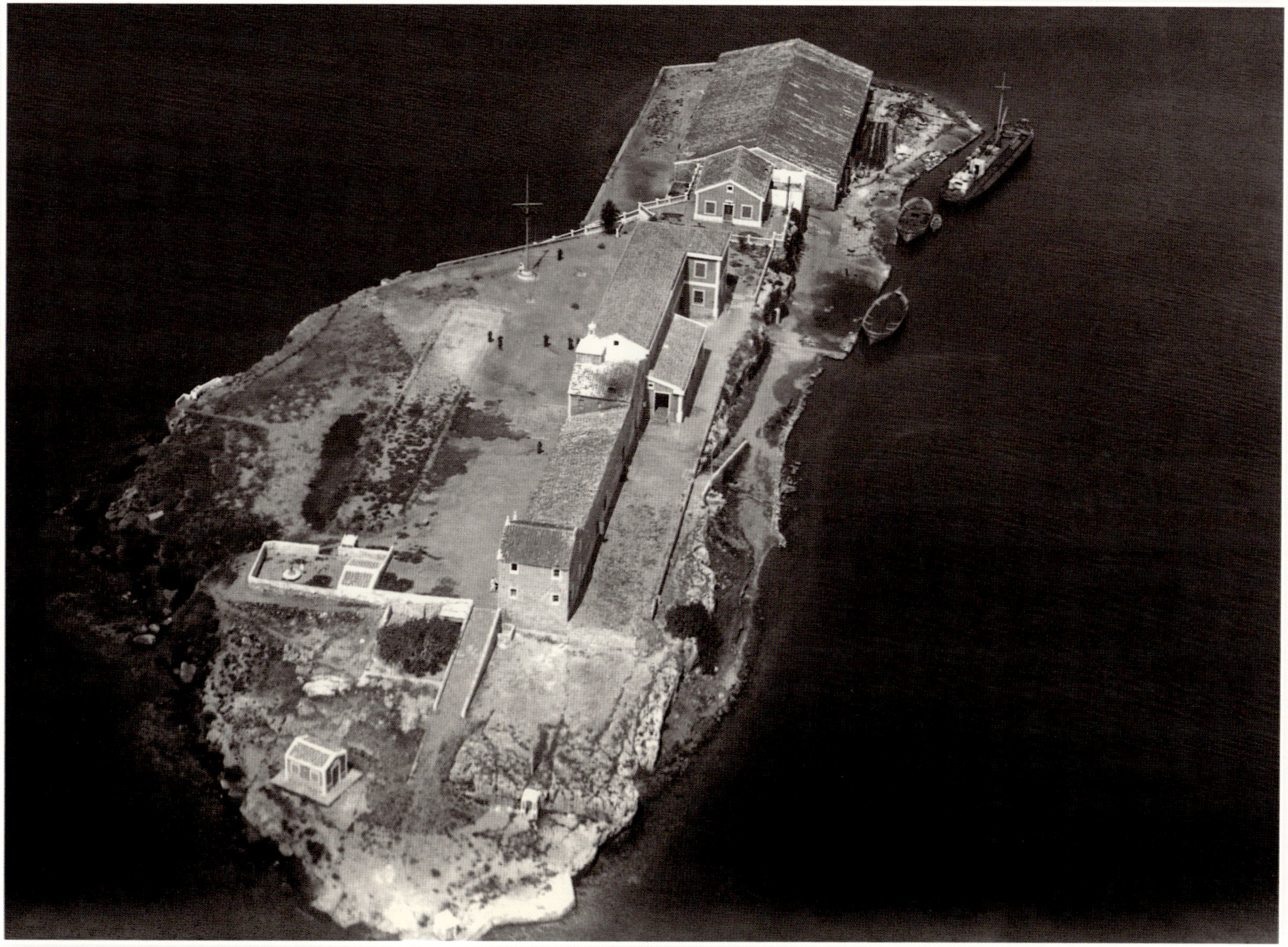

La fotografia aèria, un antecedent a les vistes per satèl·lit

La fotografía aérea, un antecedente de las vistas por satélite

Aerial photography, precursor of satellite images

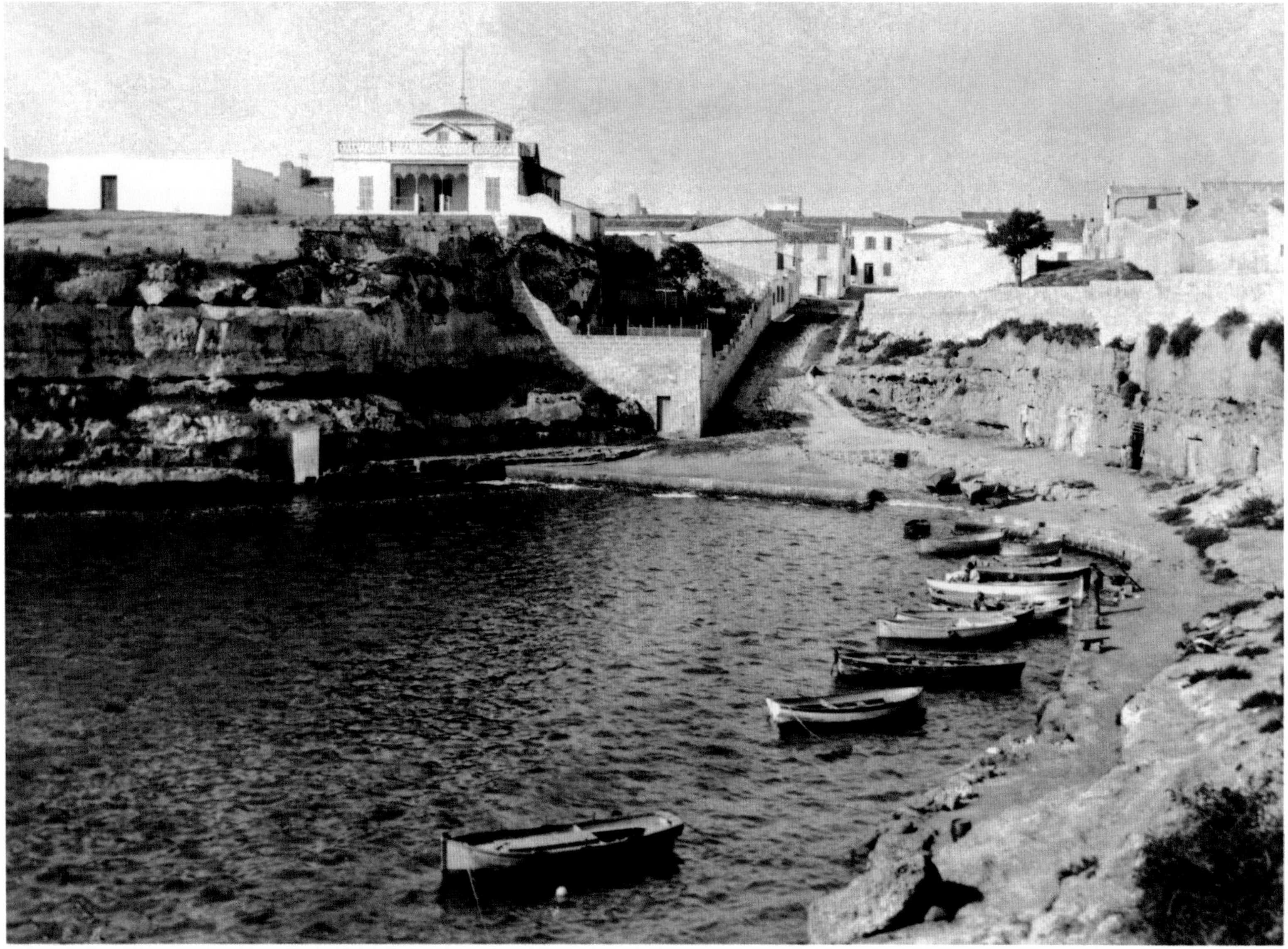

Les barques esperen el diumenge
per anar a fer una volta

Las barcas esperan el domingo
para ir a dar una vuelta

Boats wait to be taken
out on Sunday

CALA CORB

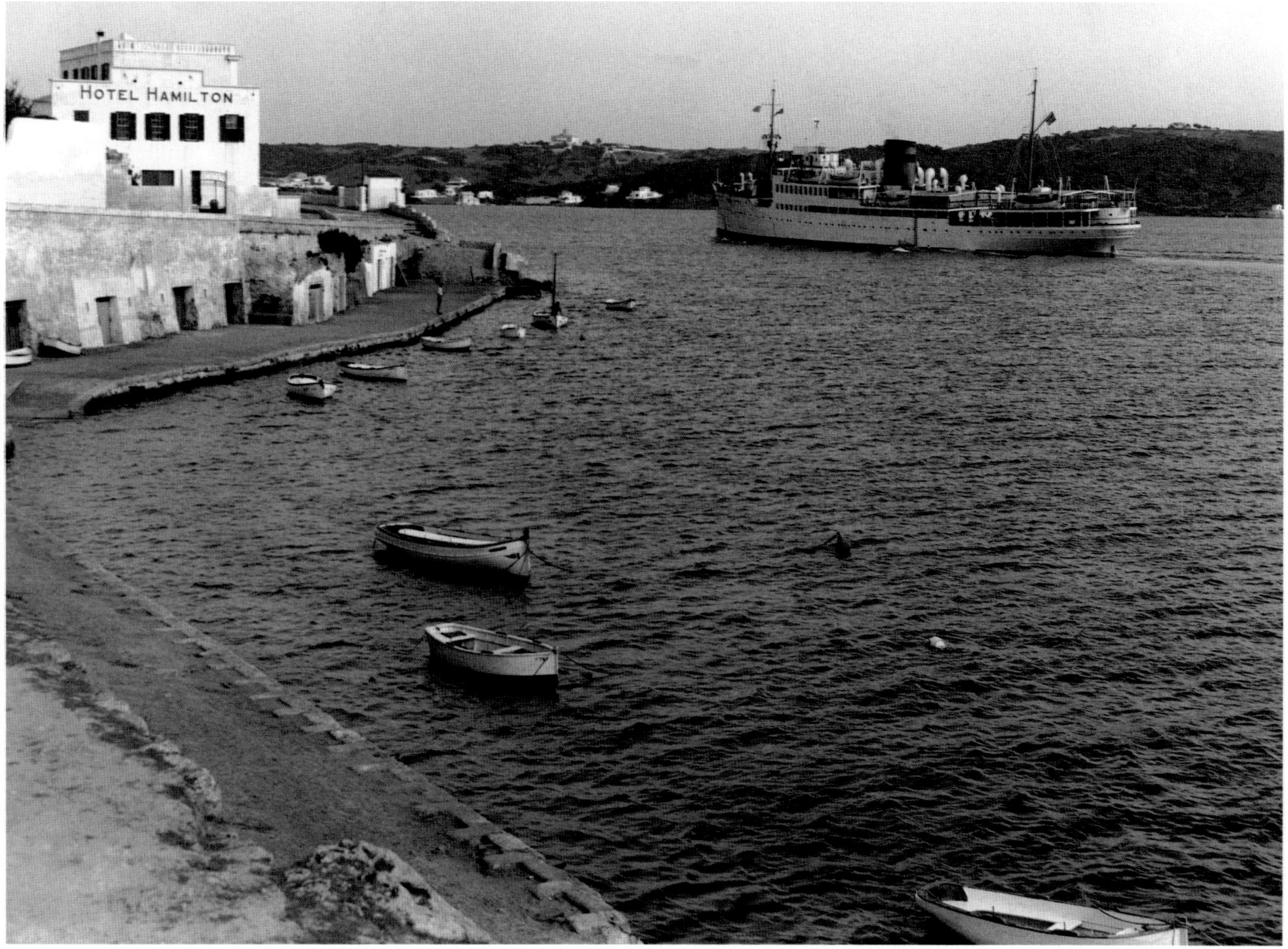

L'hotel se n'alegra de l'arribada de viatgers que podrà acollir

La llegada alegra al hotel, por los viajeros que podrá acoger

The hotel is pleased to see the arrival of possible guests

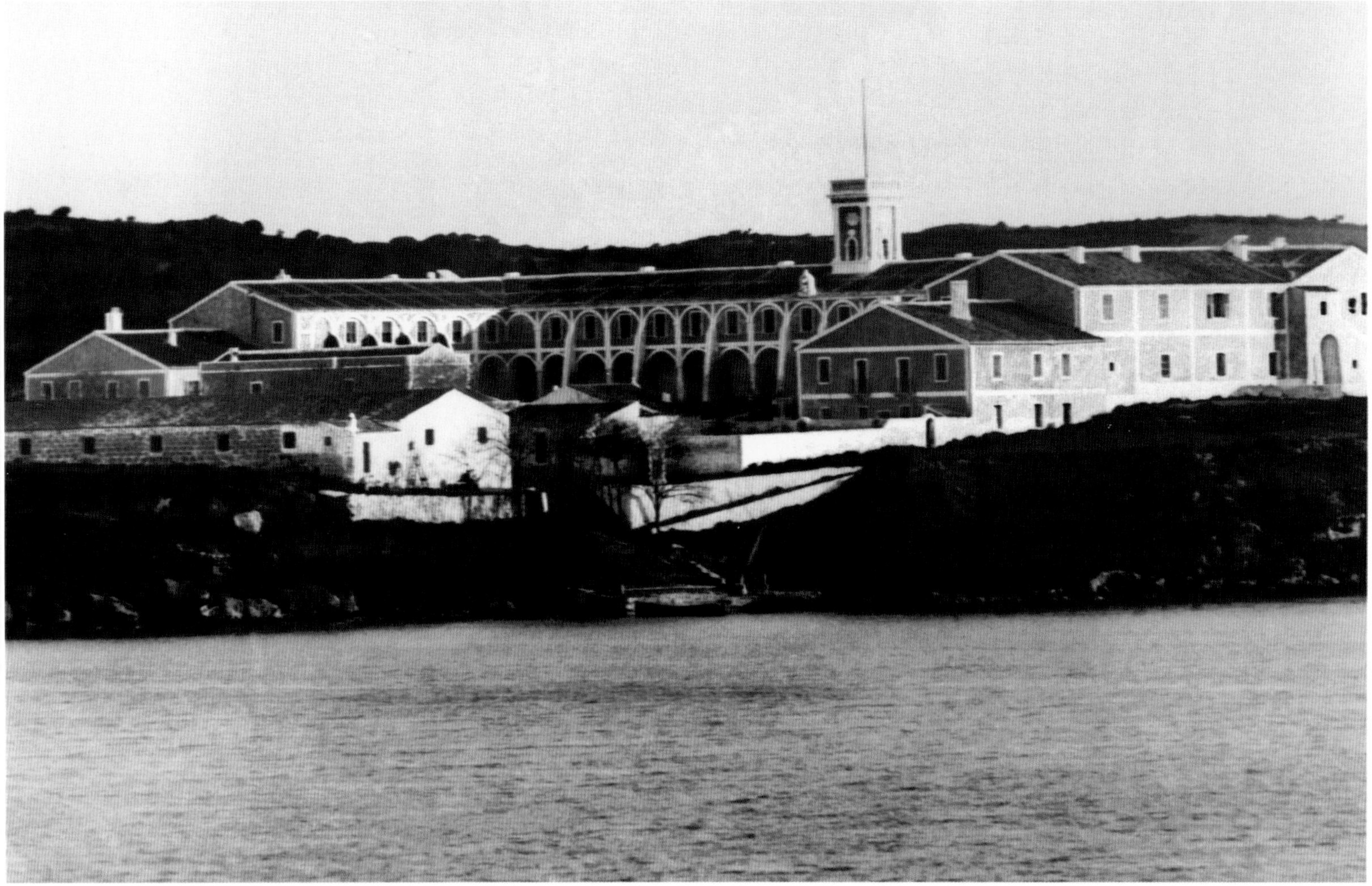

Un trasllat a l'hospital militar pot ser un malson si hi ha mala mar

Un traslado al hospital militar puede ser una pesadilla si hay mala mar

Being moved to the military hospital can be a nightmare in bad weather

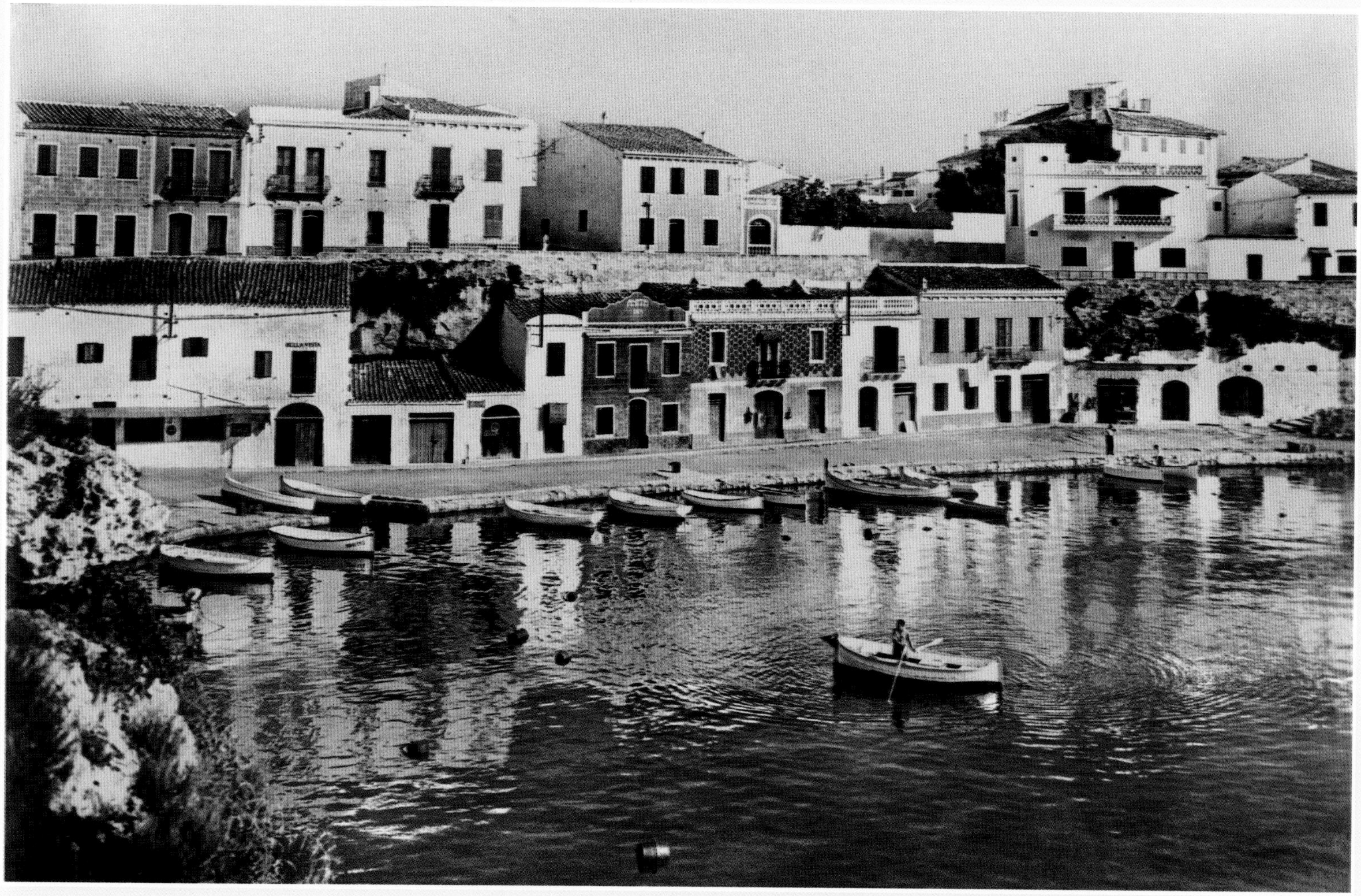

Afortunat pescador, que pots atracar a prop de casa i tens tranquil·litat a la cala

Afortunado pescador, que puedes atracar cerca de casa y tienes tranquilidad en la cala

Lucky fisherman, able to moor so close to home in the tranquil cove

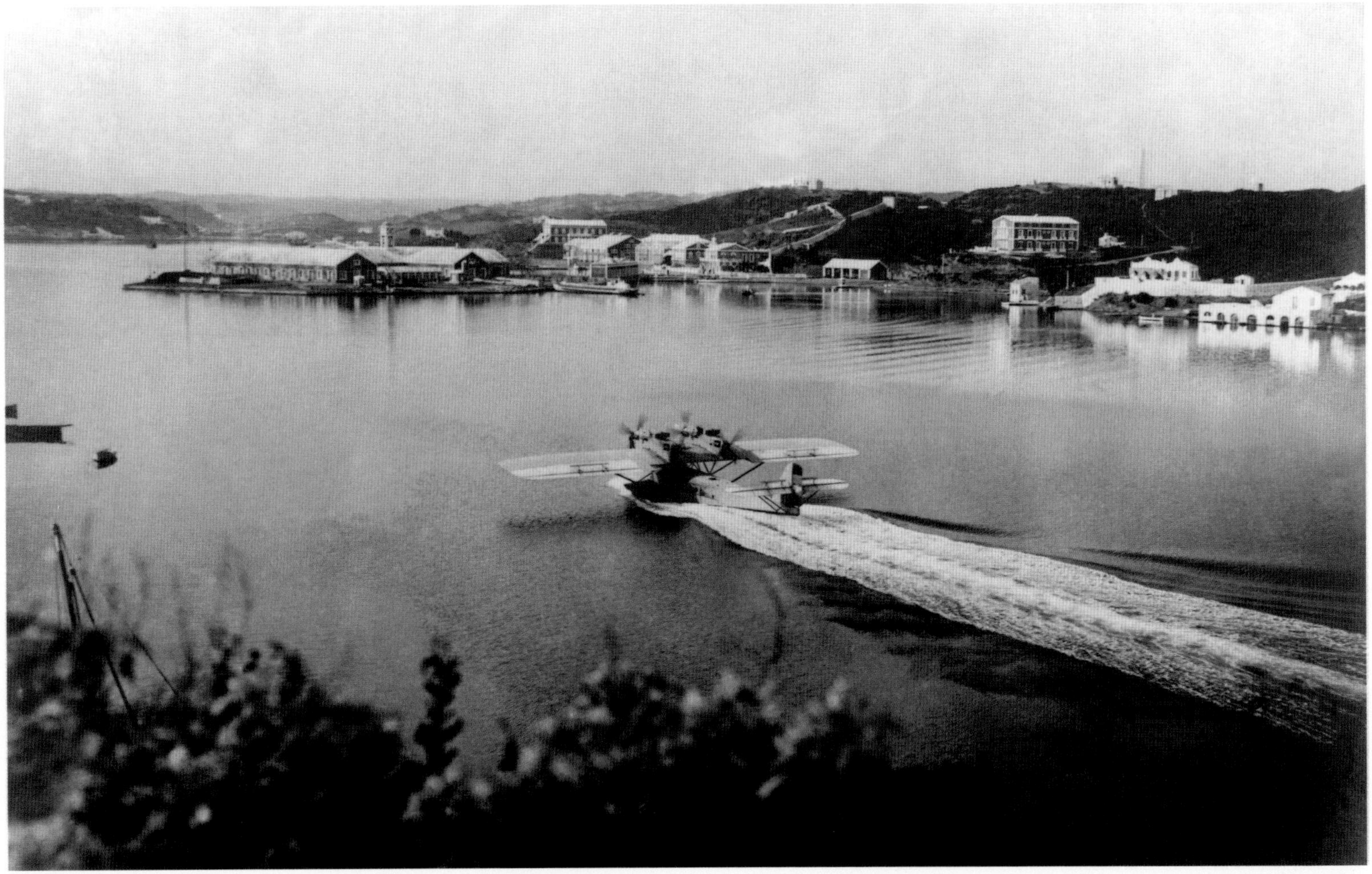

Una manera genial de viatjar: la rapidesa de l'avió i el plaer d'amarar a un bell port

Una manera genial de viajar: la rapidez del avión y el placer de amarar en un bello puerto

A great way to travel: the speed of flight and the pleasure of landing in a beautiful harbour

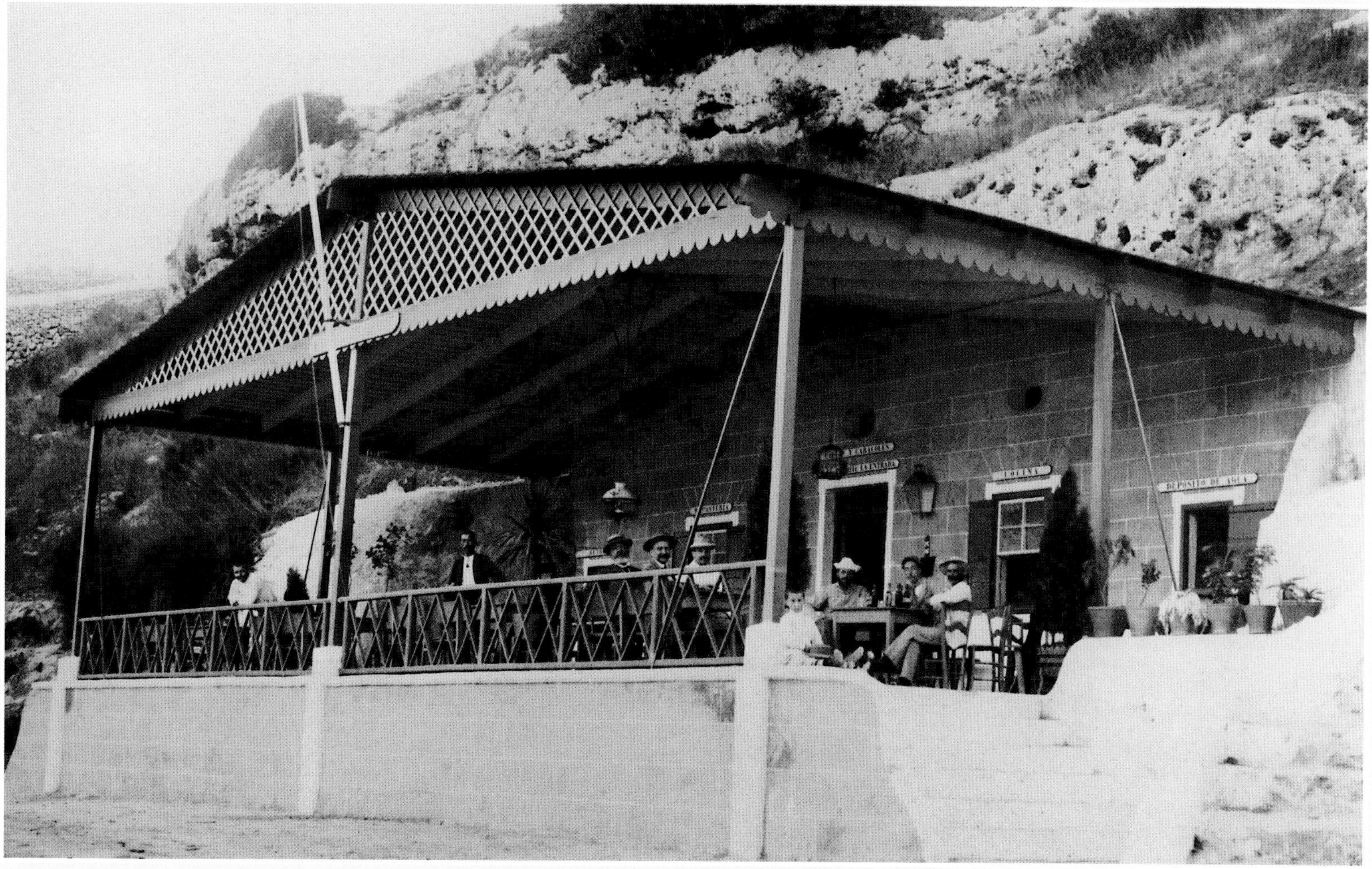

▲

Baix el penyal, la terrassa s'aboca a la mar, i els clients, a la contemplació

▲

Al pie del acantilado, la terraza se entrega al mar y los clientes, a la contemplación

▲

Beneath the cliffs, the terrace is open to the sea, and the people to contemplation

▲

EL FONDUCO

►►

Dos edificis emblemàtics, testimonis de les més diverses trobades

►►

Dos edificios emblemáticos, testigos de los más diversos encuentros

►►

Two emblematic buildings are witness to diverse events

►►

HOTEL PORT MAHÓN I CLUB MARÍTIM

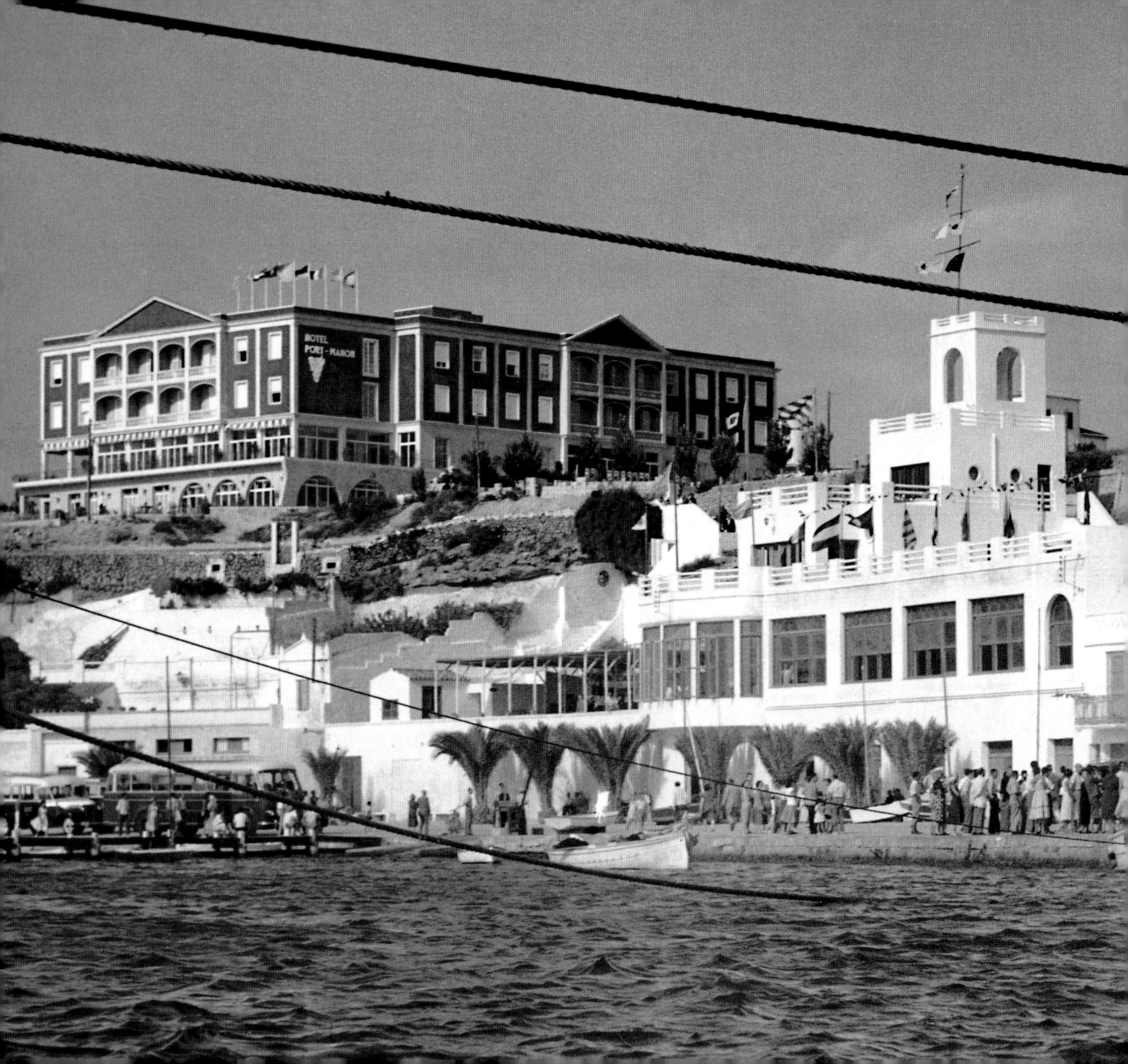
HOTEL
PORT-MAHON

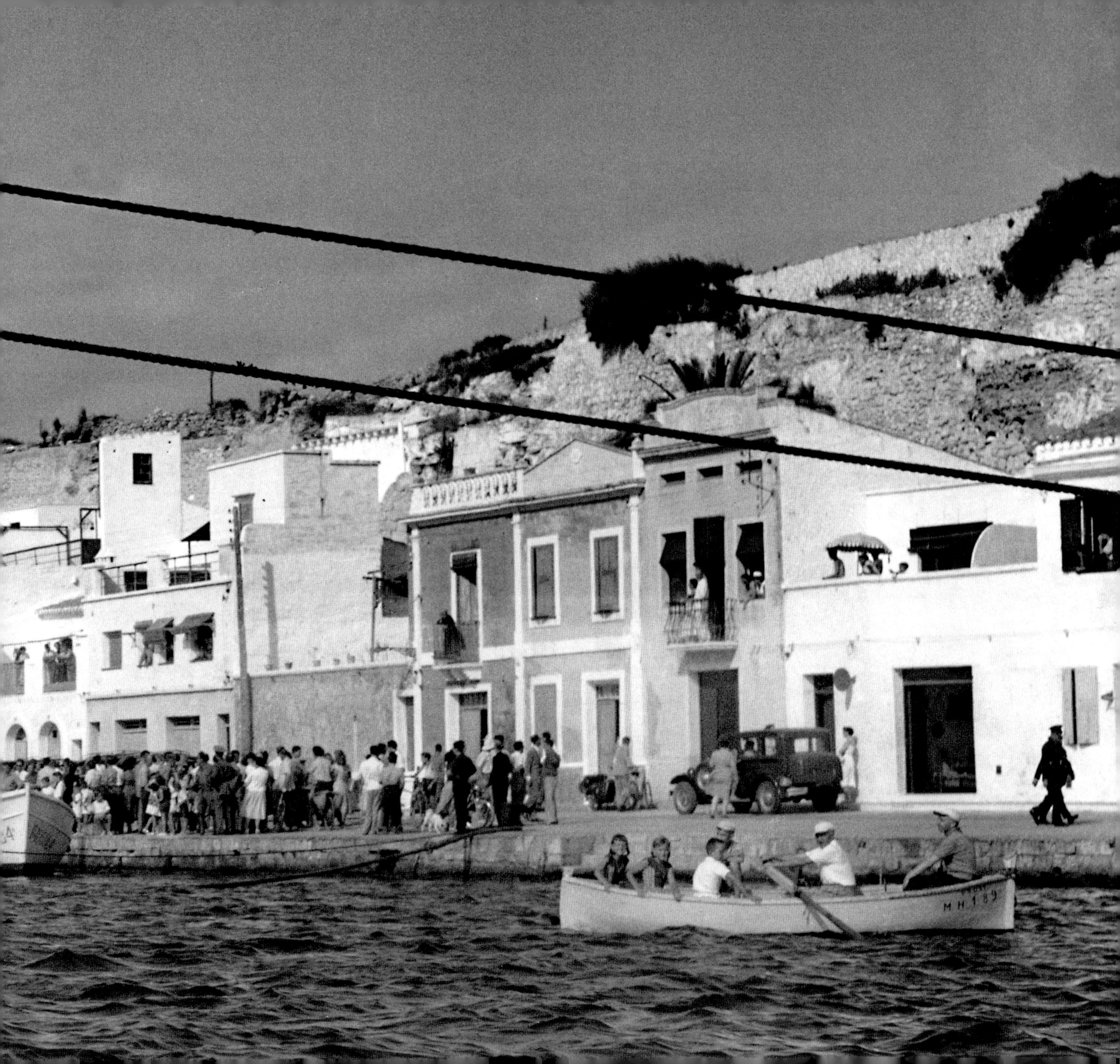
MH 189

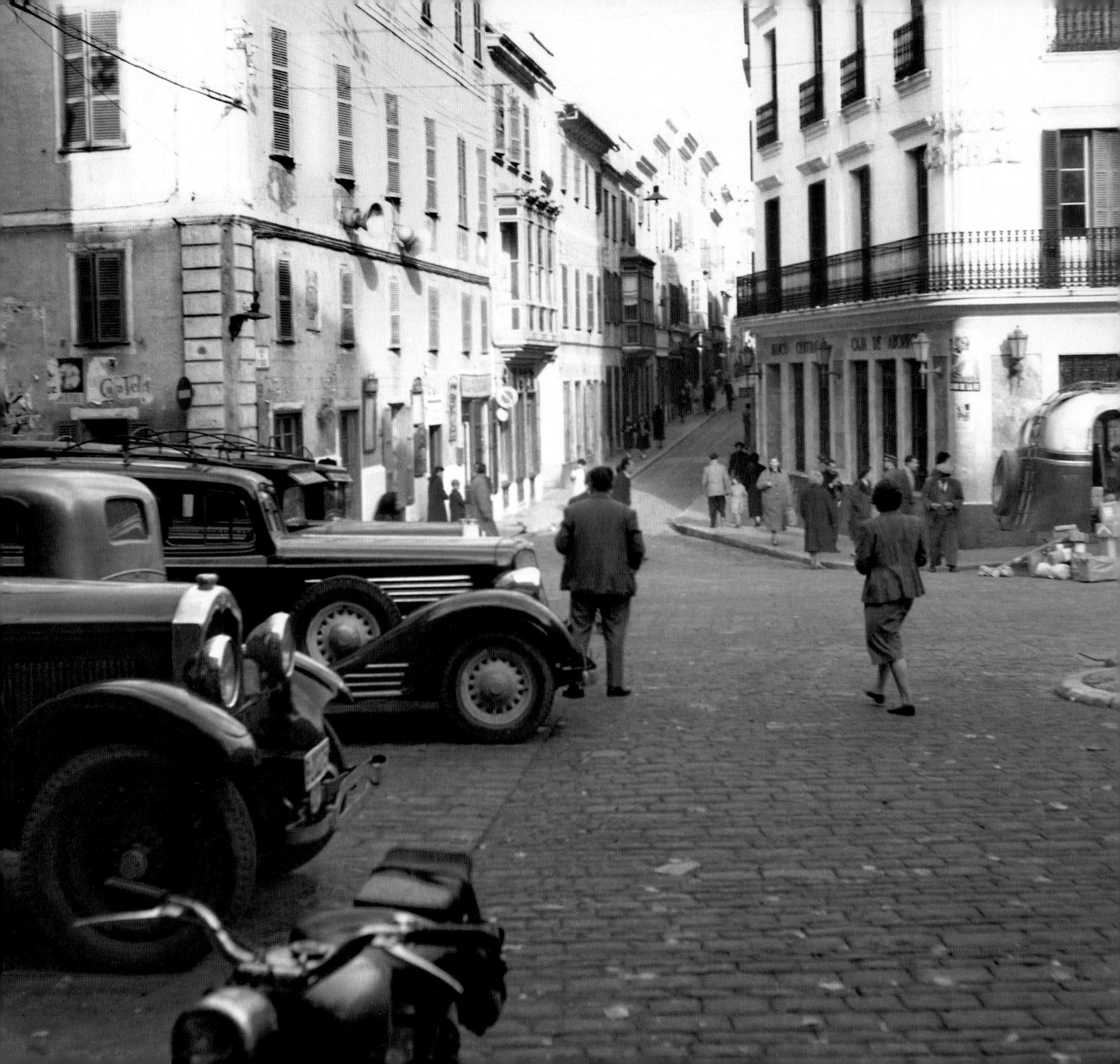

Maó

Maó deu la seva configuració al port. La relació entre el nucli urbà i baixamar és més que evident, i la vida diària puja i baixa per les rampes que connecten un i altre indret. Això encara succeïa més ahir, quan la població acollia gent d'arreu de la Mediterrània i de terres britàniques, que entrava sempre per la mateixa porta marítima. Mariners i capitans de parles distintes hi deixaren la seva petja, avui encara present en molts racons. I d'aquesta forma, malgrat la seva petita dimensió, la relació especial entre la ciutat i el seu port ha conferit a l'entorn un caire certament cosmopolita, que en ocasions queda reflectit en aquestes imatges. Tanmateix, la ciutat no ha experimentat des d'aleshores canvis tan importants que ja no permetin de reconèixer-la. Un fet que ens convida a reflexionar sobre la capacitat de preservar i, alhora, continuar creixent.

L'altra cara de la mateixa moneda és la gent i els seus costums. També podrem trobar els maonesos en plenes manifestacions populars, tradició i socialització locals, que ens acompanyen a trobades tan diferents com són els actes religiosos, els esdeveniments esportius –majoritàriament futbolístics– o les festes populars. Tot sempre en el mateix escenari, Maó endins.

◄
PLAÇA REIAL

La plaça acull un assortiment de vehicles a motor

La plaza acoge una muestra variada de vehículos a motor

The square welcomes an assortment of motor vehicles

Maó debe su configuración al puerto. La relación entre el núcleo urbano y "baixamar" (la zona de muelles, bajo el acantilado) es más que evidente, y la vida diaria sube y baja por las rampas que conectan uno y otro lugar. Esta situación se hacía más patente ayer, cuando la población acogía a gentes de todo el Mediterráneo y de tierras británicas, que siempre entraban por la misma puerta marítima. La huella dejada por marineros y capitanes de hablas distintas, hoy todavía está en muchos rincones. Y de esta forma, a pesar de sus pequeñas dimensiones, la relación especial entre la ciudad y su puerto ha conferido al entorno un aspecto ciertamente cosmopolita, como queda reflejado en algunas de estas imágenes. Sin embargo, la ciudad no ha experimentado desde entonces cambios tan importantes que nos impidan reconocerla. Un hecho que nos invita a reflexionar sobre la capacidad de preservar y, al mismo tiempo, continuar creciendo.

Los propios mahoneses, sus actividades y sus costumbres, dibujan la otra cara de la misma moneda. Nos acompañan en encuentros tan diferentes como son actos religiosos, acontecimientos deportivos –mayoritariamente futbolísticos–, fiestas o manifestaciones populares. Todo siempre en el mismo escenario, Maó, de puertas adentro.

Maó owes its configuration to the port. The connection between the urban nucleus and *baixamar* (the waterfront zone beneath the cliffs) is more than obvious, and the activity of the city travels up and down the slopes and ramps that connect the two areas. This situation was even more apparent in the times when visitors from all over the Mediterranean and Britain would necessarily enter the city from the sea, and many vestiges of multilingual sailors and shipmasters were left behind. Despite the small dimensions of the area, the special relationship between the city and its port created a certain cosmopolitan air, which is reflected in some of the photographs. Nevertheless, the changes undergone by the city since those times have not been so great as to render it unrecognizable. This fact invites us to ponder on the capacity to conserve and develop at the same time.

The people and their customs form the other side of the matter. We find them taking part in all kinds of popular social activities, religious acts and sporting events (basically football) and, of course, the annual *festes*.

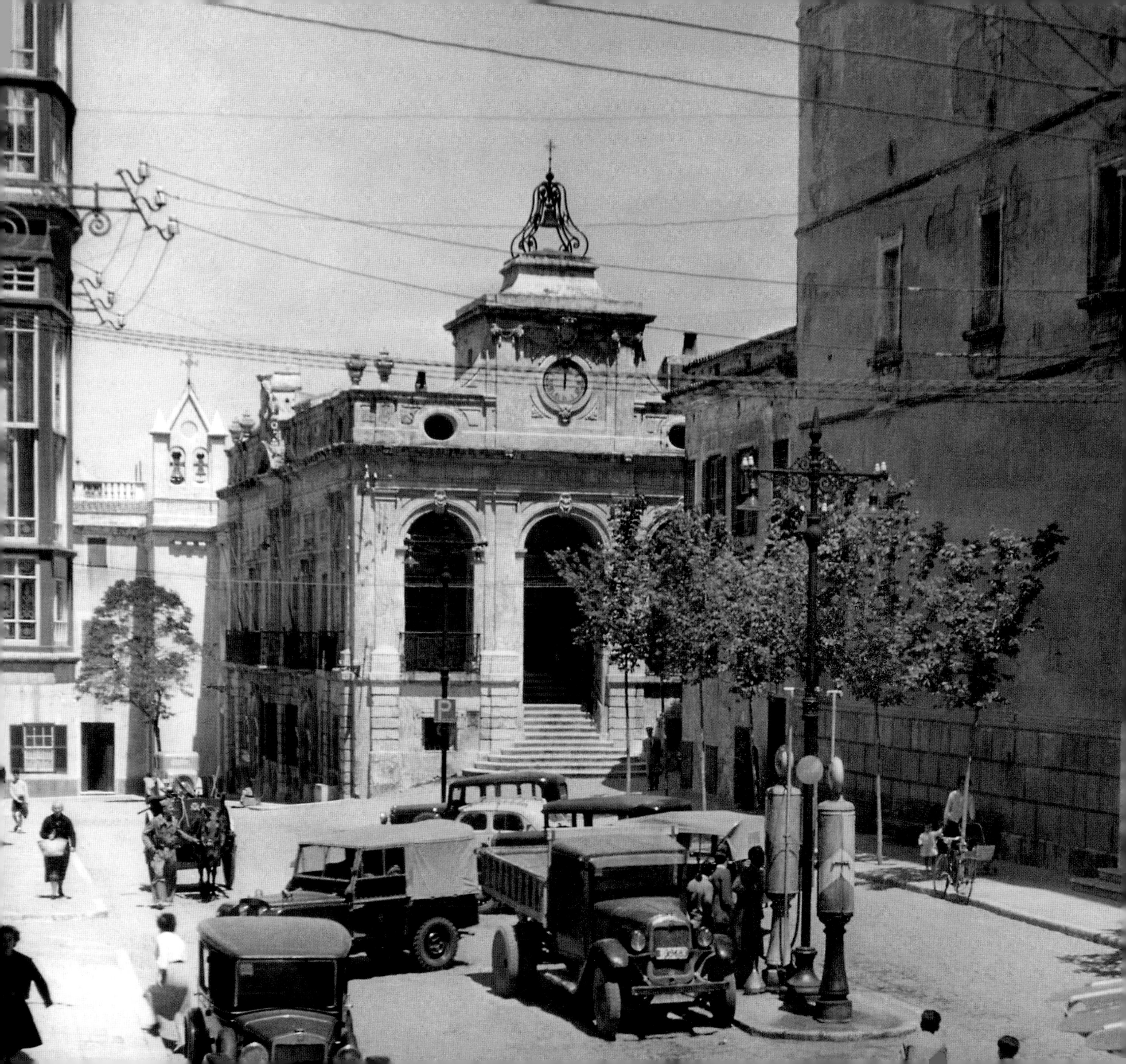
P

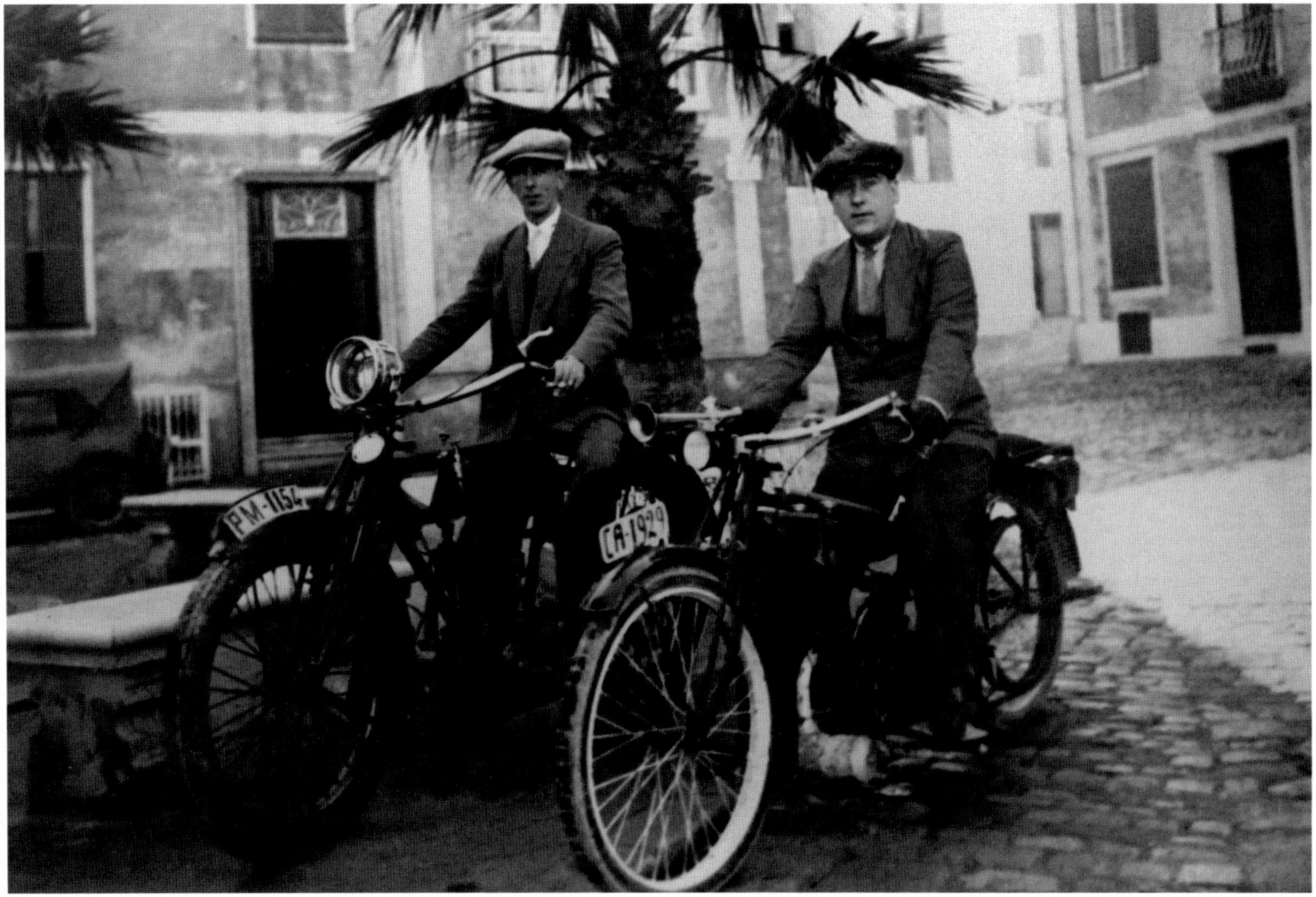

Fes la foto de pressa, que hem d'anar a passejar les joves amb les motos flamants!

¡Haz la foto deprisa, que tenemos que ir a pasear a las chicas con nuestras flamantes motos!

Hurry up and take the photo of our brand-new motorbikes, the girls are waiting!

PLAÇA DE COLOM

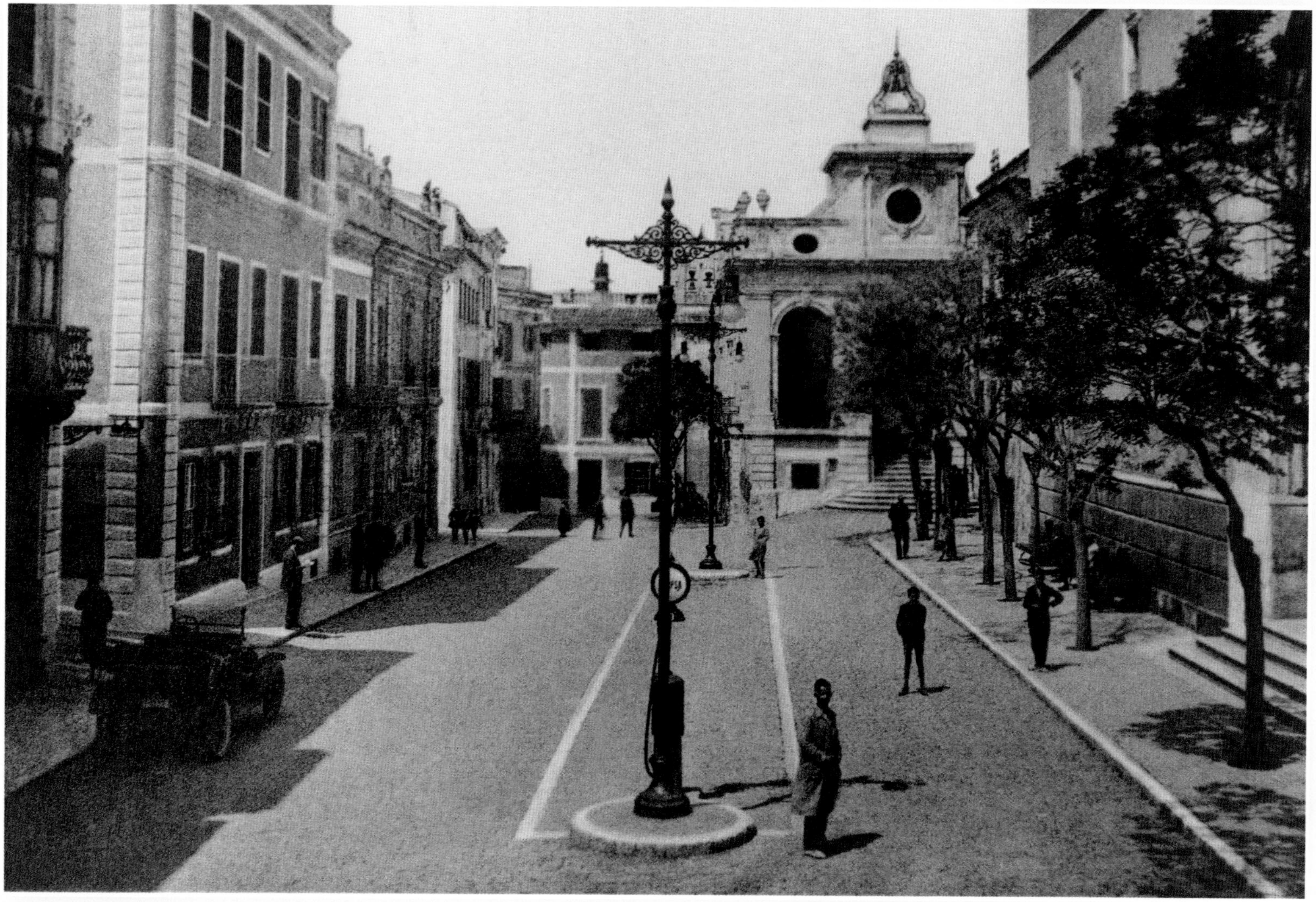

El vianant encara és el rei i passeja sense que els vehicles el destorbin

El peatón todavía es el rey y se pasea sin que los vehículos lo estorben

Pedestrians still have right of way and stroll unbothered by vehicles

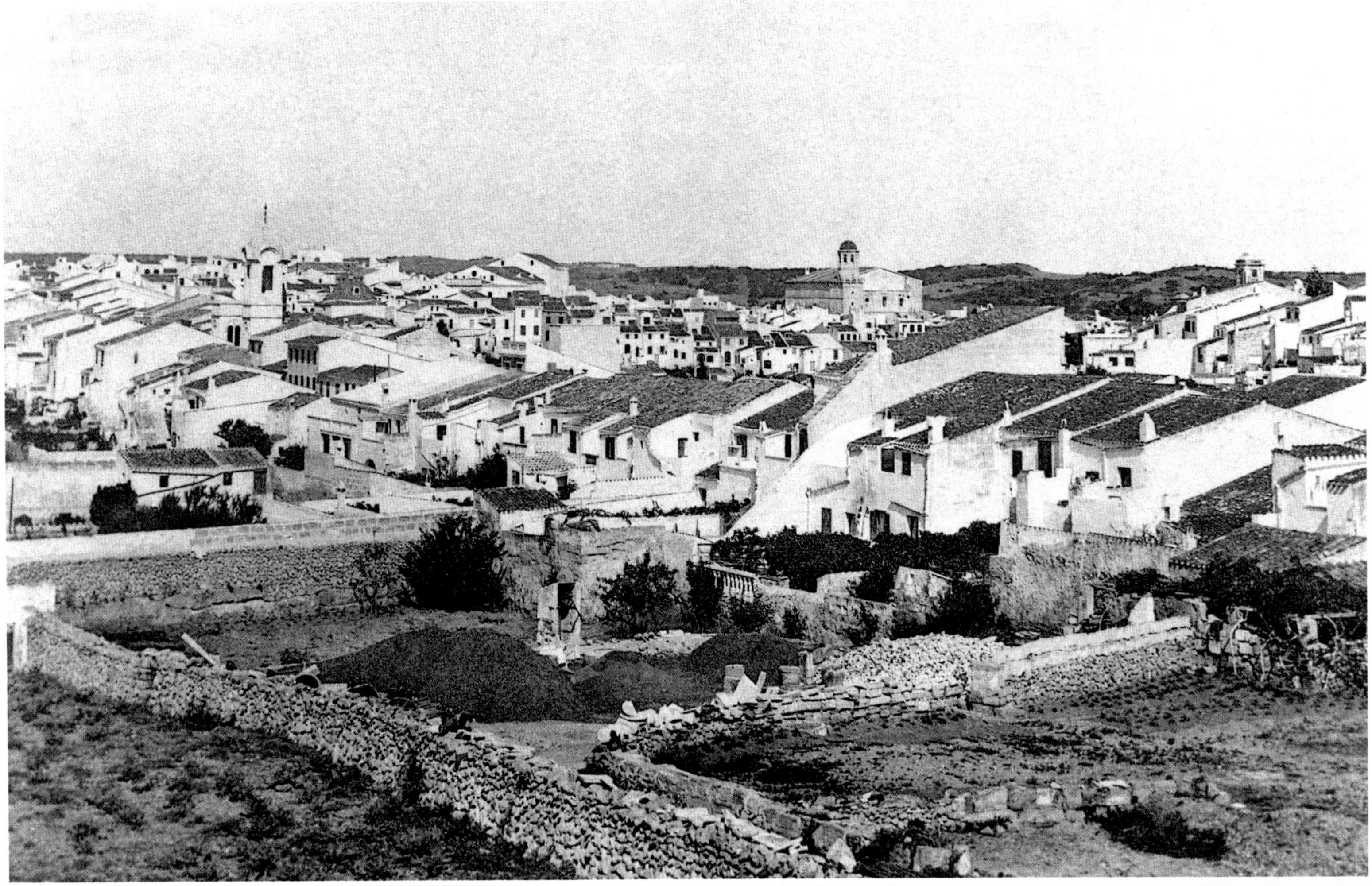

Les cases del Cós comparteixen ciutat amb sínies i tanques

Las casas del Cós comparten ciudad con norias y campos de cultivo

The houses in es Cós share the city with norias and fields

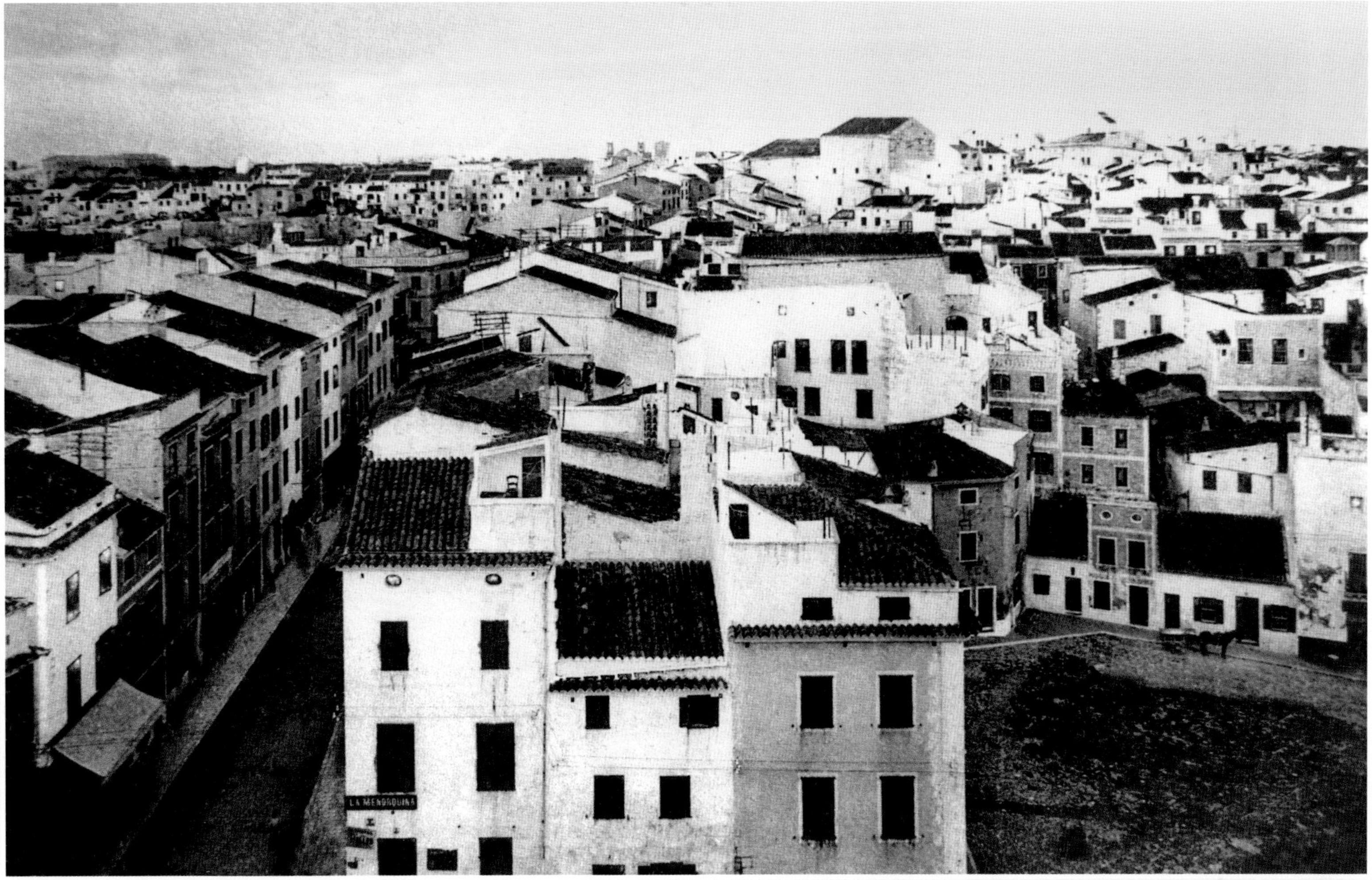

Des del campanar del Carme, una perspectiva cubista de teulades i terrats

Desde el campanario del Carmen, una perspectiva cubista de tejados y azoteas

From the steeple of el Carme church, a cubist vision of rooftops and terraces

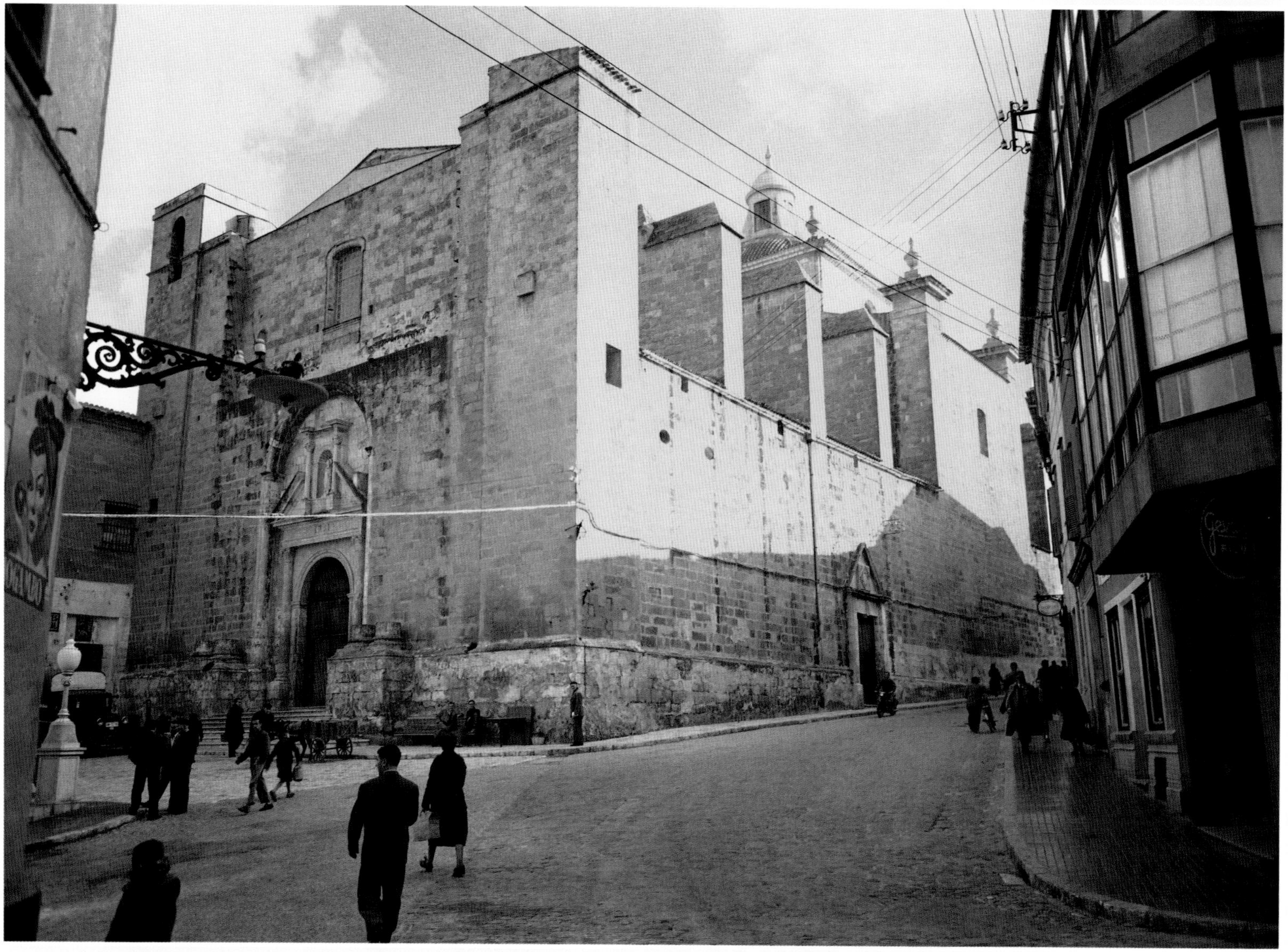

Al costat de l'església, el claustre
és mercat a baix i presó a dalt

Al lado de la iglesia, el claustro es
mercado abajo y prisión arriba

The ground floor of the cloister is a
market, and the top floor a prison

PLAÇA DEL CARME

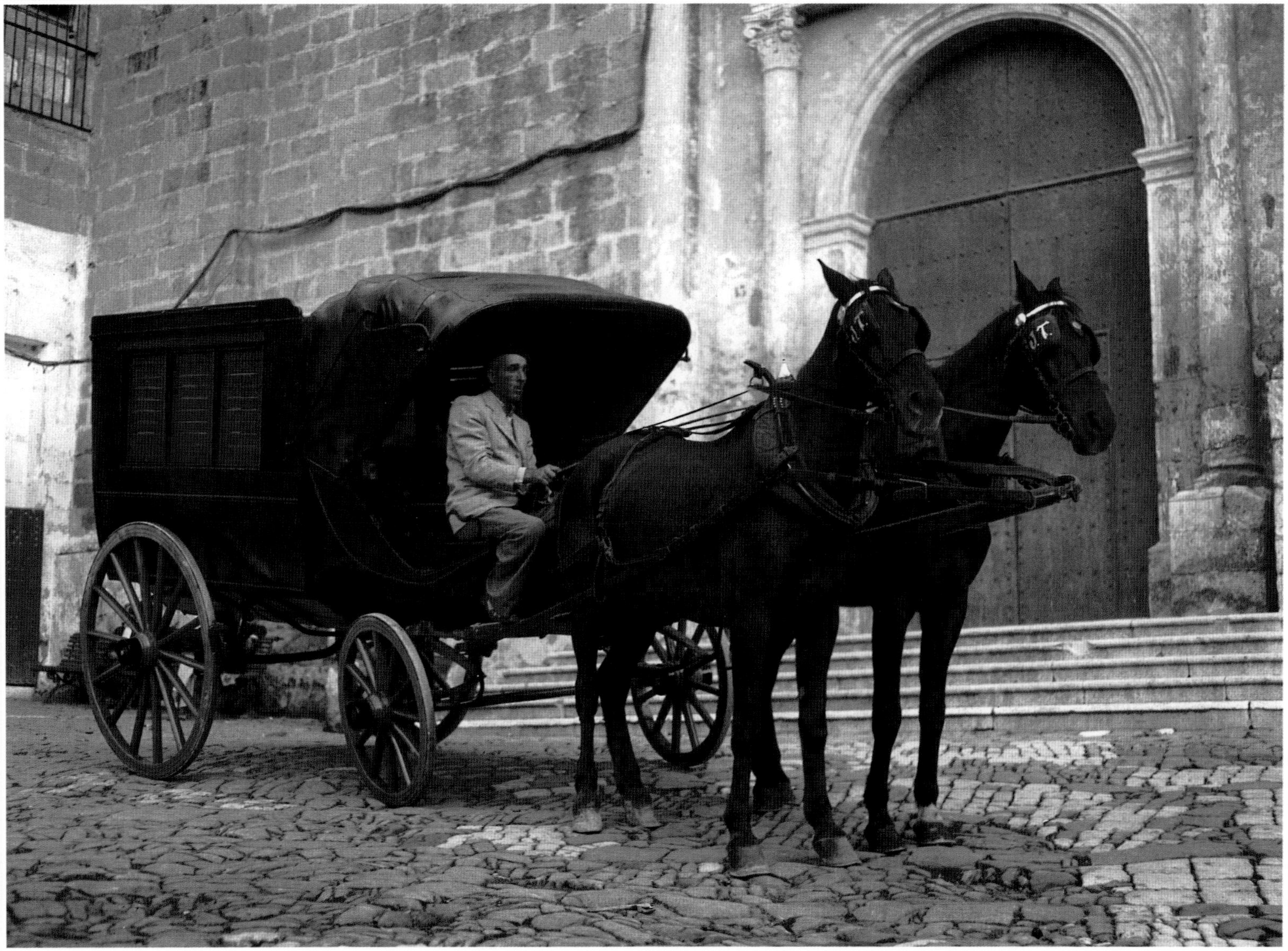

El carro és el vincle imprescindible entre el camp i el mercat

El carro es el vínculo imprescindible entre el campo y el mercado

The horse and cart is the link between town and country

Ben mirades les coses, Maó no té potser res de particular; però, una vegada dit això, resulta que té una personalitat impossible d'oblidar. És una vila molt neta, amb molts alts i baixos, notòriament esventada.

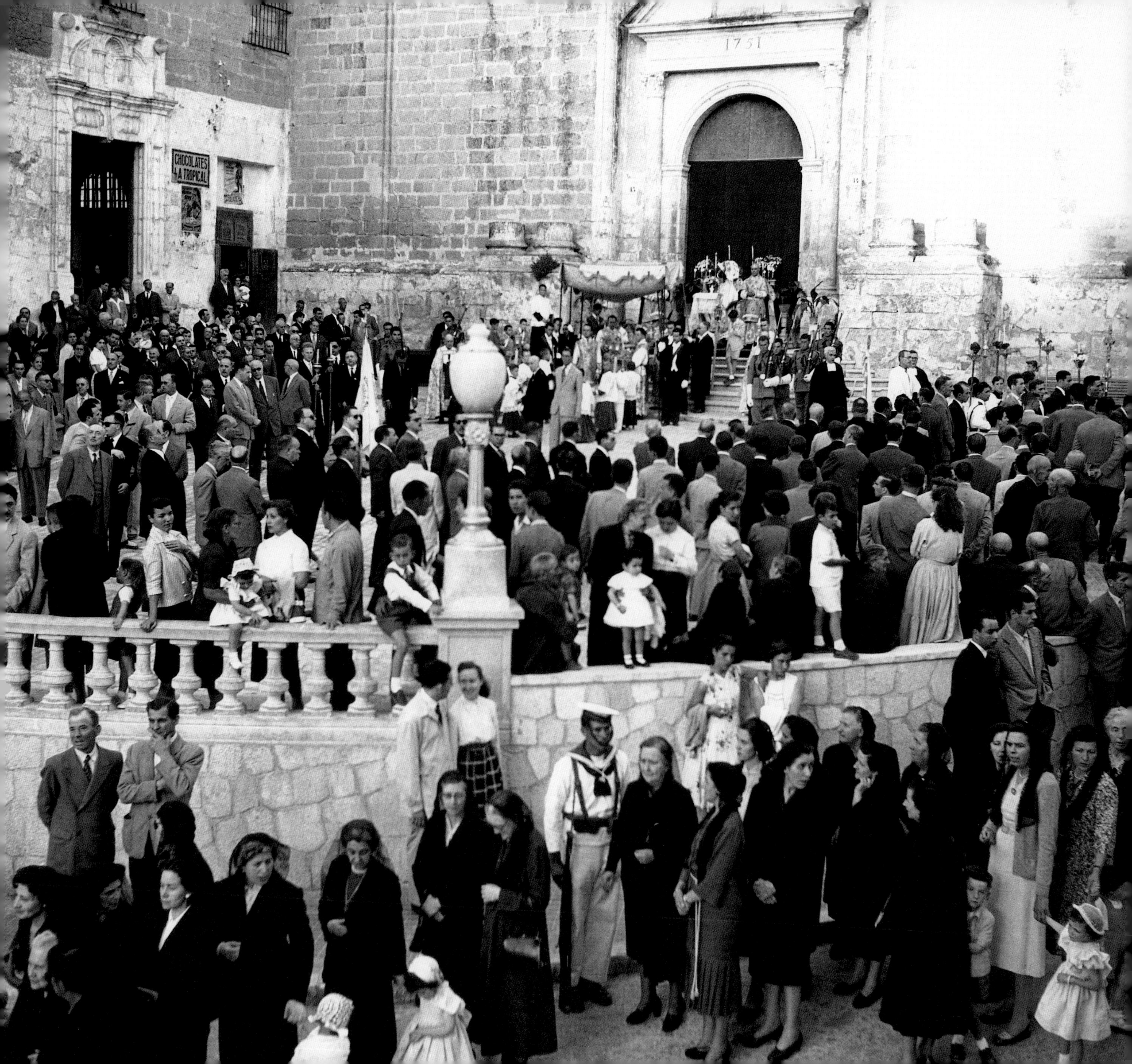
1751
CHOCOLATES
LA TROPICAL

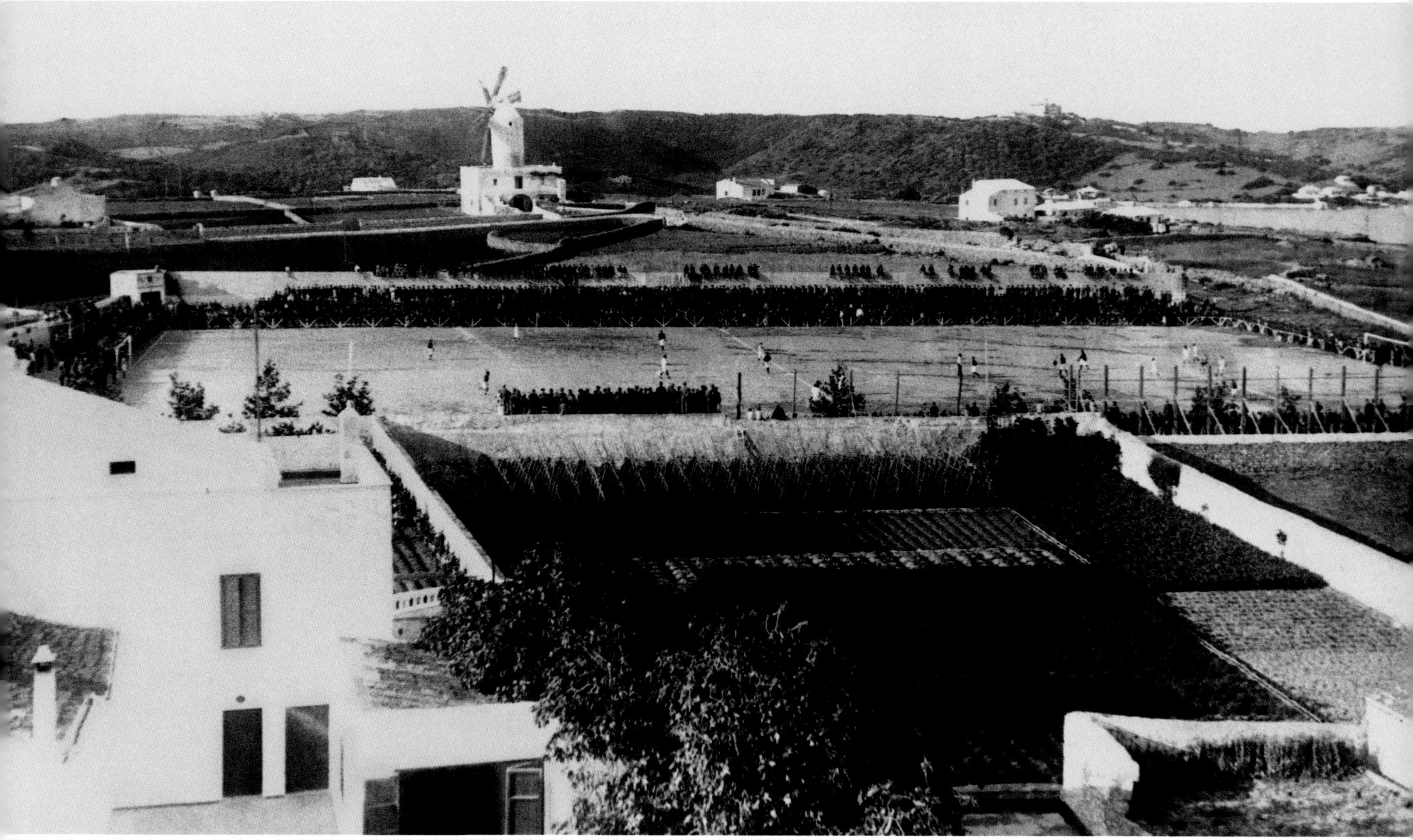

Als camps, a més d'hortalisses, ara també es conrea el lleure

En los campos, aparte de hortalizas, ahora también se cultiva el ocio

The fields are now a source of leisure as well as vegetables

CAMP DE SAN CARLOS

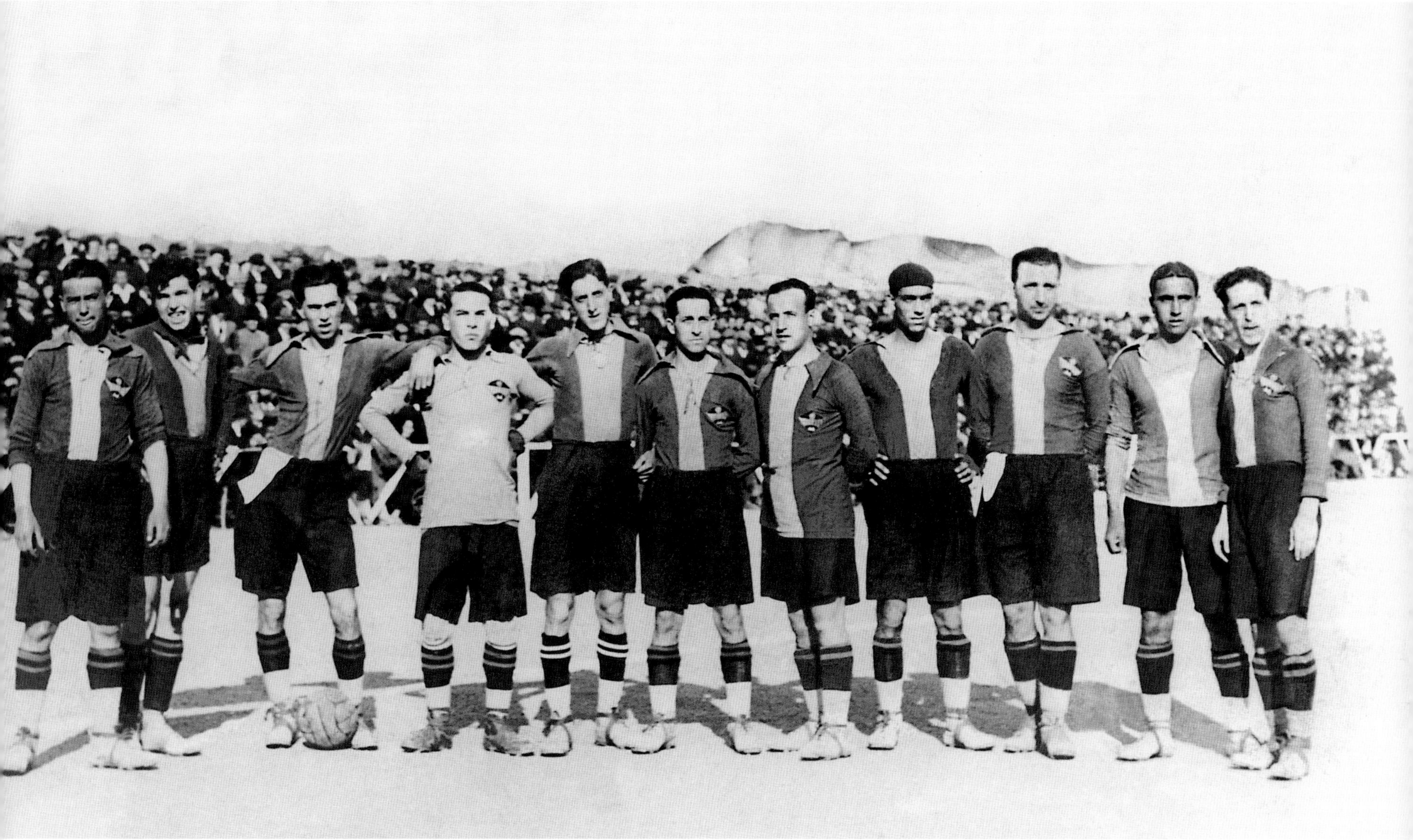

El nou esport de moda, el *foot-ball*, aviat congrega la massa

El nuevo deporte de moda, el *foot-ball*, pronto congrega a la masa

Football, the new popular sport, soon attracts the masses

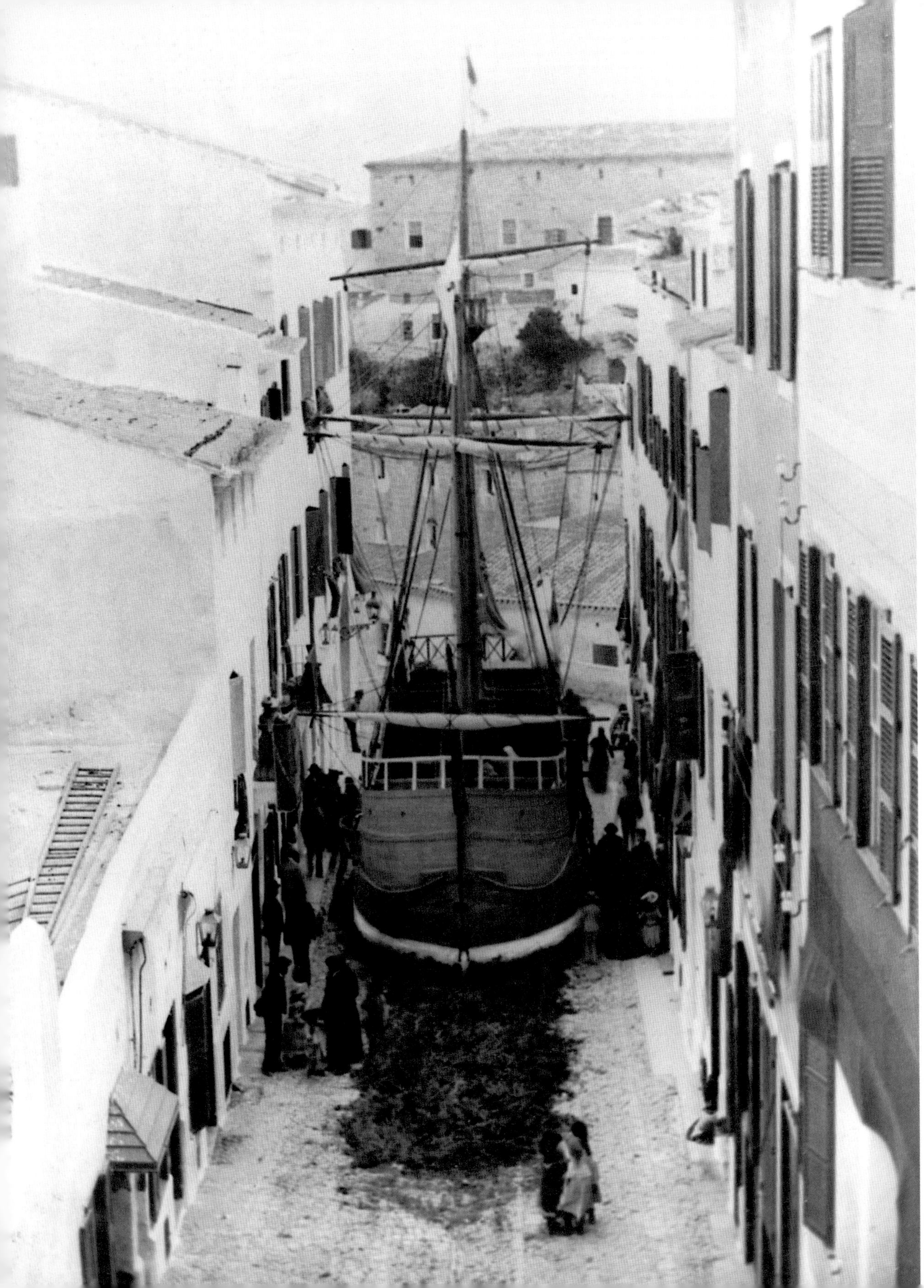

PORTAL DE MAR

Vaixells al mig del carrer?
El carnaval distorsiona la realitat

¿Barcos en plena calle?
El carnaval distorsiona la realidad

Ships in the street? Carnival distorts reality

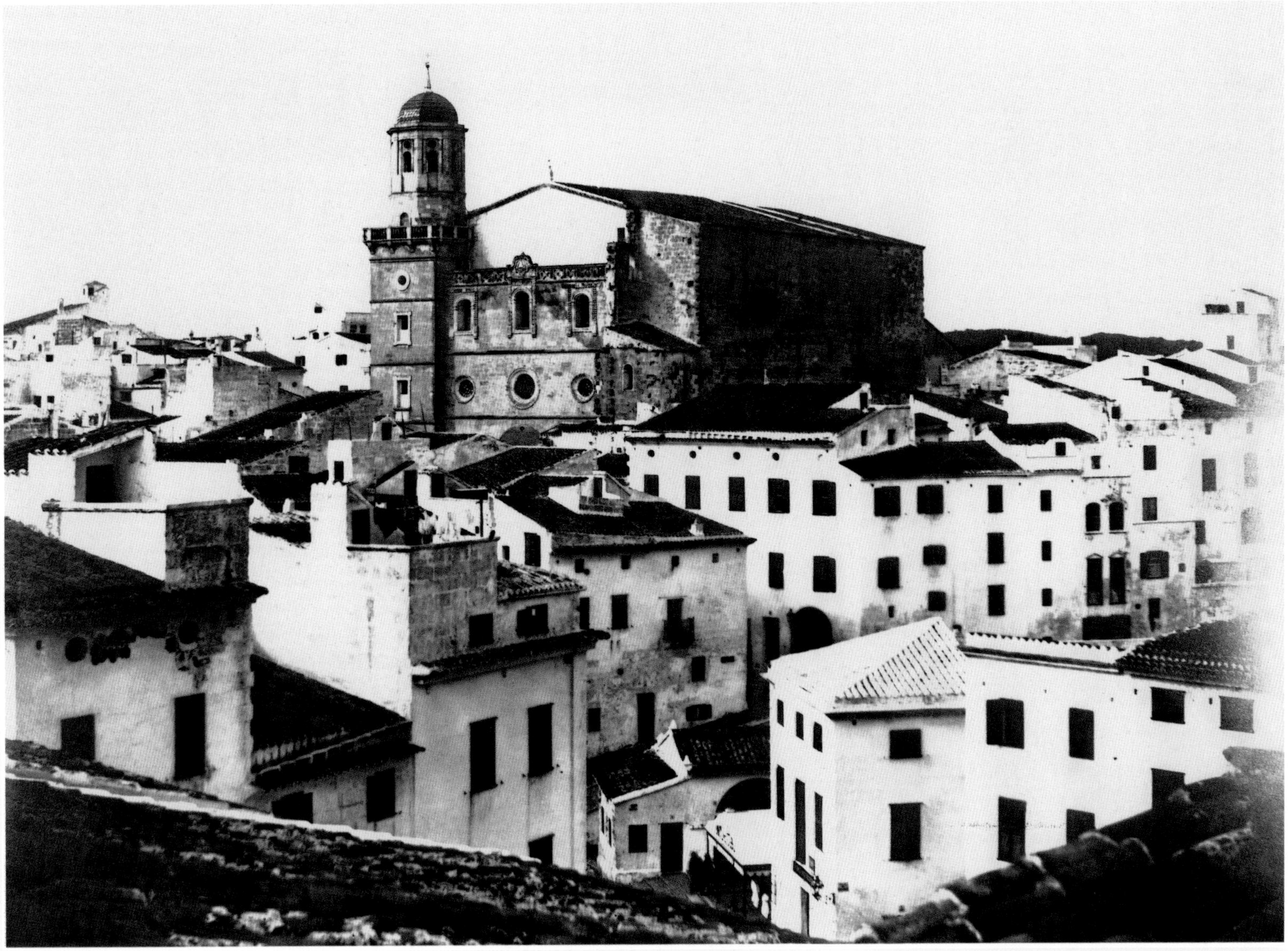

Juguem a les diferències: on són avui la cúpula i les cases de la plaça de la Conquesta?

Juguemos a las diferencias: ¿dónde están hoy la cúpula y las casas de la plaza de la Conquesta?

Where are the houses and the dome today in plaça Conquesta?

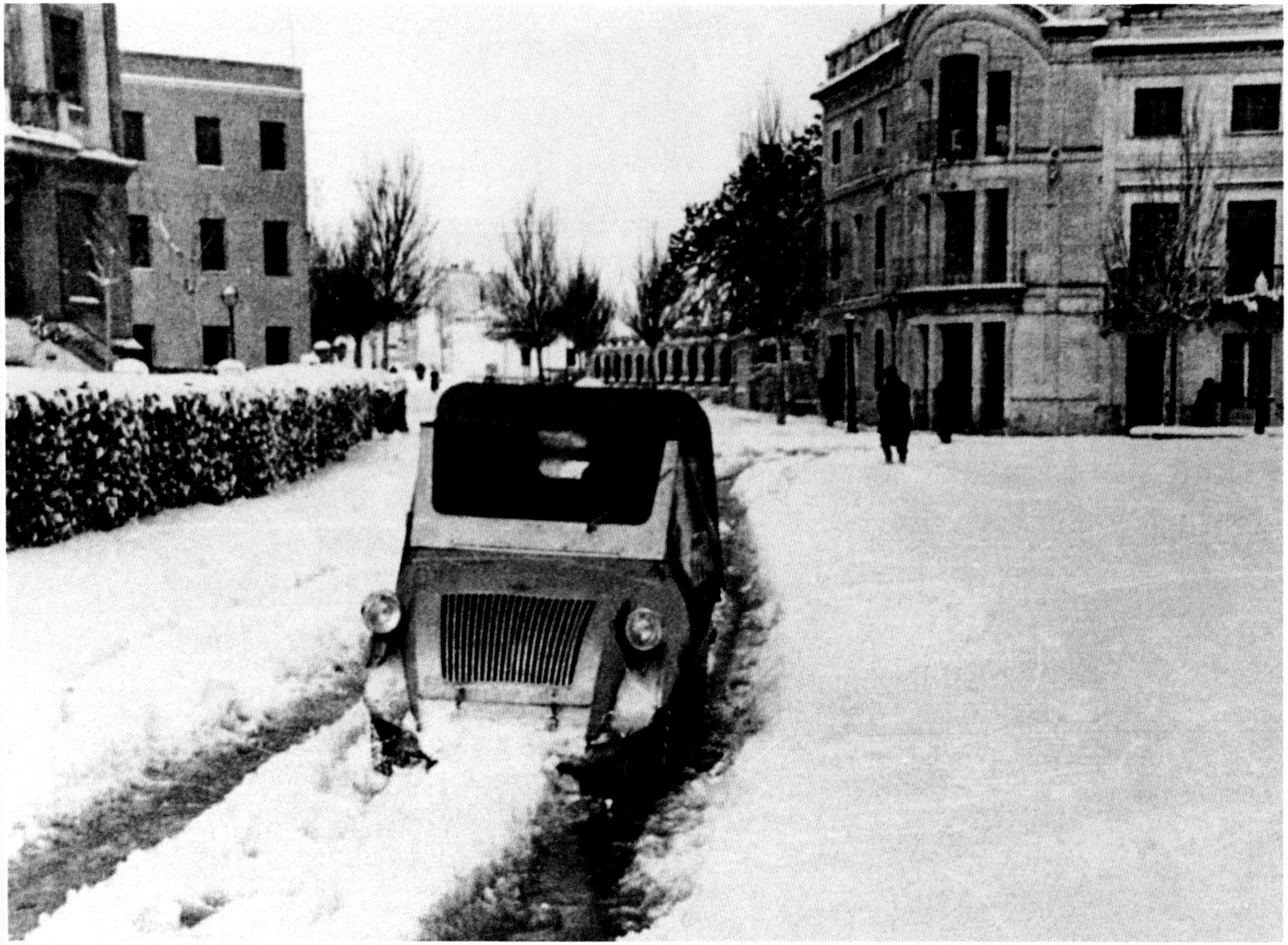

Les circumstàncies de "s'any de sa neu" dificulten la vida quotidiana

Las circunstancias del "año de la nieve" dificultan la vida cotidiana

Everyday life was severely hampered in 1956, the “year of the snow”

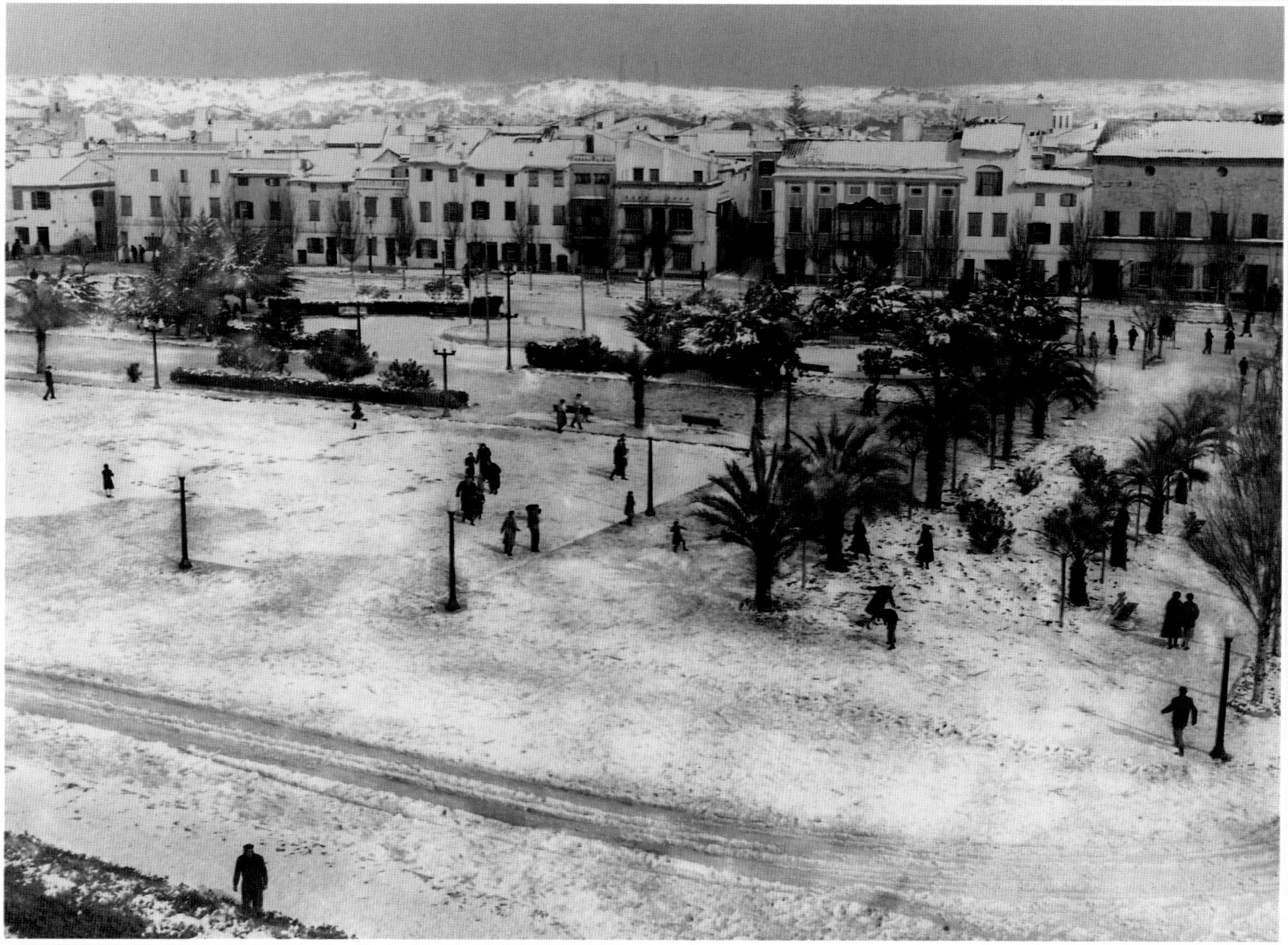

El 1956 la nevada transforma el paisatge urbà de manera inèdita

En 1956 la nevada transforma el paisaje urbano de manera inédita

The city's appearance was transformed

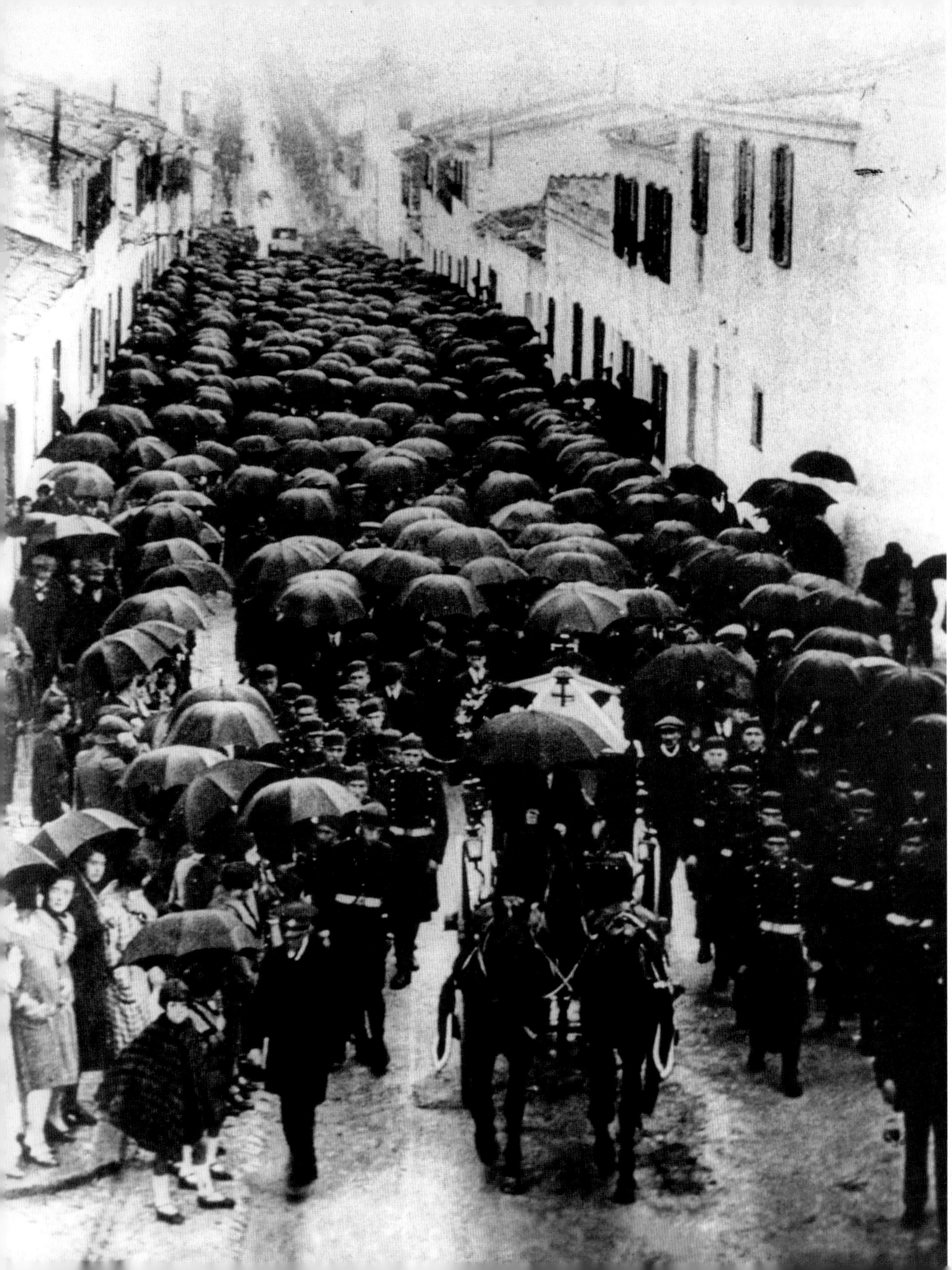

CÓS DE GRÀCIA

De camí al cementiri, la
pluja imprimeix aires de dol

Camino al cementerio, la
lluvia imprime aires de duelo

A funeral procession made
more mournful by the rain

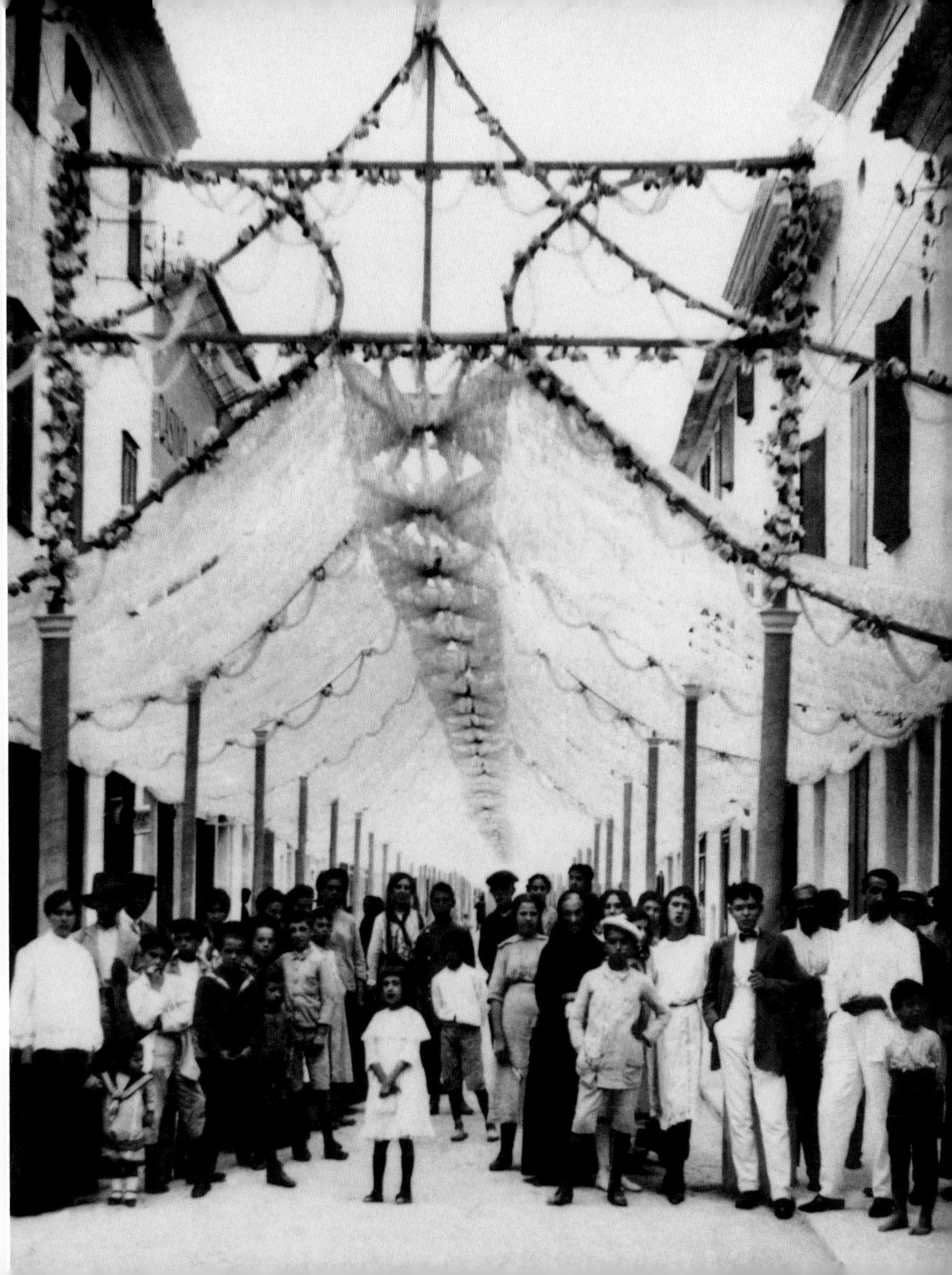

Estem en festes. Quin orgull
lluir el carrer tan enramat!

Estamos en fiestas. ¡Qué orgullo
lucir la calle tan engalanada!

The streets proudly dec-
ked out for the festess

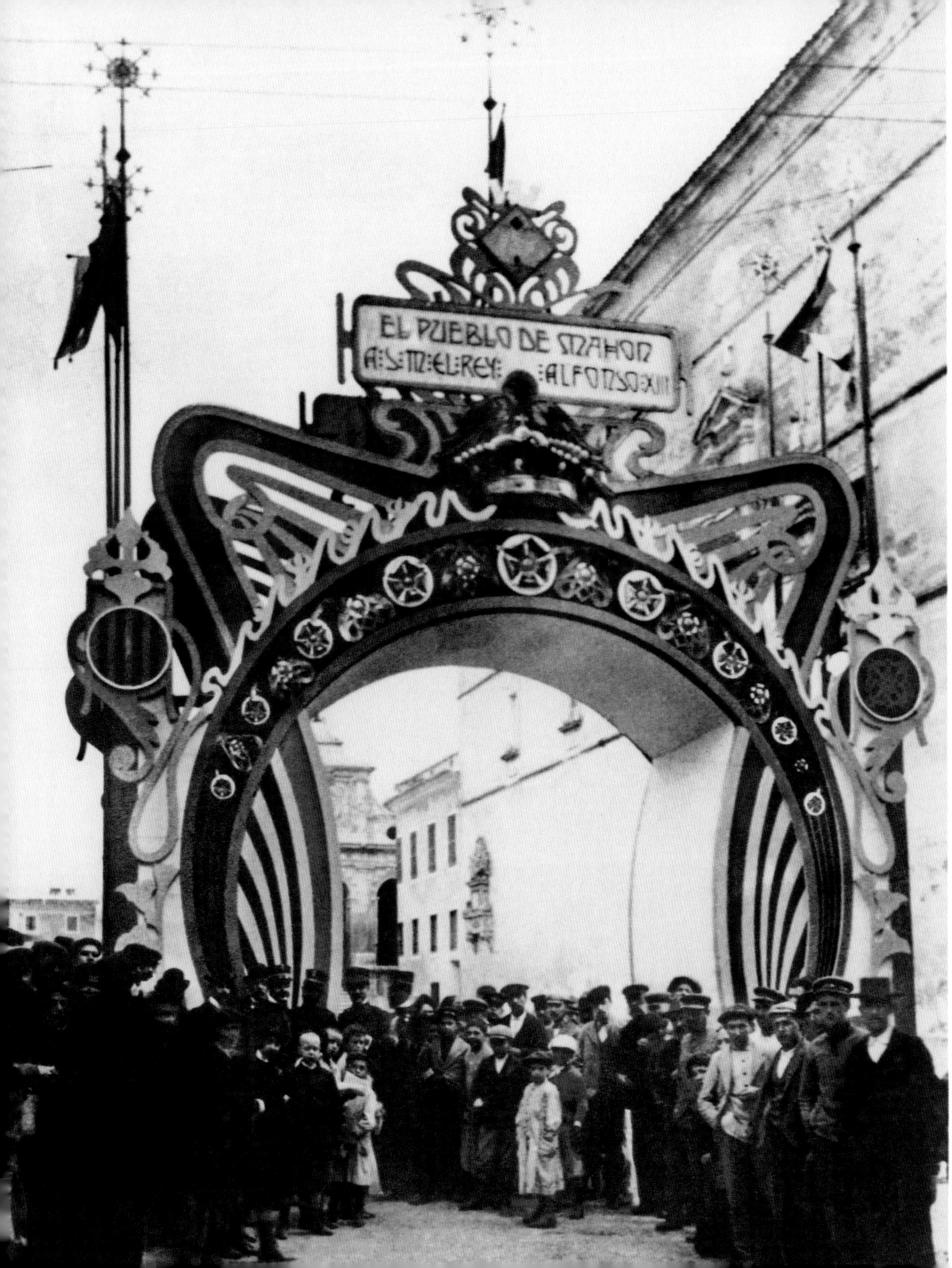

PLAÇA DE LA CONSTITUCIÓ

No cada dia arriba el Rei; no han
mirat prim per a la benvinguda

El Rey no viene cada día; no han
reparado en gastos para la bienvenida

Its not every day that the King comes,
and no expense has been spared

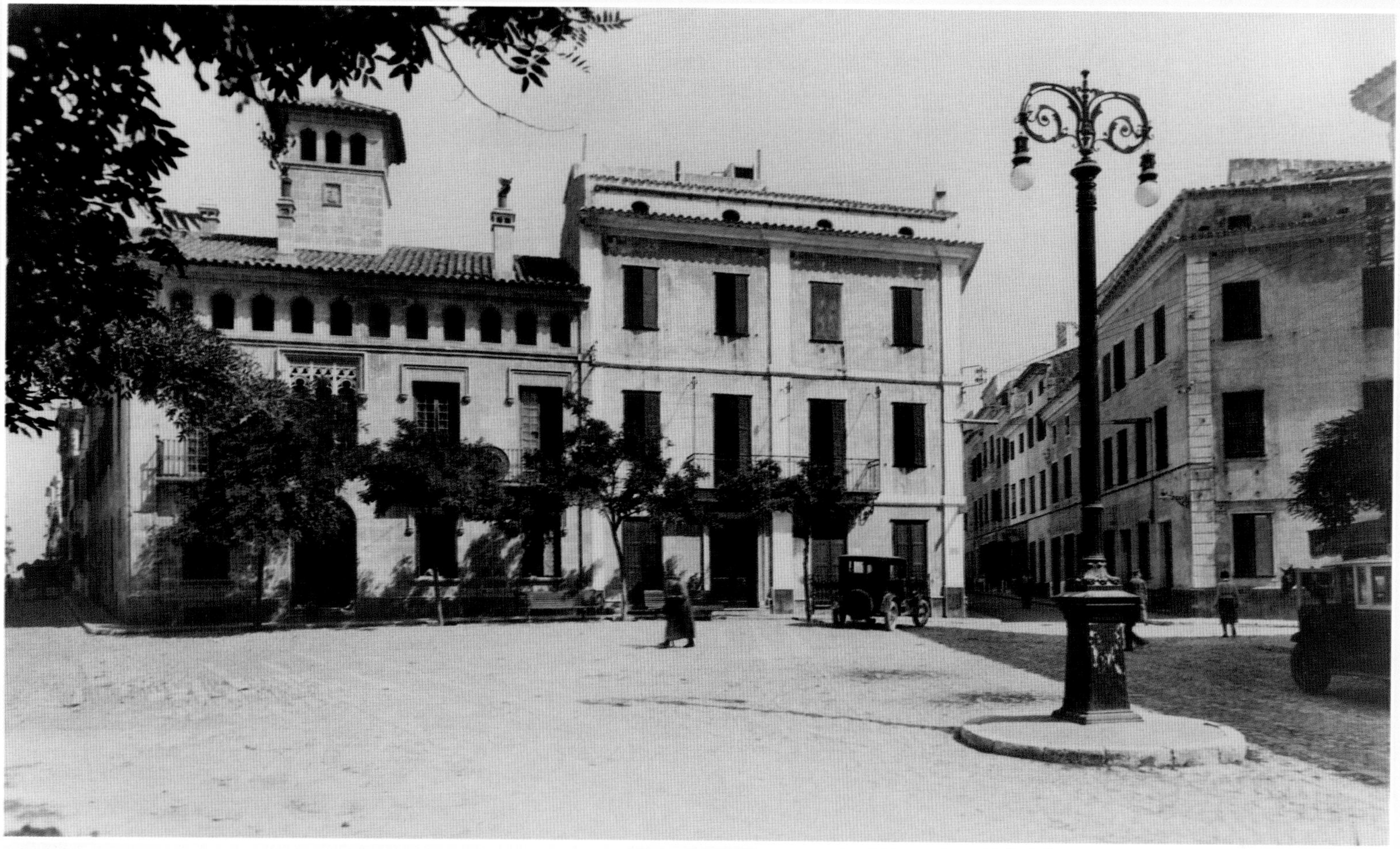

L'indret gairebé no acusa
el pas del temps

El lugar apenas acusa el
paso del tiempo

The square seems immune
to the passage of time

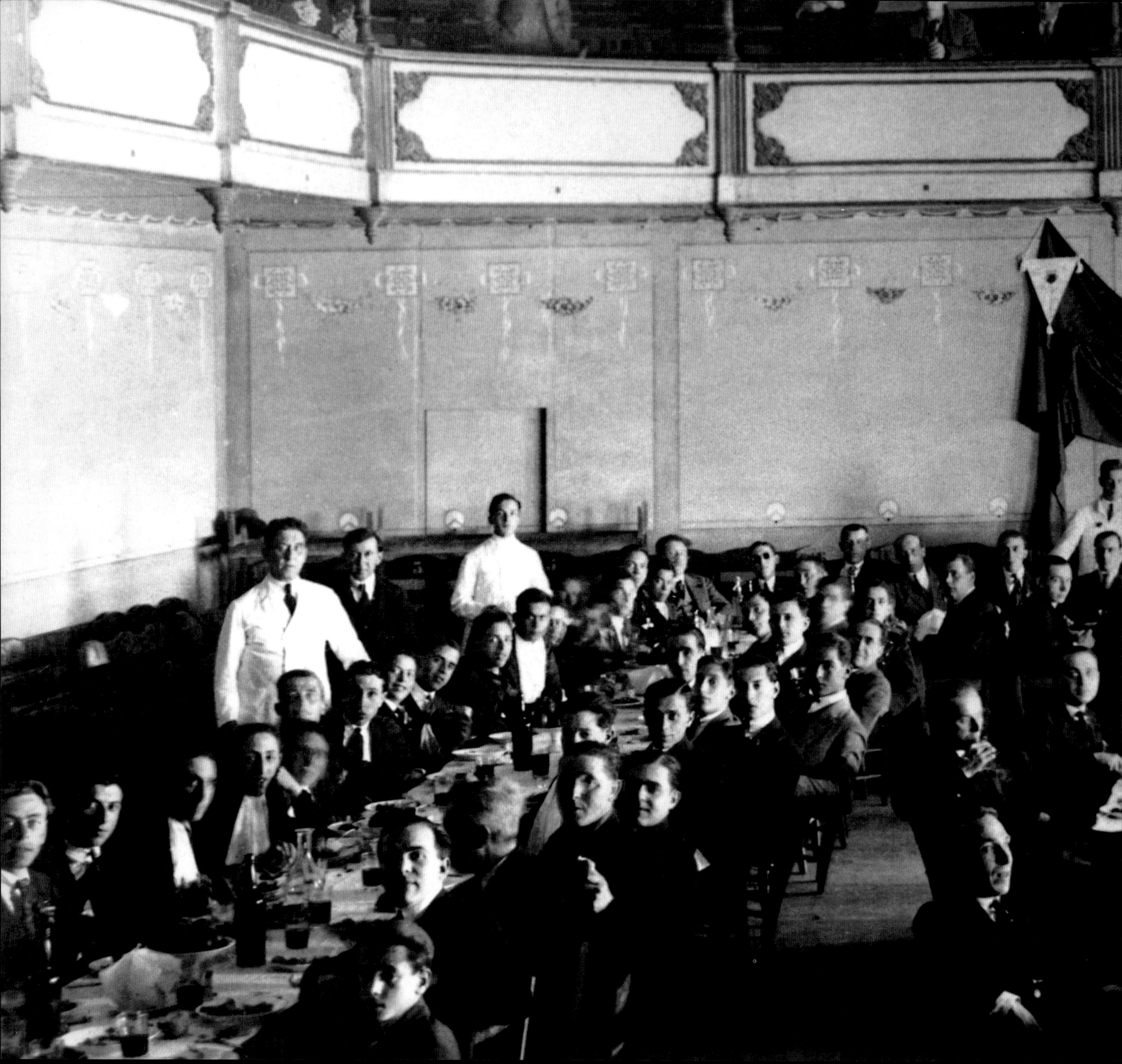

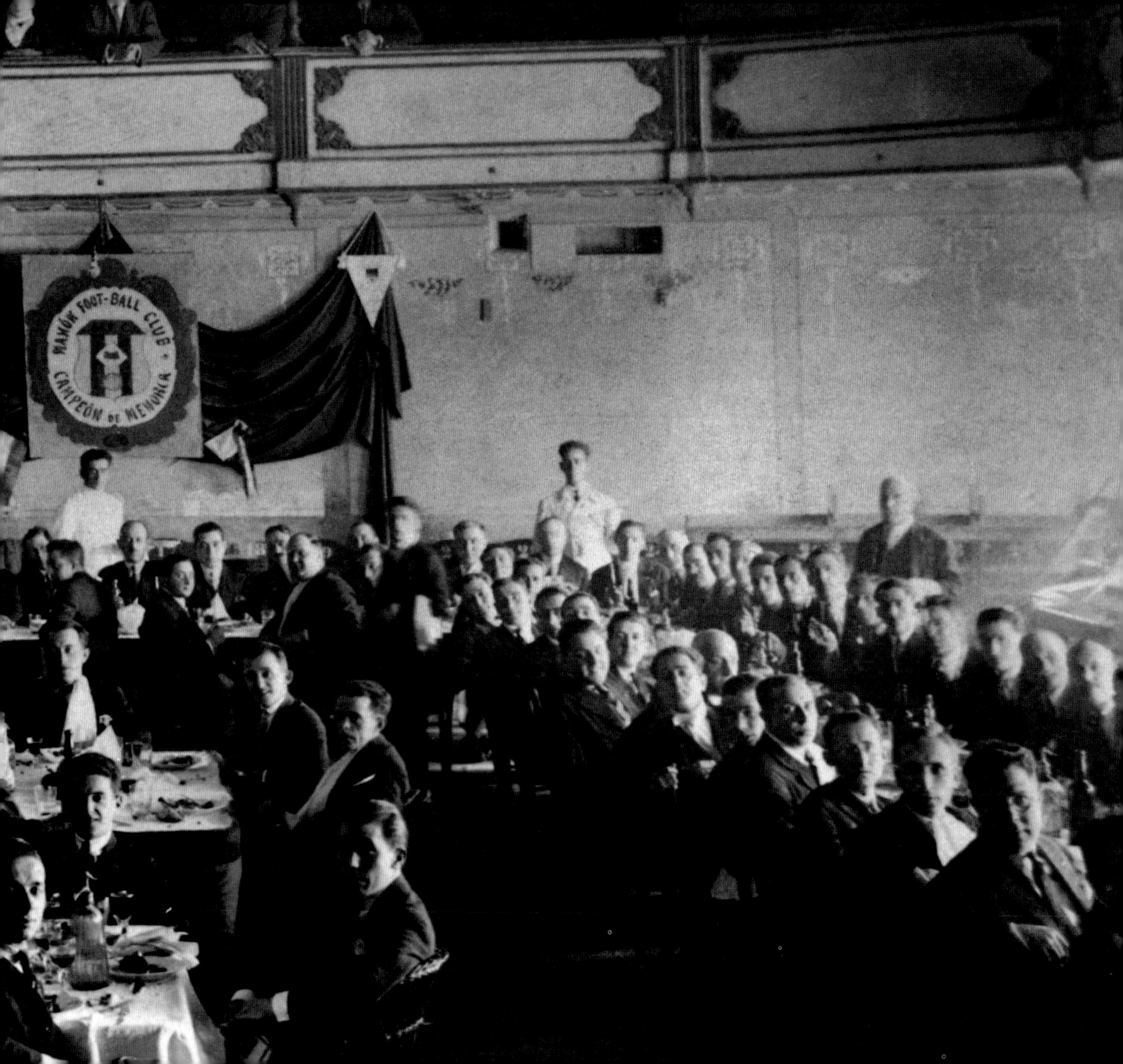
MAHÓN FOOT-BALL CLUB
CAMPEÓN DE MENORCA

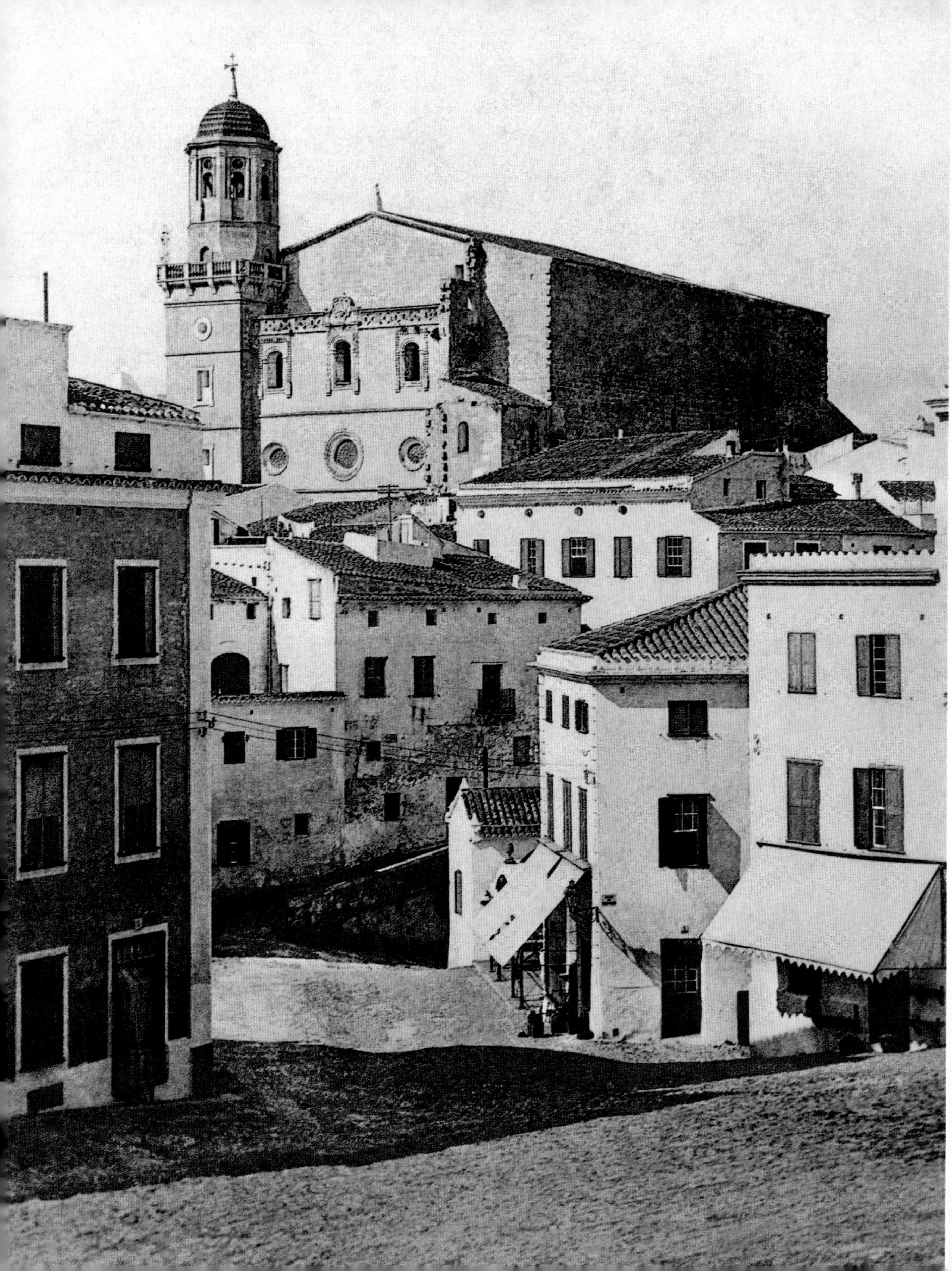

DES DE LA PLAÇA DEL CARME

La costa, empinada i empedrada, dificulta tota mena de circulació

La cuesta, empinada y empedrada, no facilita la circulación

The steep and cobbled slopes impede the progress all kinds of traffic

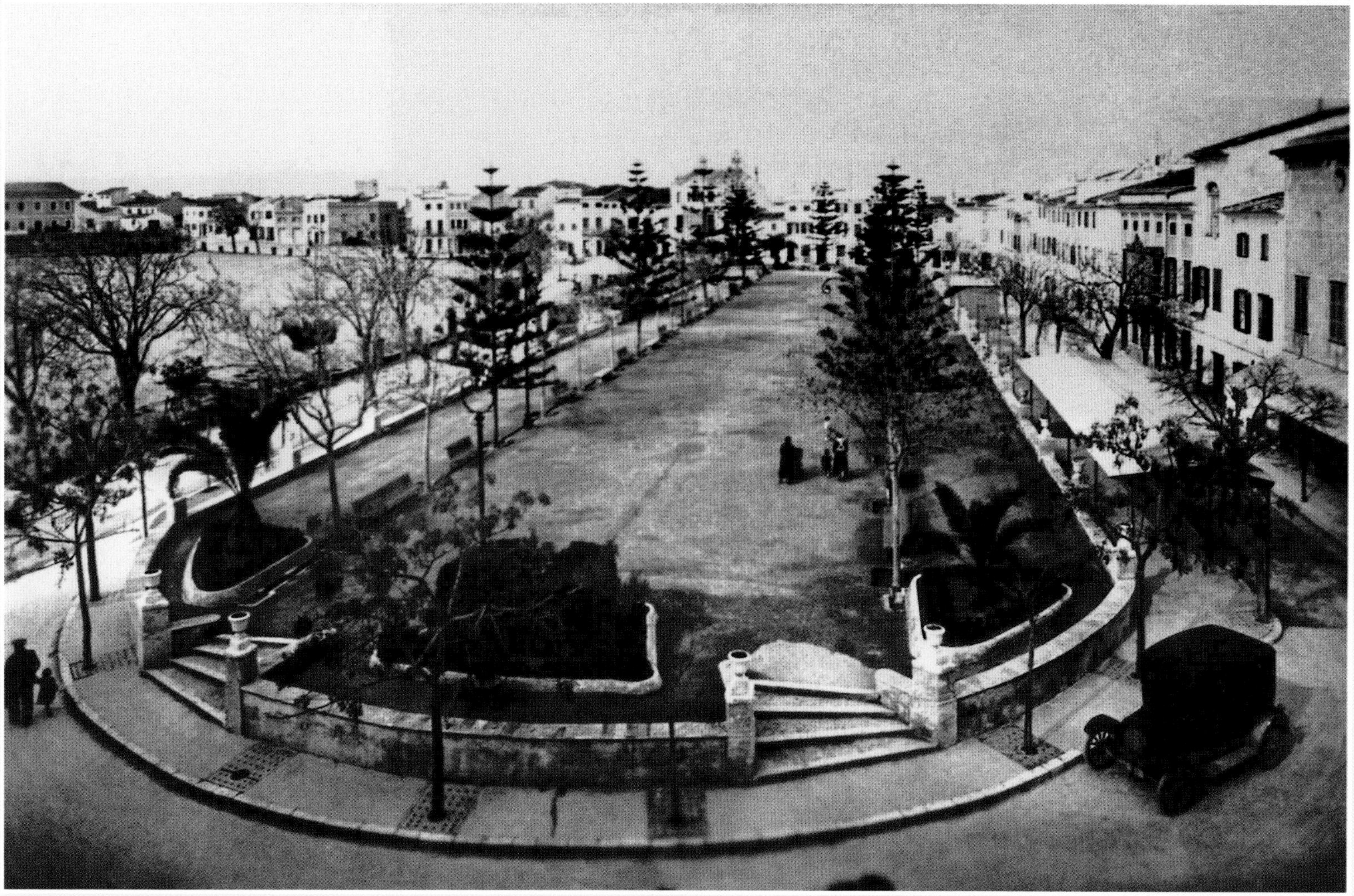

▲

Confidències, festejos, rialles... El passeig, centre neuràlgic de la vida social

Confidencias, galanteos, risas... El paseo, centro neurálgico de la vida social

Secrets, engagements, strolls, laughter... neuralgic centre of social life

PASSEIG DE S'ESPLANADA

►►

Els personatges evoquen un dia feiner de postguerra

Els personatges evoquen un dia feiner de postguerra

Personalities of a postwar working days

EL CARME

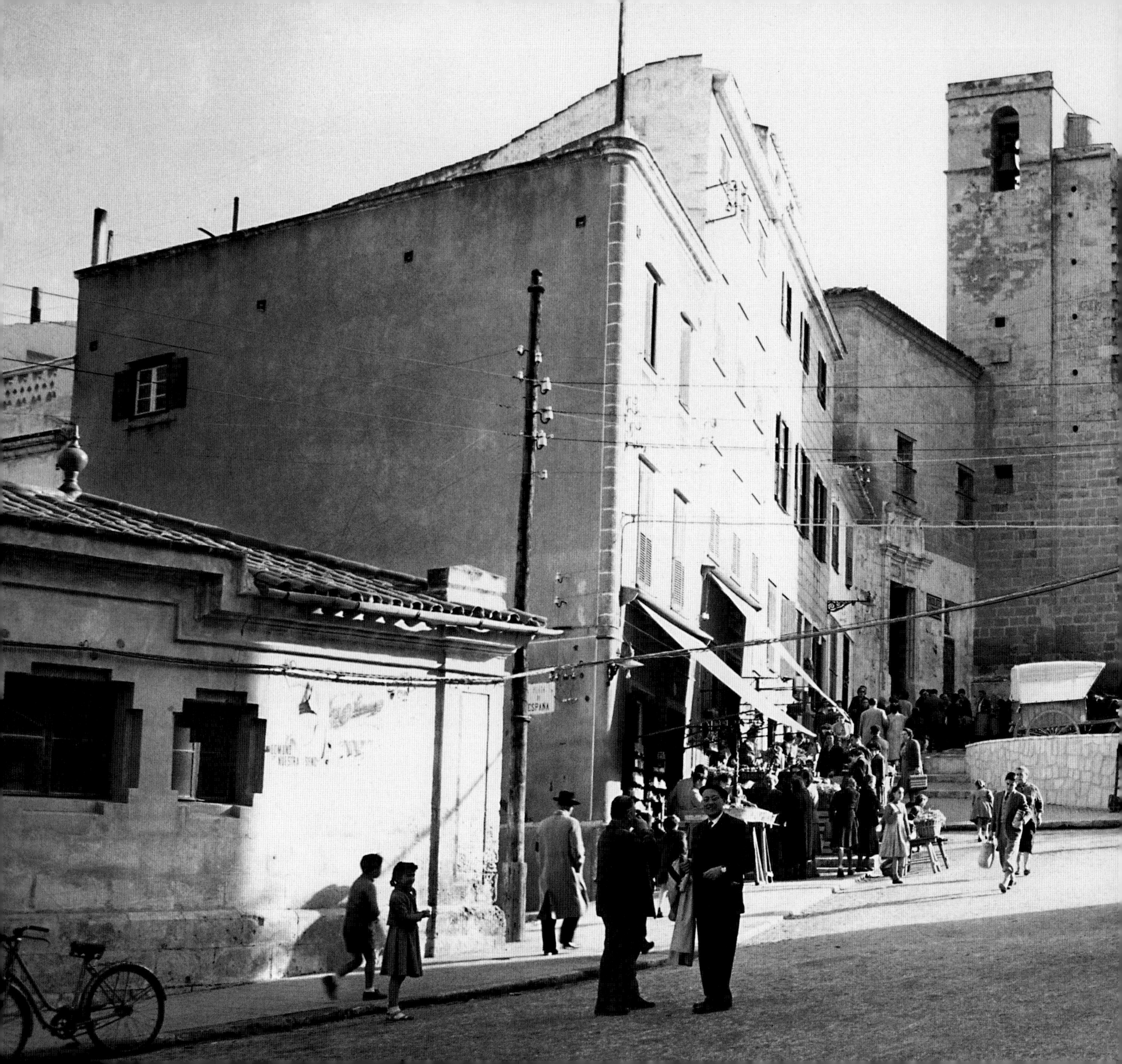
ESPANA

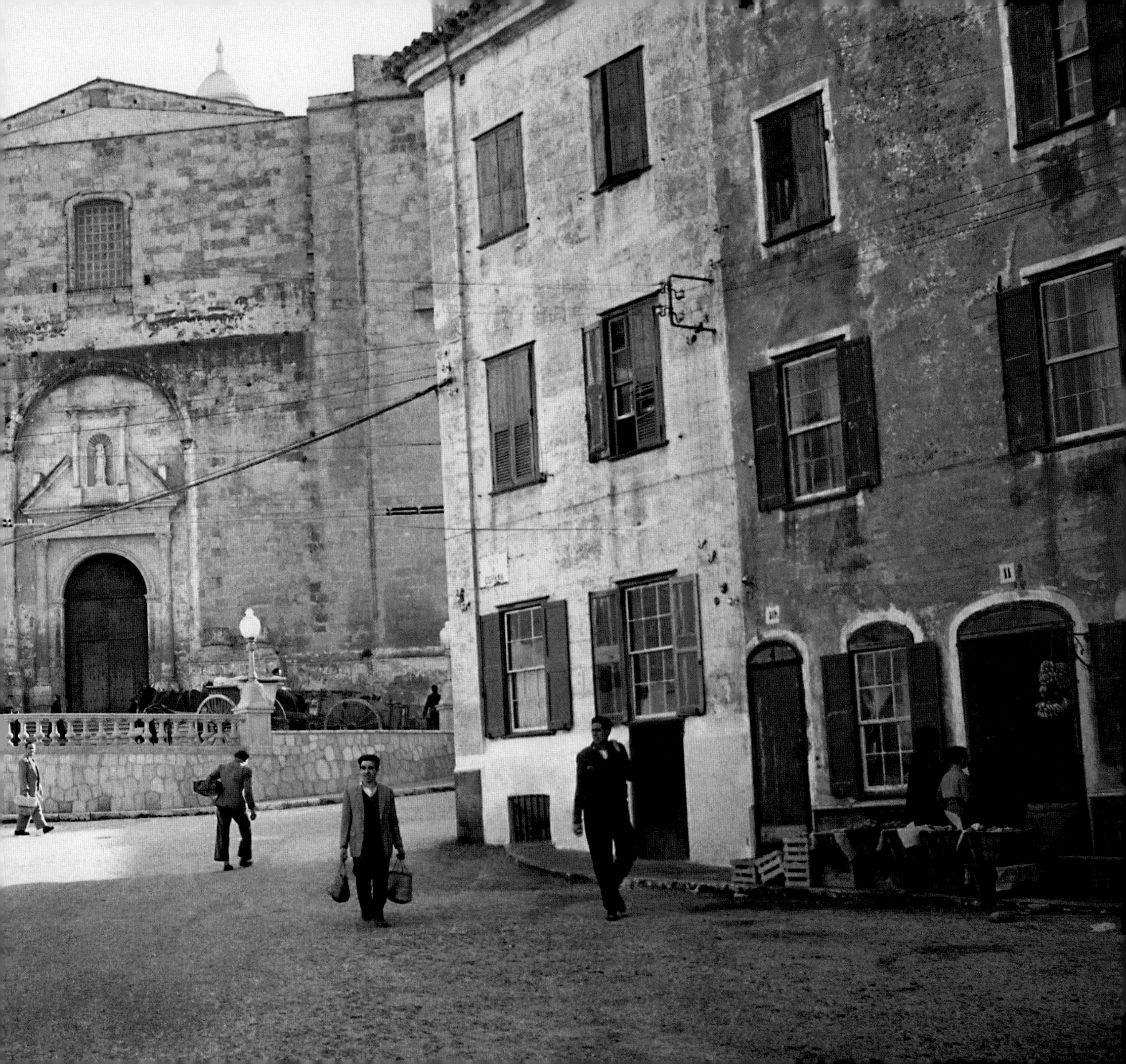

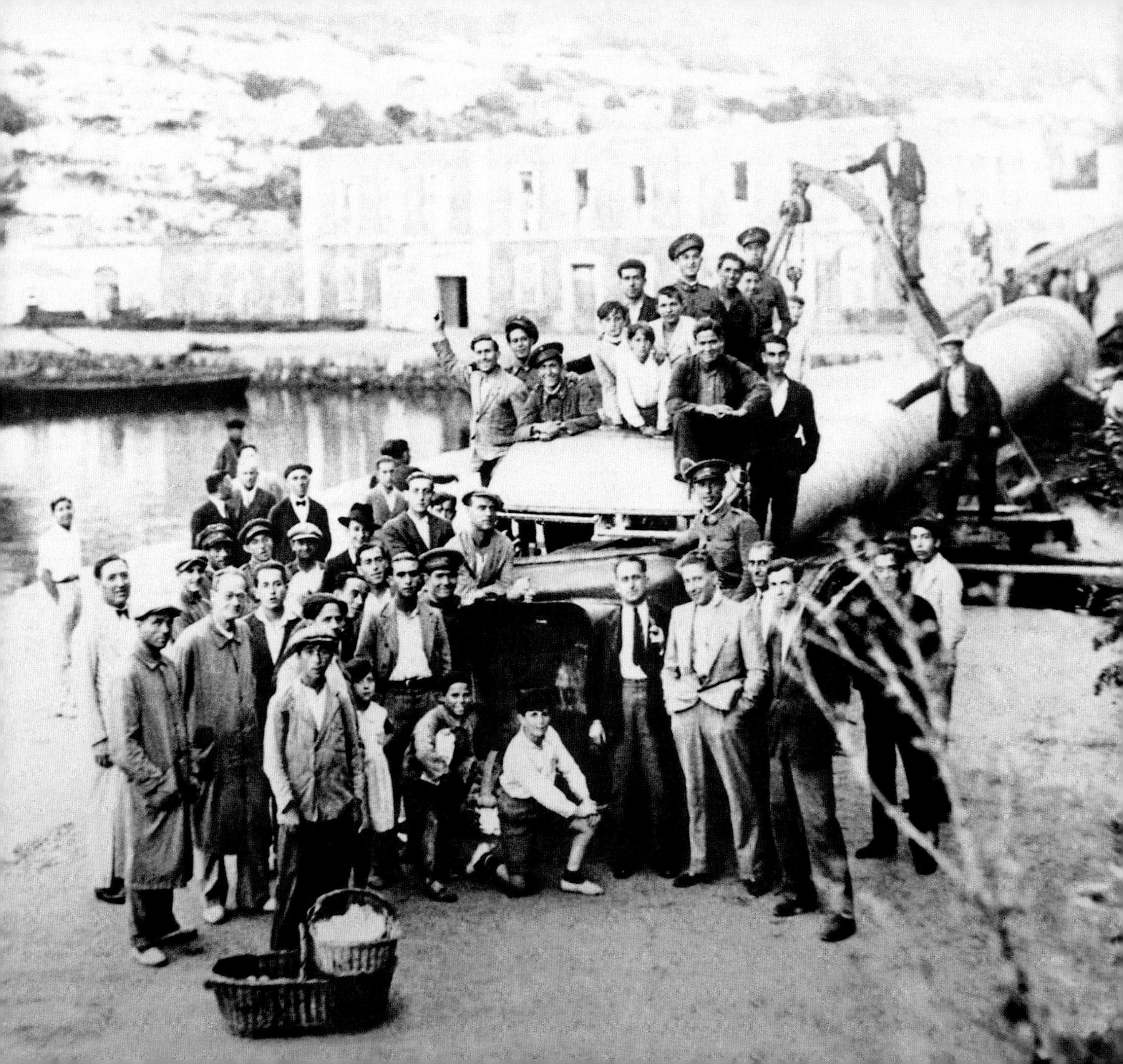

la gent

◂

EL FONDUCO

El temps transcorre plàcidament al *merendero* vora el mar

El tiempo transcurre plácidamente en el merendero junto al mar

Lazy afternoons in the *merendero* by the sea

Hi va haver un temps que la càmera era com un mirall de l'ànima, perquè aquesta hi guaitava amb tota innocència, confiadament, sense reserves. És una aportació que el retratista ens regalà en el seu dia, tal vegada de forma poc conscient, i que avui seria impossible de tornar a repetir, de tant coneguda que és la influència de la imatge congelada.

Com a l'inici del cinema, on en els primers "westerns" els espectadors s'apartaven de la pantalla per por de ser ferits quan el bandoler disparava contra la càmera o s'aproximava un tren, els primers retrats van cridar poderosament l'atenció als models. Miraven l'objectiu amb ingenuïtat, i amb la convicció que, potser per primera vegada en les seves vides, quedarien immortalitzats, encara que fos per un instant.

Per això era tan important que l'ull del fotògraf no patís cap desenfocament, que la mirada fos directa, sense complexos ni artificis. Tanmateix, la curiositat que despertava el nou artefacte –la càmera– obligava tothom a deixar les activitats quotidianes i aturar-ho tot per tenir un moment de glòria. L'herència és ben palesa, i contribueix, més enllà de l'anècdota del moment, a fer més rica la història antropològica d'aquest poble.

Hubo un tiempo en que la cámara era como un espejo del alma, porque ésta asomaba con toda inocencia, confiadamente, sin reservas. Es una aportación que el retratista nos regaló en su día, tal vez de una forma poco consciente, y que hoy sería imposible volver a repetir, debido a la conocida influencia de la imagen congelada.

Como en los inicios del cine, donde en los primeros "westerns" los espectadores se apartaban de la pantalla por temor a ser heridos cuando el bandido disparaba contra la cámara o se aproximaba un tren, los primeros retratos llamaron poderosamente la atención de los modelos. Miraban el objetivo con ingenuidad, y con la convicción de que, quizás por primera vez en sus vidas, quedarían inmortalizados, aunque fuera por un instante.

Por eso era tan importante que el ojo del fotógrafo no sufriera ningún desenfoque, que la mirada fuera directa, sin complejos ni artificios. Sin embargo, la curiosidad que despertaba el nuevo artefacto –la cámara– obligaba a dejar las actividades cotidianas y pararlo todo para tener un momento de gloria. La herencia es más que evidente, y contribuye, más allá de la anécdota del momento, a hacer más rica la historia antropológica de este pueblo.

There was a time when the camera could reflect the soul of its subject because it observed with ingenuousness, good faith and innocence, without reserves. The photographer, in his day, was probably unaware of the gift he was passing on to us. Today, these portraits would be unobtainable due to the reticence aroused in the model by the well-known influence of the frozen image.

As in the early days of cinema, when the first spectators would dodge the bullets or the approaching train, the first portraits riveted the attention of those who sat for them. They returned the gaze of the lens with naiveté and the firm belief that, maybe for the first time in their lives, they would be immortalized.

For this reason it was vital that the eye contact of the photographer never lost focus, never wavered, and was devoid of any complex or manipulation. At the same time, the curiosity aroused by the new artefact – the camera – would cause one and all to bring everyday life to a standstill in order to share this moment of glory. Thus, the anthropological history of our people is enriched, above and beyond the anecdote of the moment.

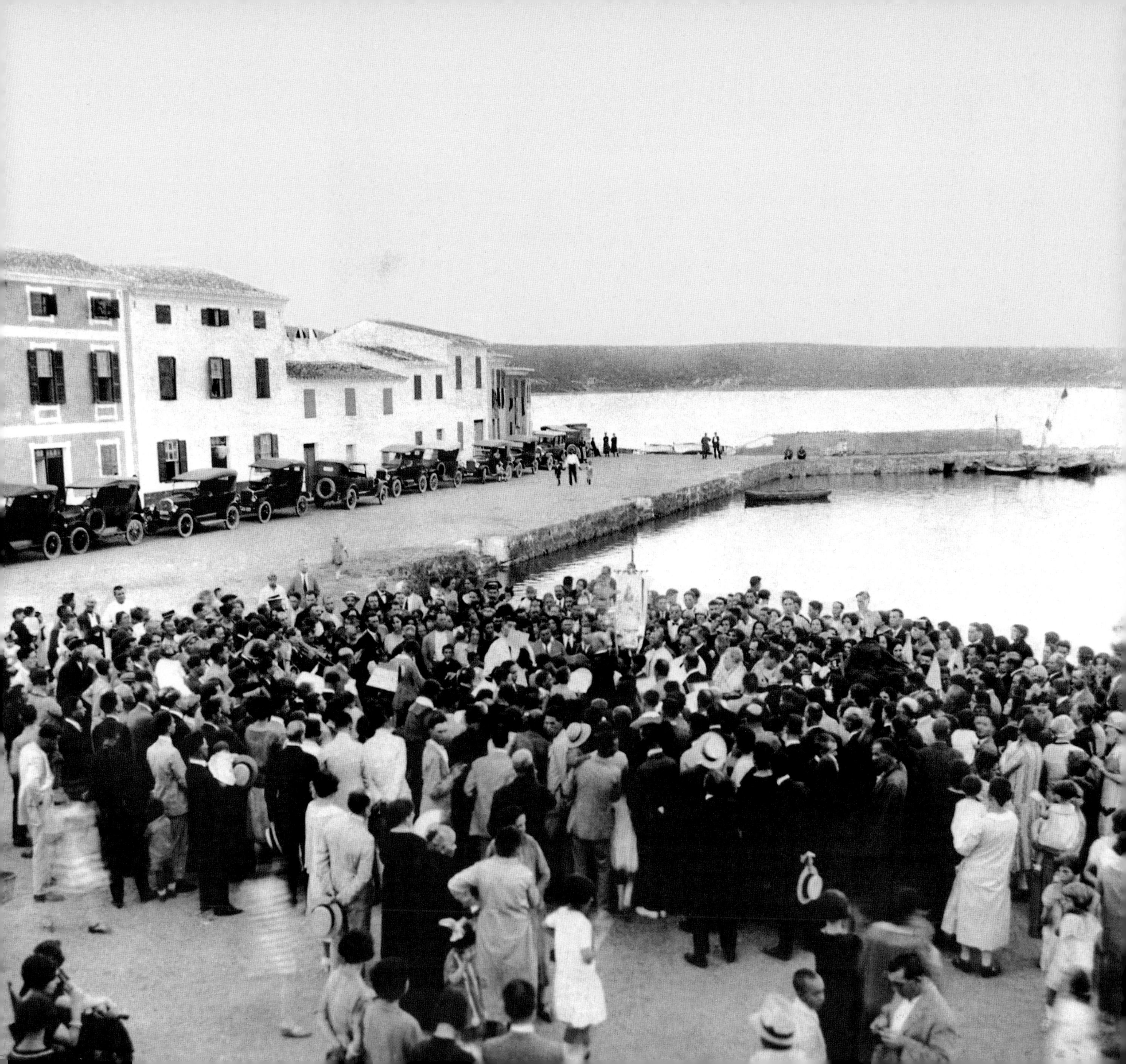

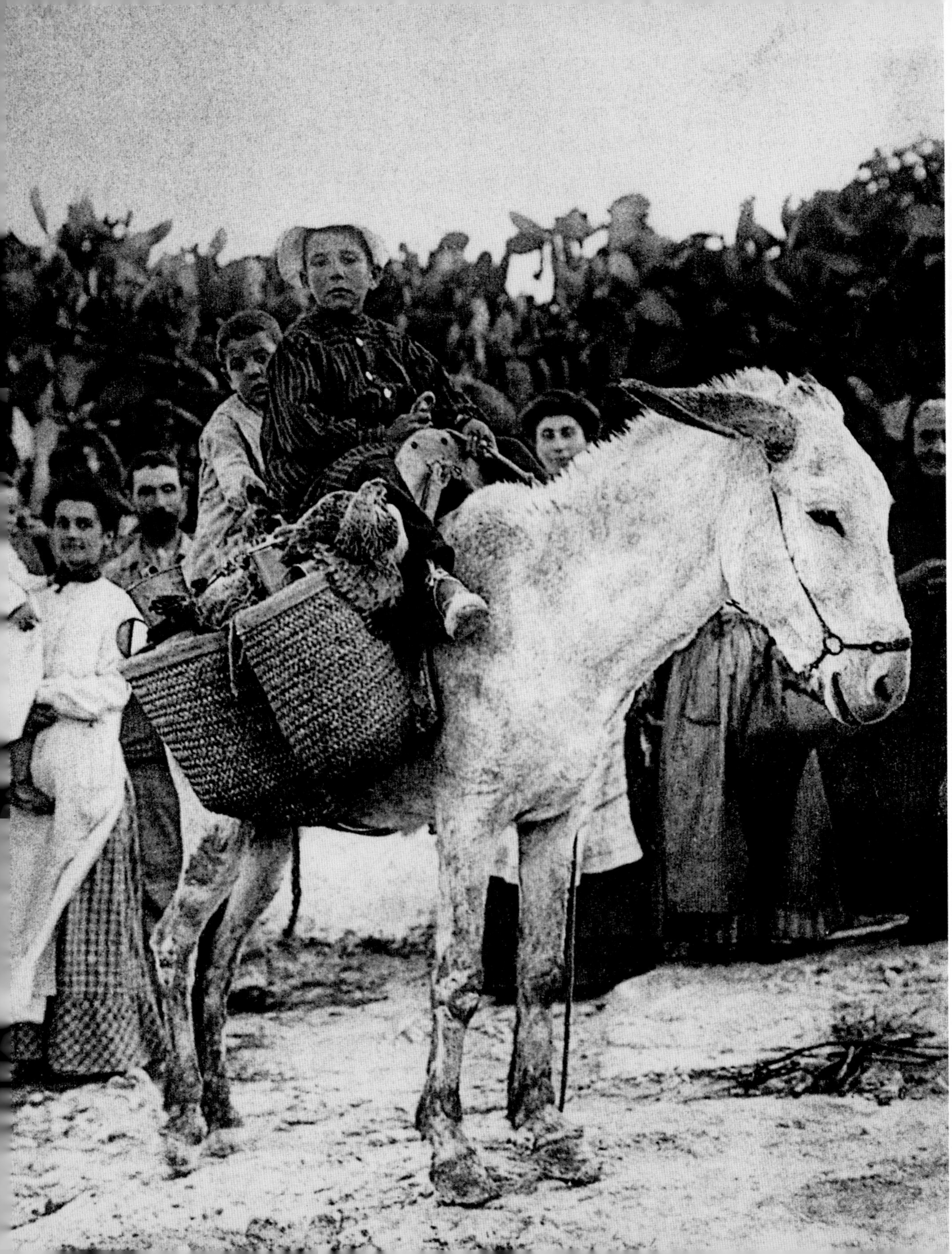

L'ase suporta amb resignació ser centre d'atenció de nens i adults

El burro soporta con resignación ser centro de atención de niños y adultos

A resigned donkey is the centre of attention of young and old alike

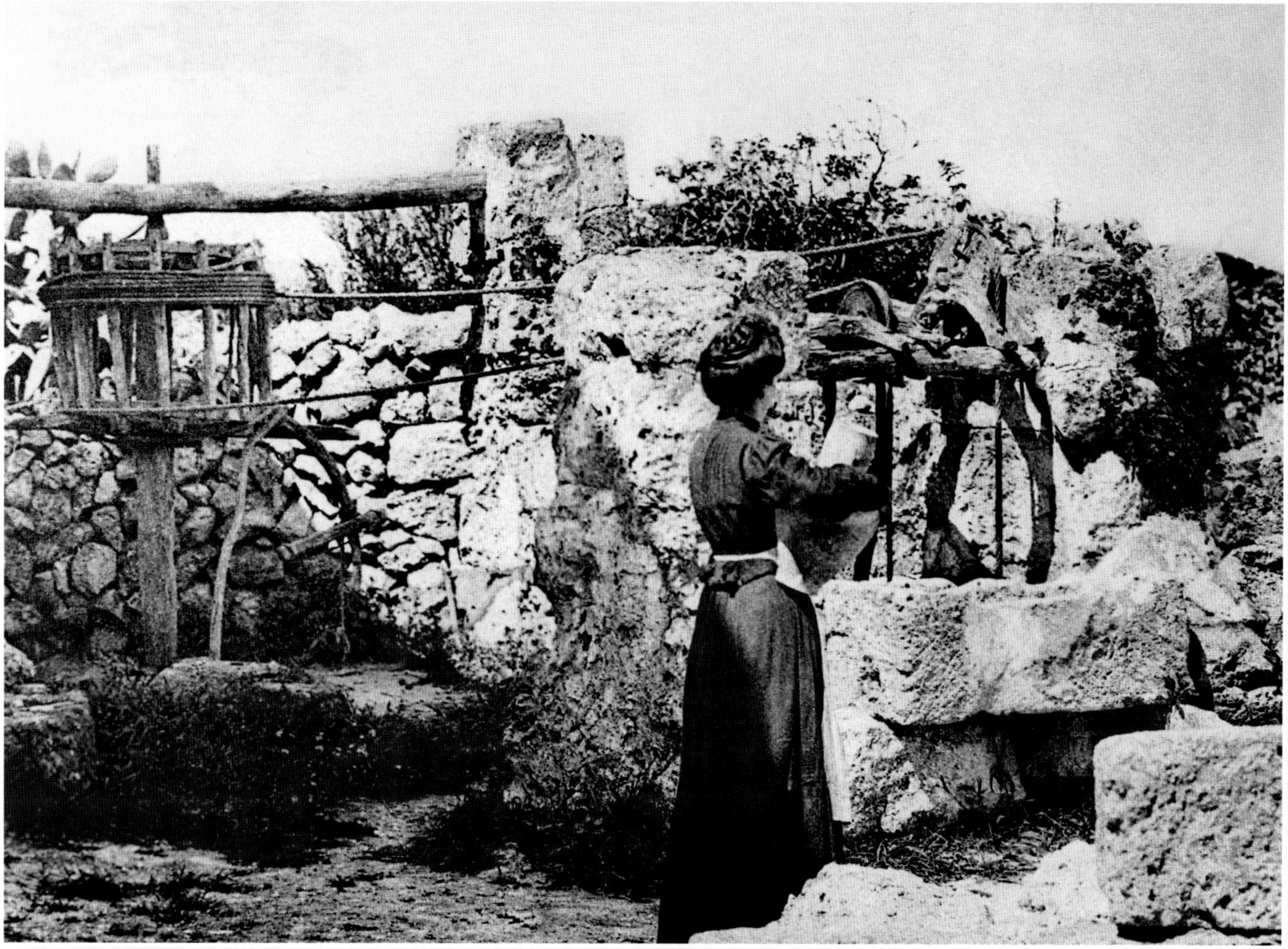

Una imatge idíl·lica d'un temps on hi manquen moltes comoditats

Una imagen idílica de un tiempo en que faltan muchas comodidades

An idyllic image, but these were times of sparse comforts

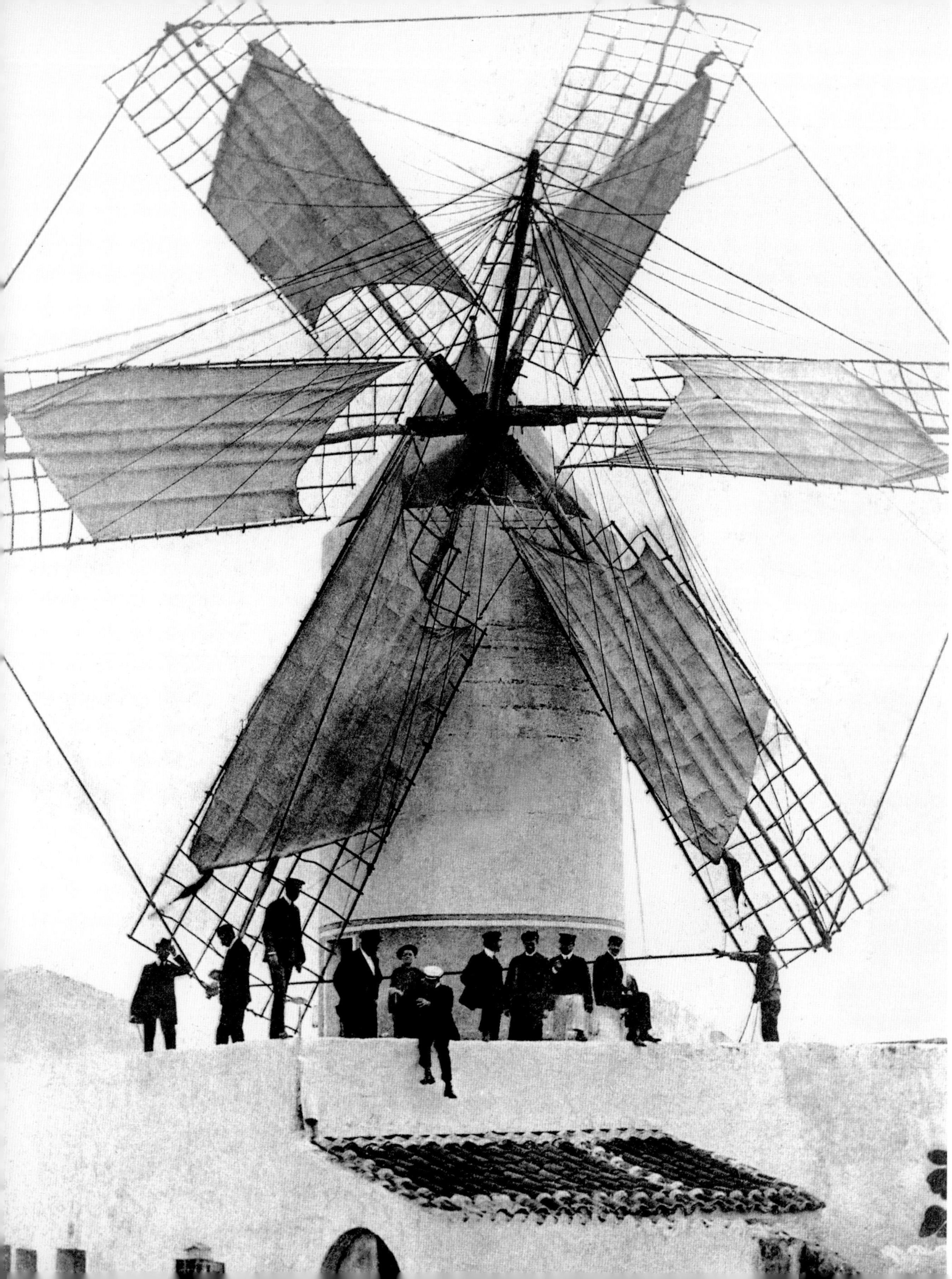

Un lloc força peculiar per a una reunió de... mariners?

Un lugar muy peculiar para una reunión de... ¿marineros?

A strange place for a sailors' reunion

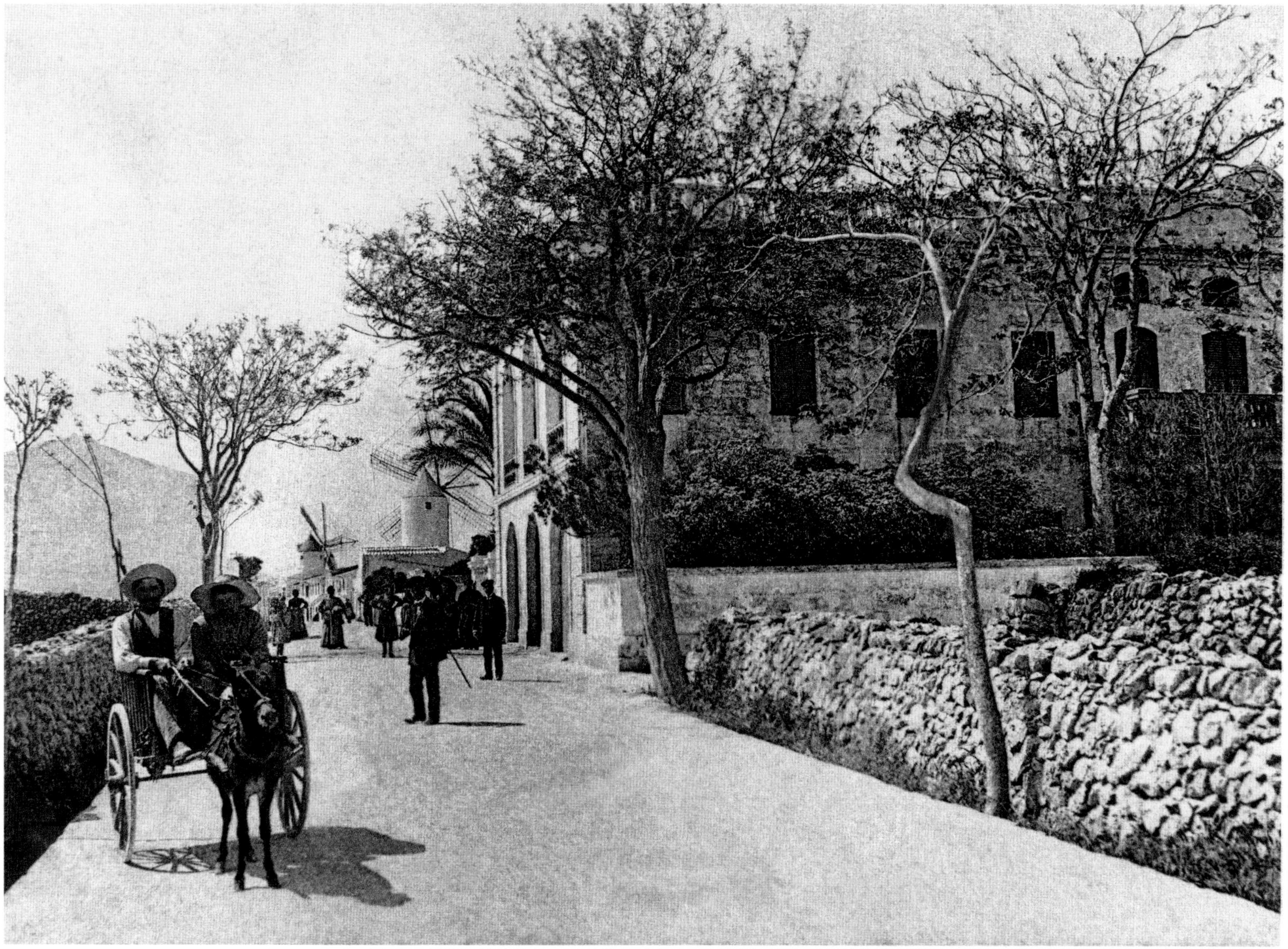

Tots quiets! Ara immortalitzarem l'arribada a Sant Lluís

¡Todo el mundo quieto! Ahora inmortalizaremos la llegada a Sant Lluís

The arrival at the neighbouring town of Sant Lluís is immortalized

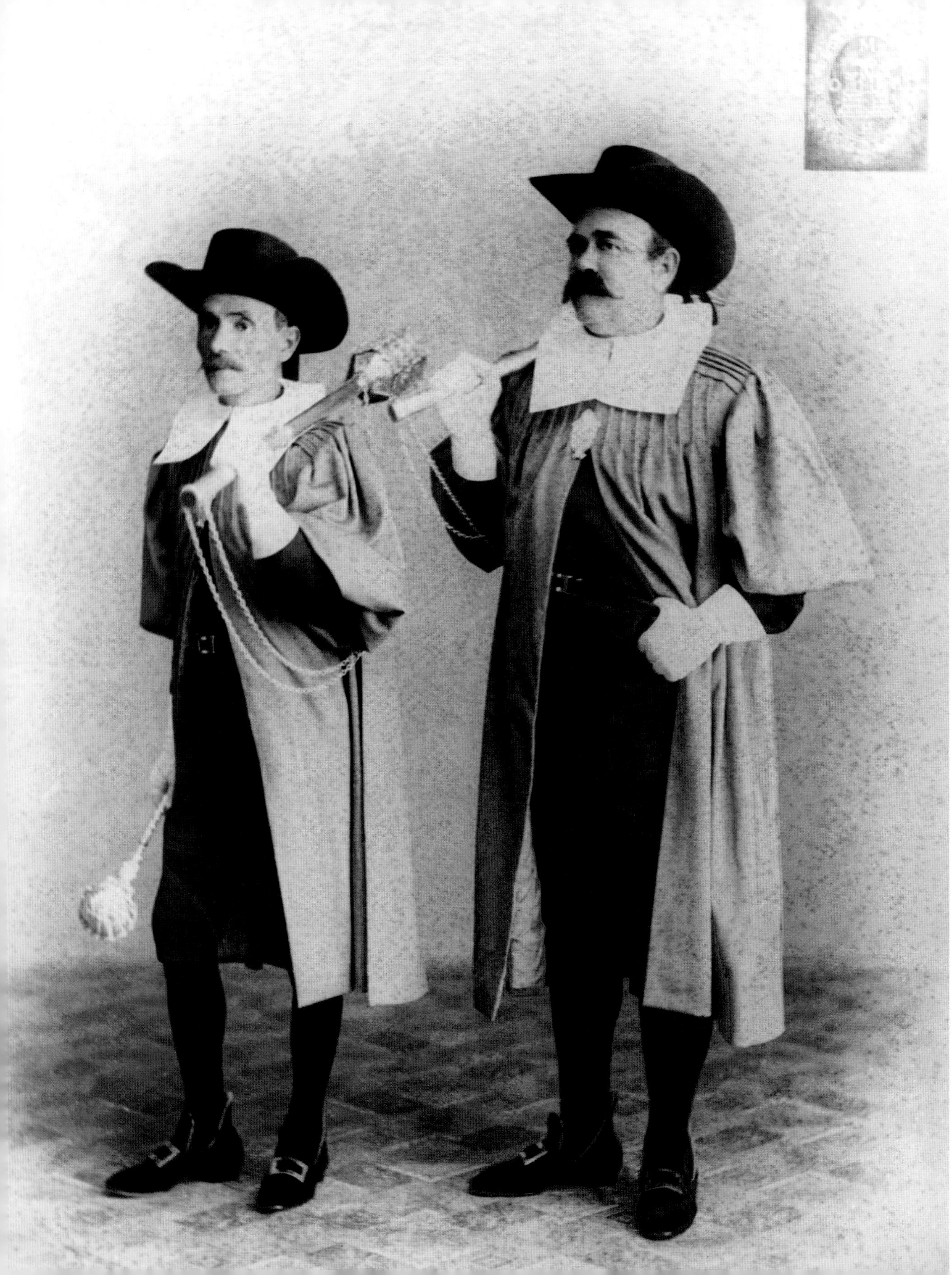

AJUNTAMENT DE MAÓ

El mostatxo espectacular i l'eina a l'espatlla ressalten l'autoritat del macer.

El mostacho espectacular y el instrumento al hombro resaltan la autoridad del macero.

The big moustache and the implement over his shoulder emphasize the importance of the mace-bearer.

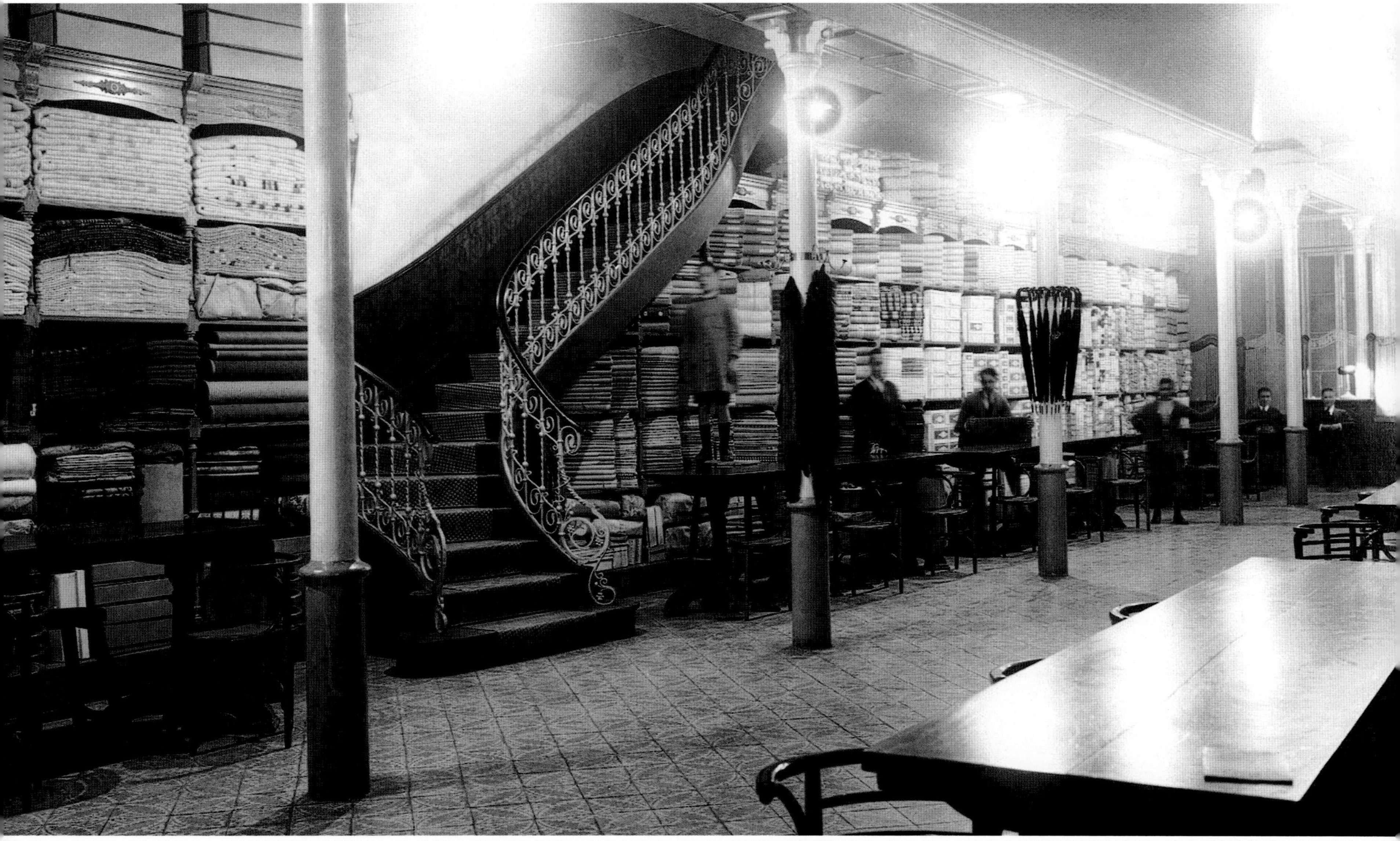

Modernisme, grans espais, luxe,
atenció especial...
Les botigues han canviat tant!

Modernismo, grandes espacios, lujo,
atención especial...
¡Las tiendas han cambiado tanto!

Elegance, spaciousness, luxury,
special attention...
How shops have changed!

INTERIOR A SA RAVALETA

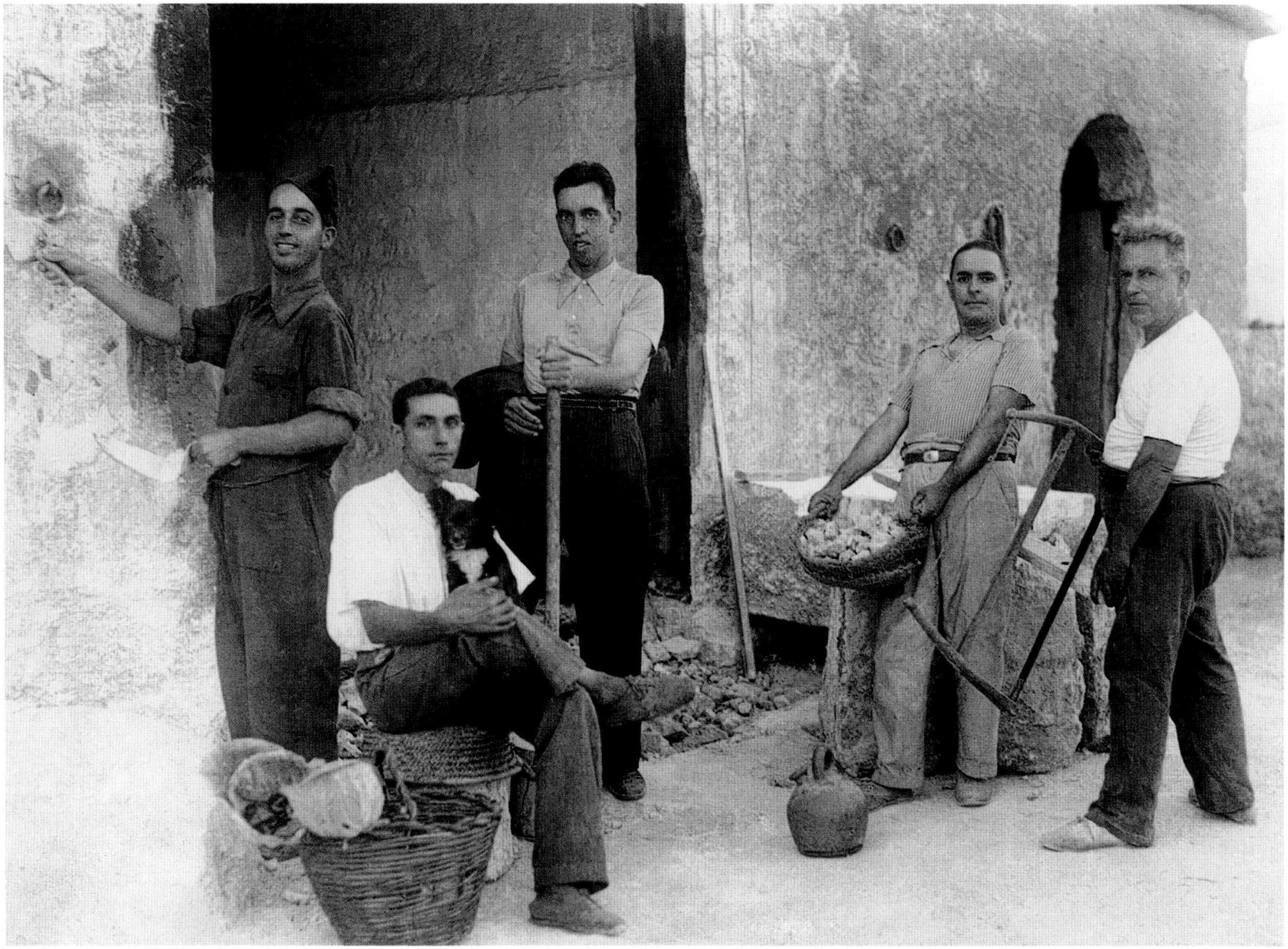

Manobres i paletes mostren orgullosos els estris amb què fan feina

Albañiles y ayudantes enseñan orgullosos sus herramientas de trabajo

Bricklayers and apprentices show off the tools of their trade

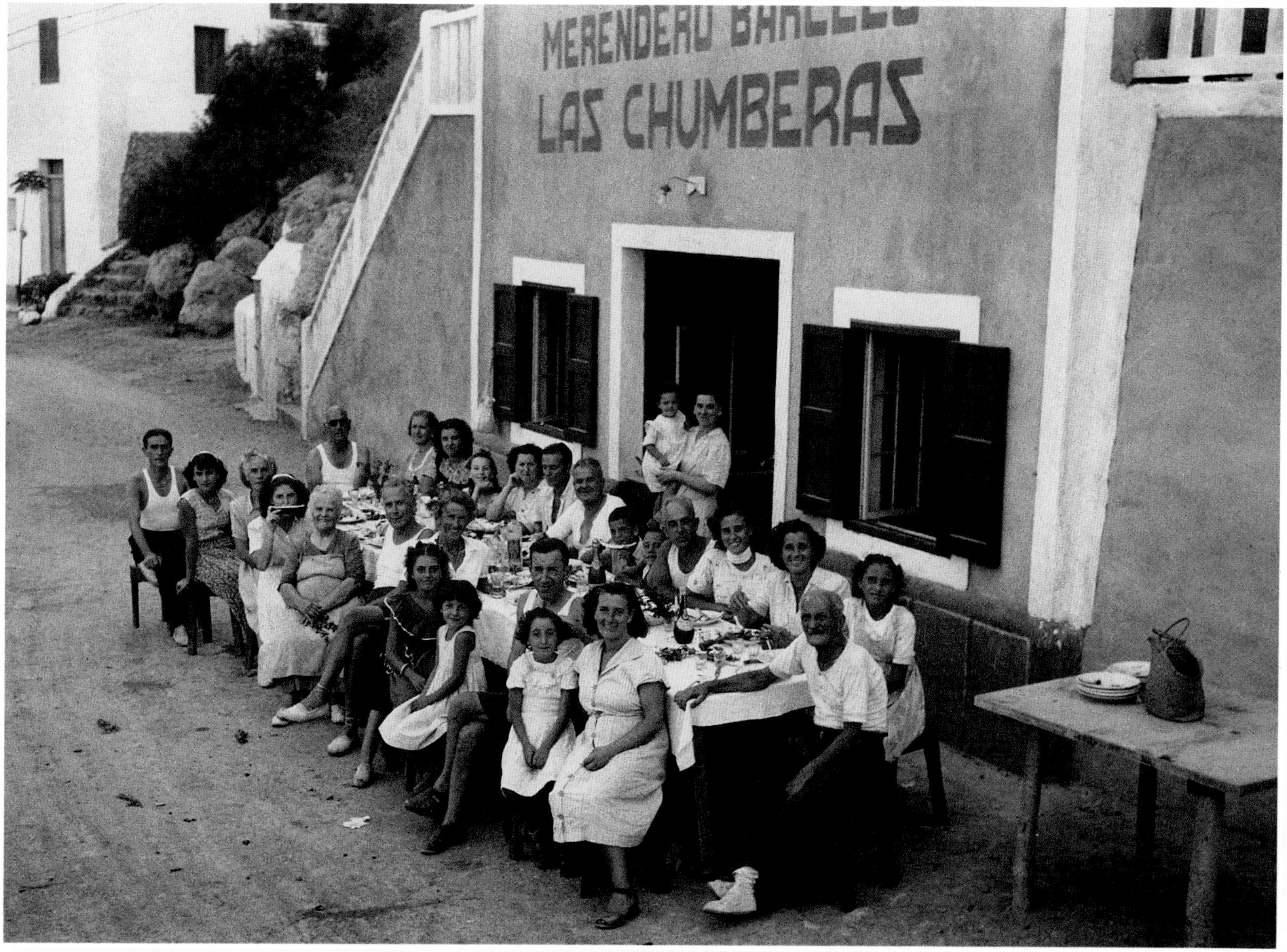

La concorreguda sobretaula transcorre, càlida, al *merendero*

La concurrida sobremesa transcurre cálida en el merendero

The warm, after-lunch atmosphere at the *merendero*

"Sí senyor –em digué aquella persona–,
aquesta illa conté moltes persones primes i ossades.
No li en sabria pas dir la causa. L'alimentació?
El clima? El motlle físic? La barreja de tipus?".

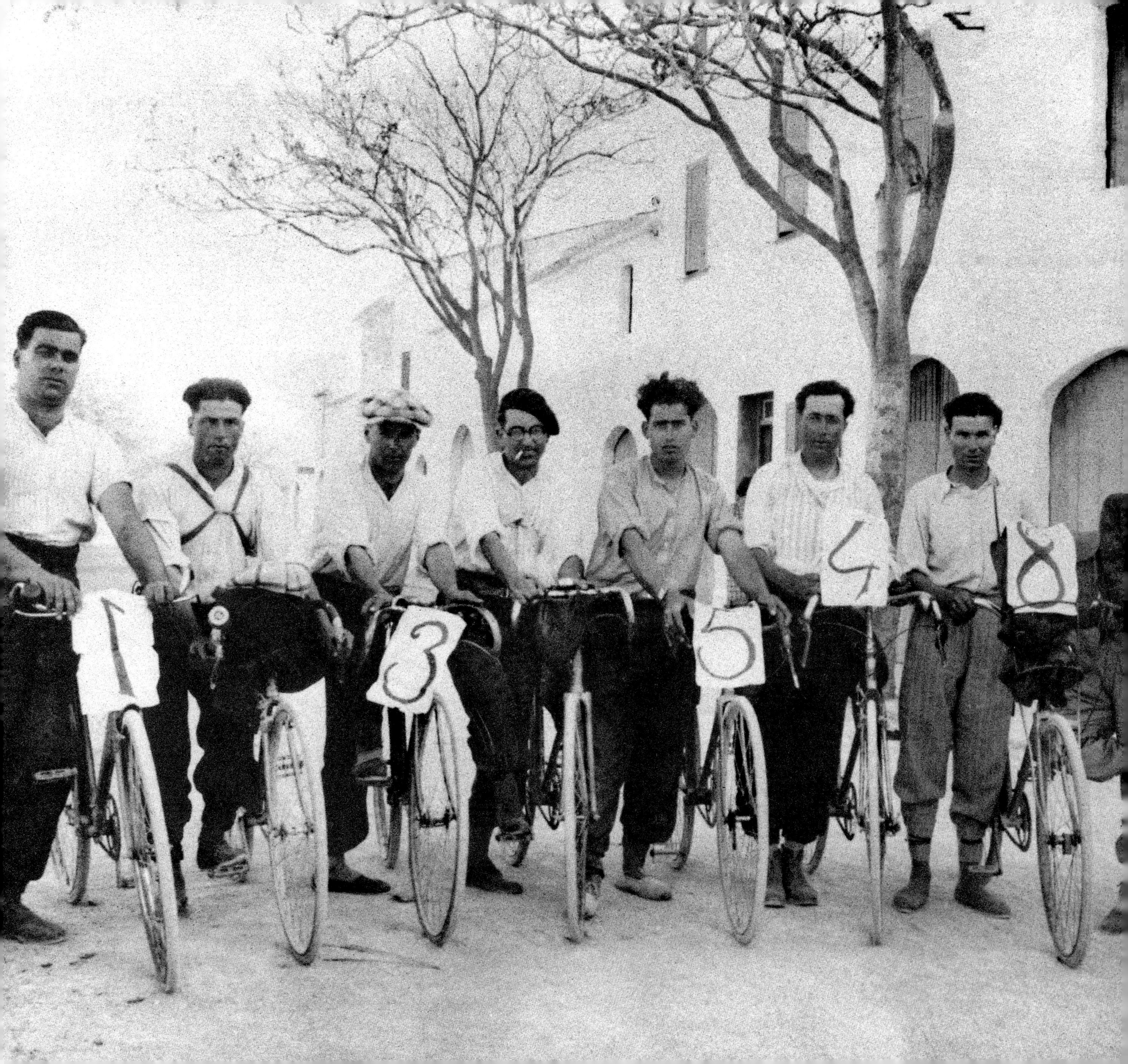
1
3
5
4
8

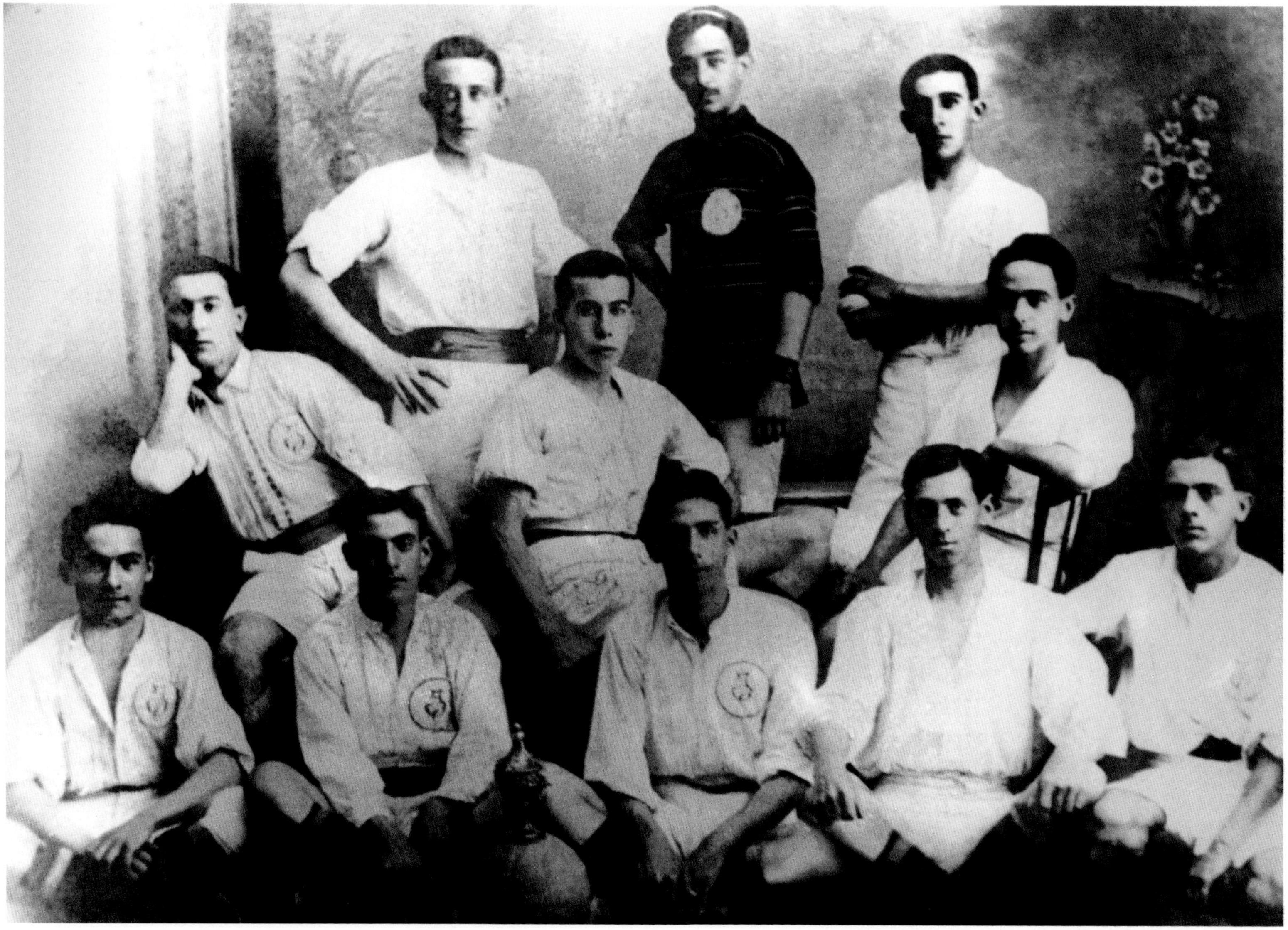

Tots pentinats i d'indumentària oficial per a la foto de la temporada

Todos peinados y con la indumentaria oficial para la foto de la temporada

A well-groomed team for this season's photo

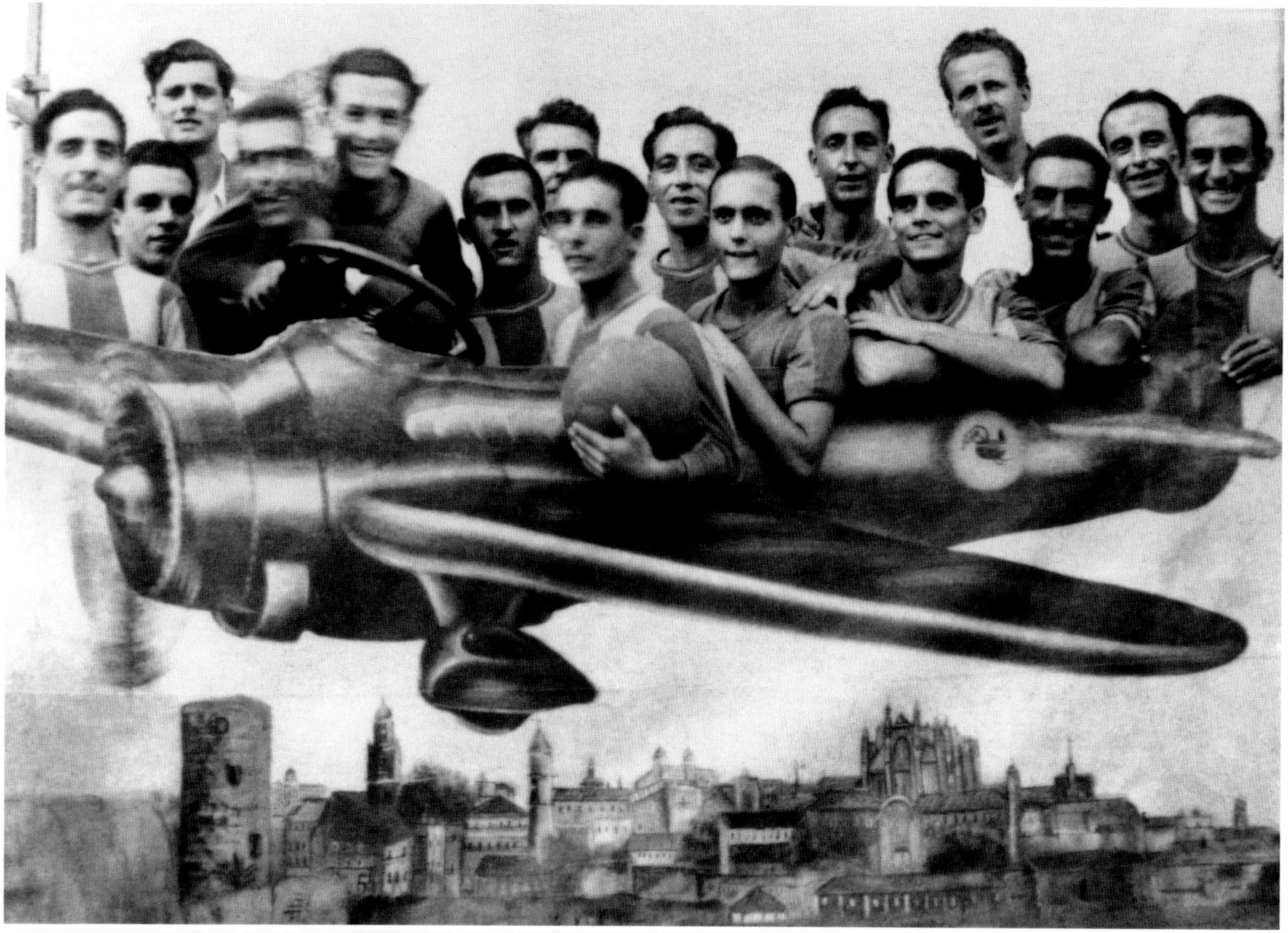

La màgia de la fotografia permet la il·lusió de fer volar tot un equip

La magia de la fotografía permite la ilusión de hacer volar a todo un equipo

The magic of photography creates the illusion of a flying eleven

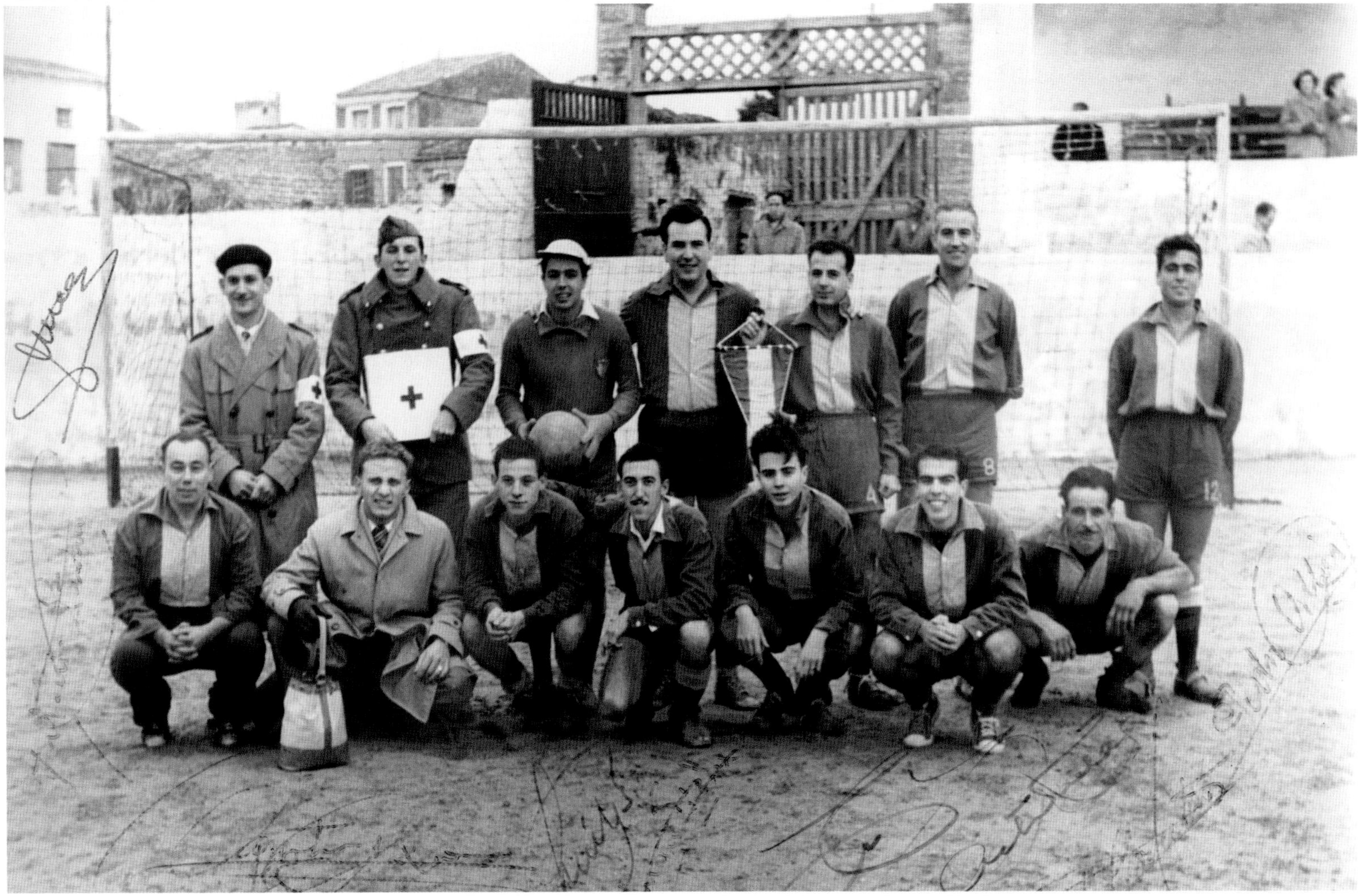

A meitat del segle xx,
el futbol és així

A mediados del siglo xx,
el fútbol es así

A mid-20th century football team

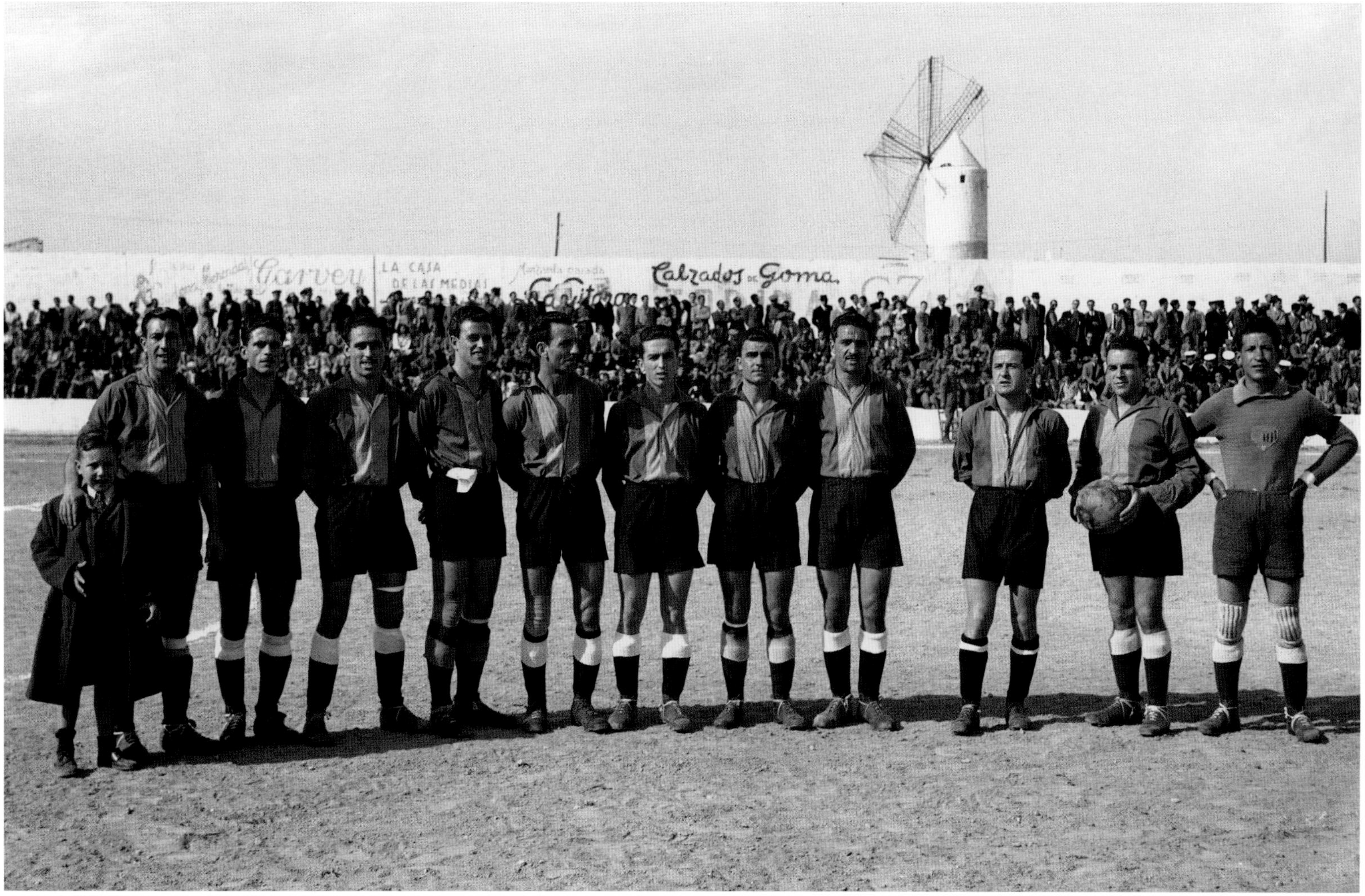

L'equip forma, orgullós de tenir tota una gernació que li dóna suport

El equipo forma, orgulloso de tener toda una multitud apoyándolo

The team poses, proud to have such a crowd of supporters

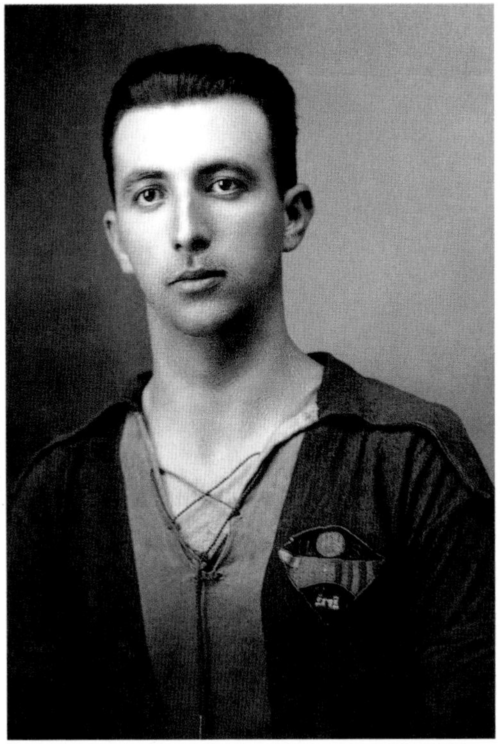

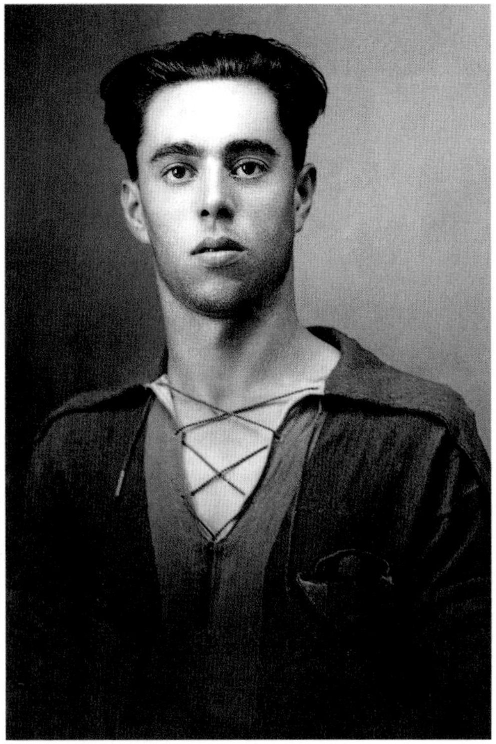

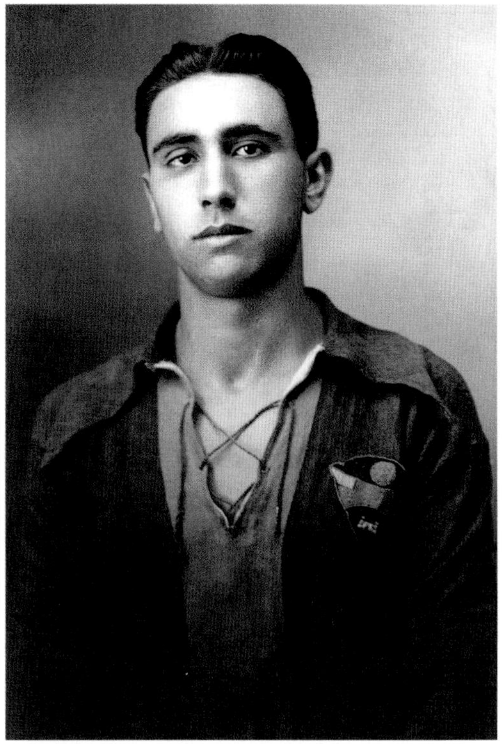

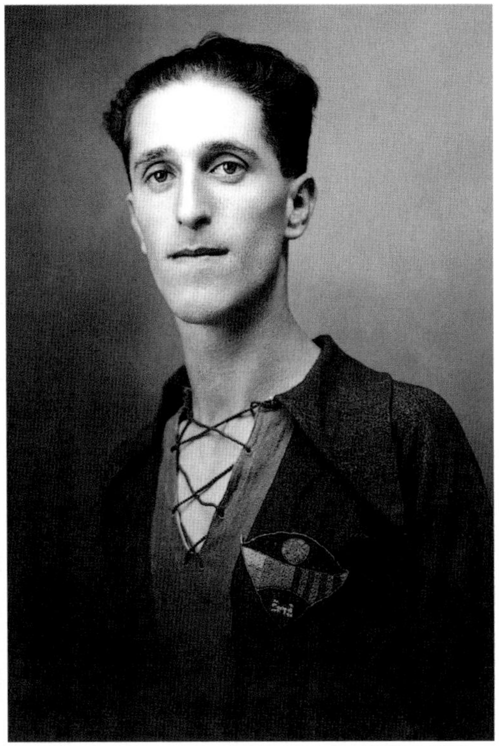

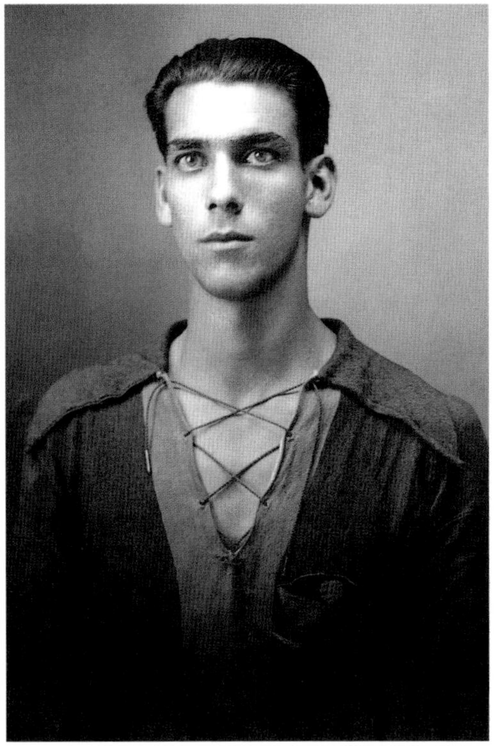

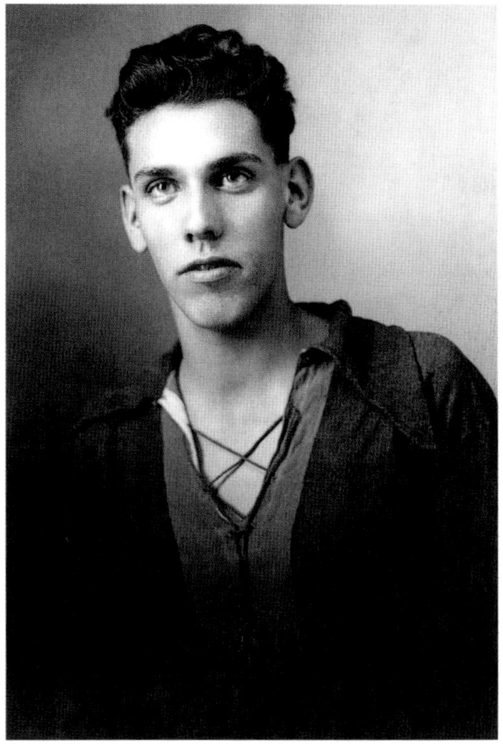

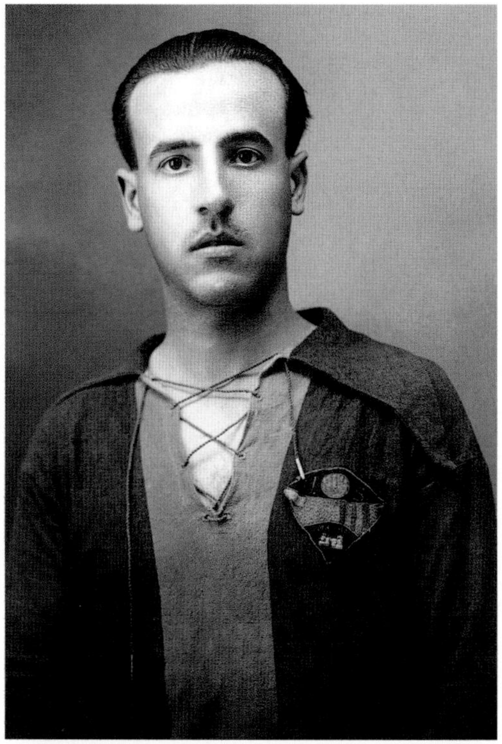

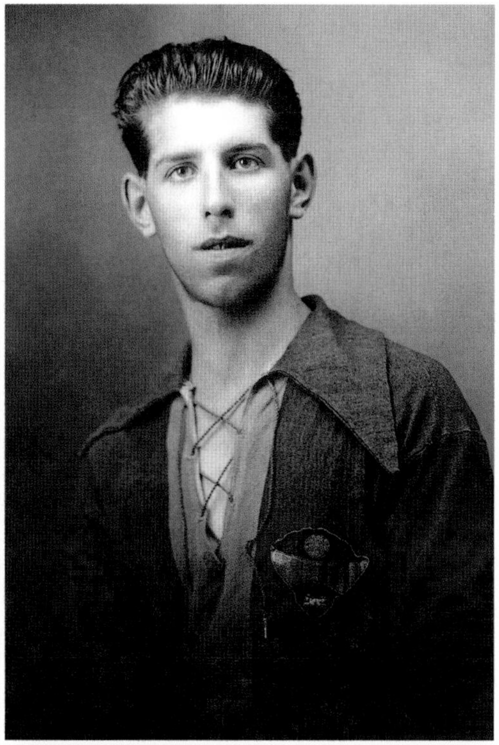

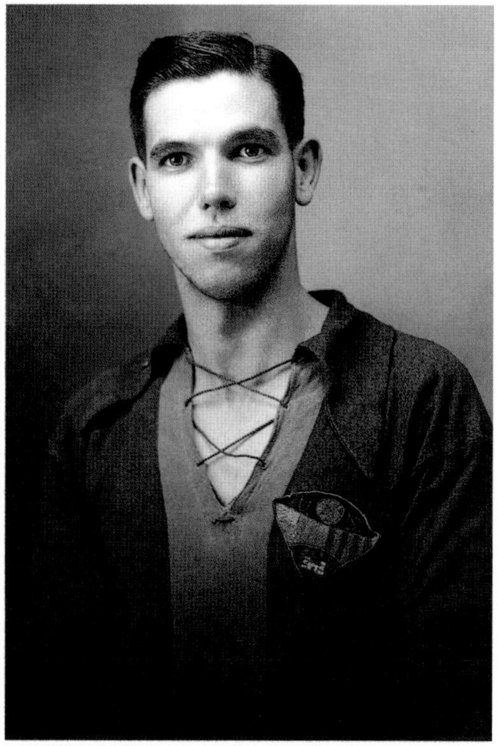

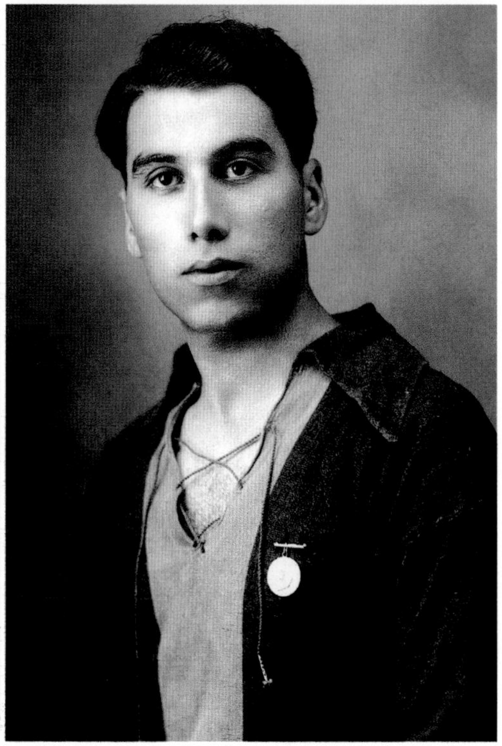

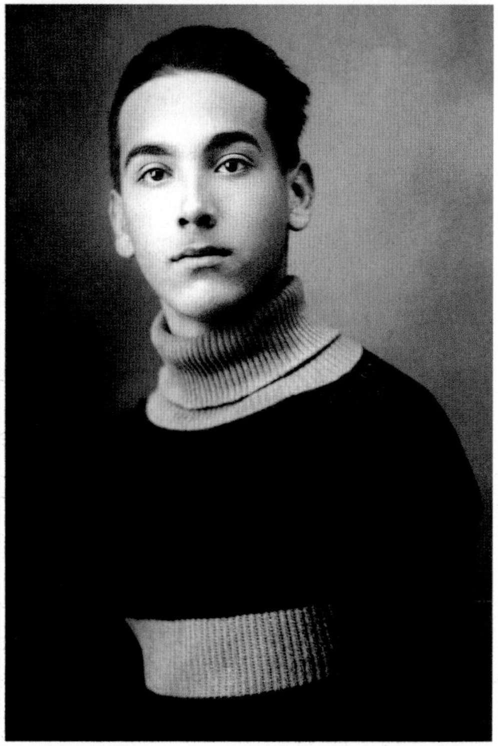

U.D. MAHÓN

Talment com amb els equips de primera, amb la xocolata, cromos de futbolistes locals

Con el chocolate, cromos de los futbolistas locales; como los de primera

Picture cards, just like in the first division

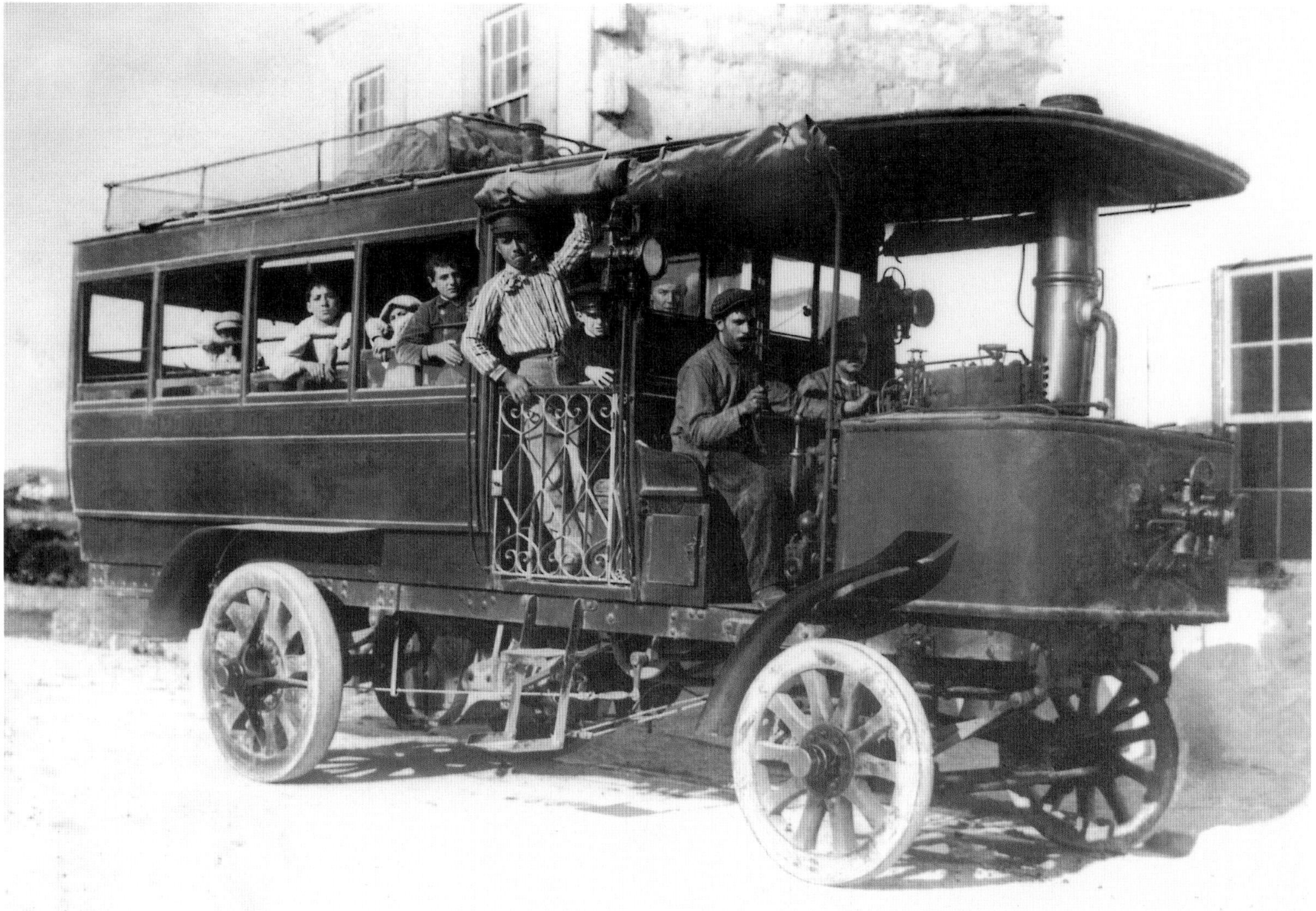

Arriben els primers transports col·lectius sense tracció animal

Llegan los primeros transportes colectivos sin tracción animal

The first motorized public transport

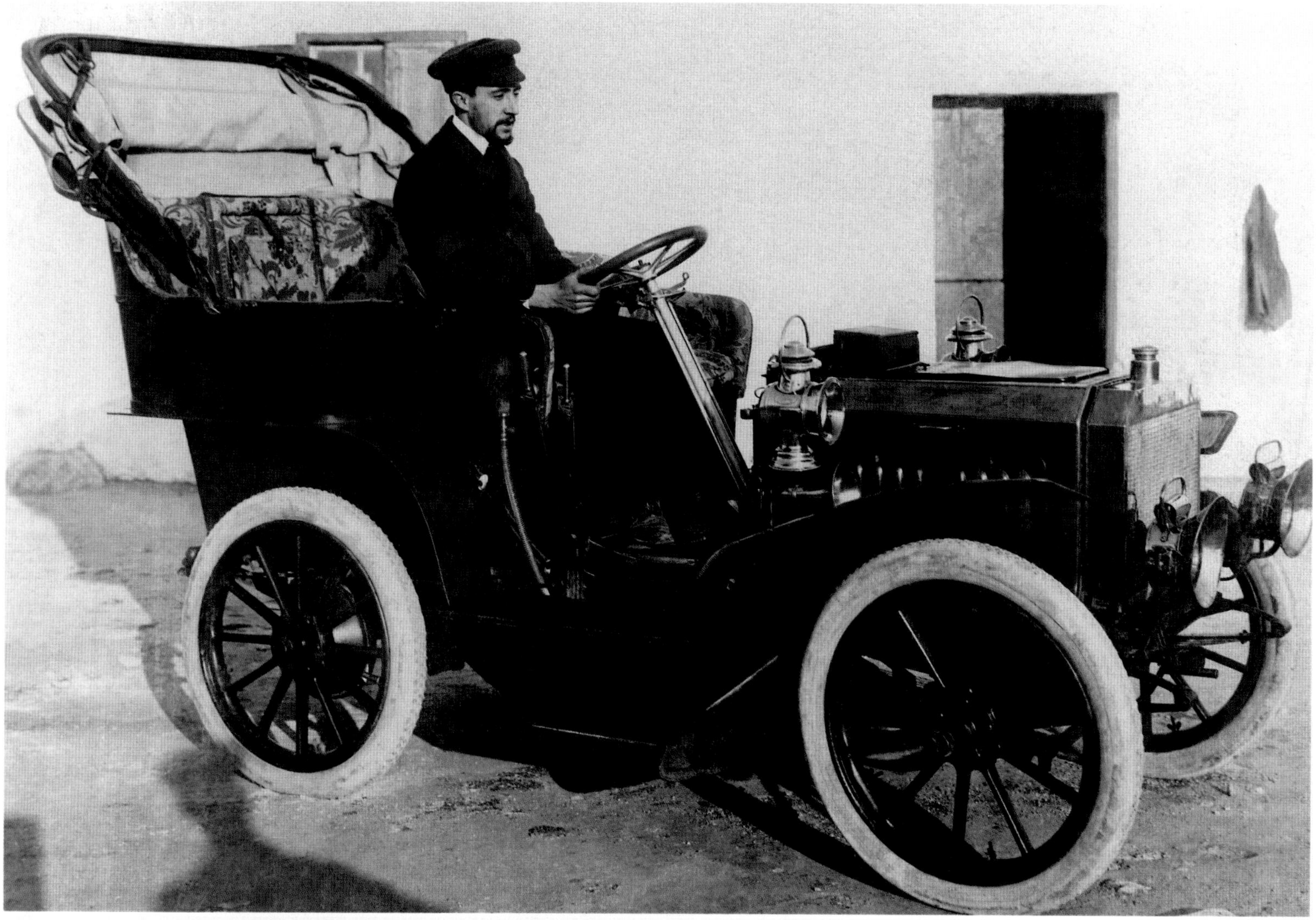

A més de mitjà de locomoció, el cotxe és un objecte que agrada lluir

Aparte de medio de locomoción, el coche es un objeto del que presumir

The motorcar, a mode of transport, but also something to show off

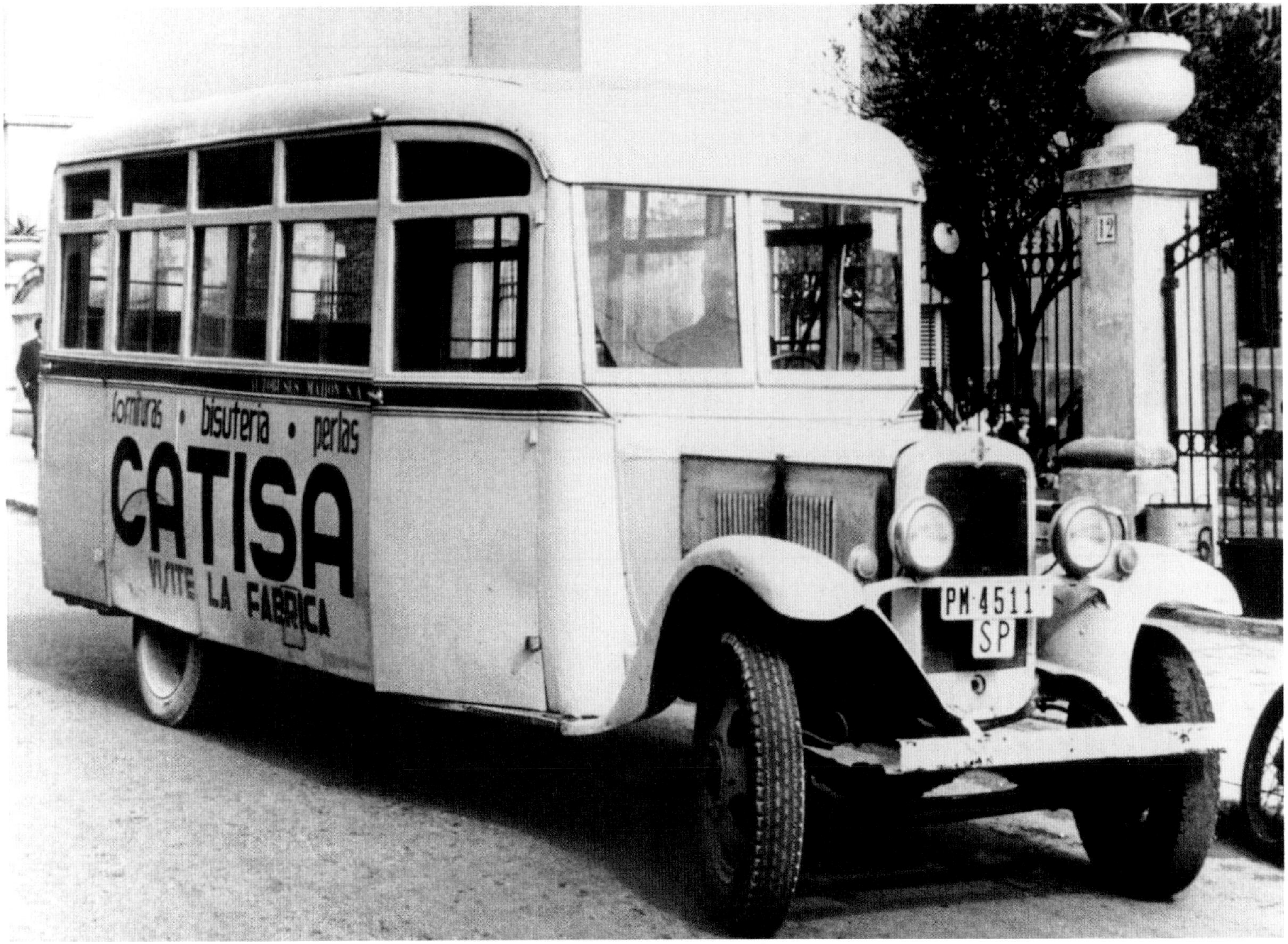

La publicitat als vehicles públics s'emmotlla a cada temps i circumstància

La publicidad en los vehículos públicos se amolda a cada tiempo y circunstancia

Advertisements on public transport are always a reflection of the times

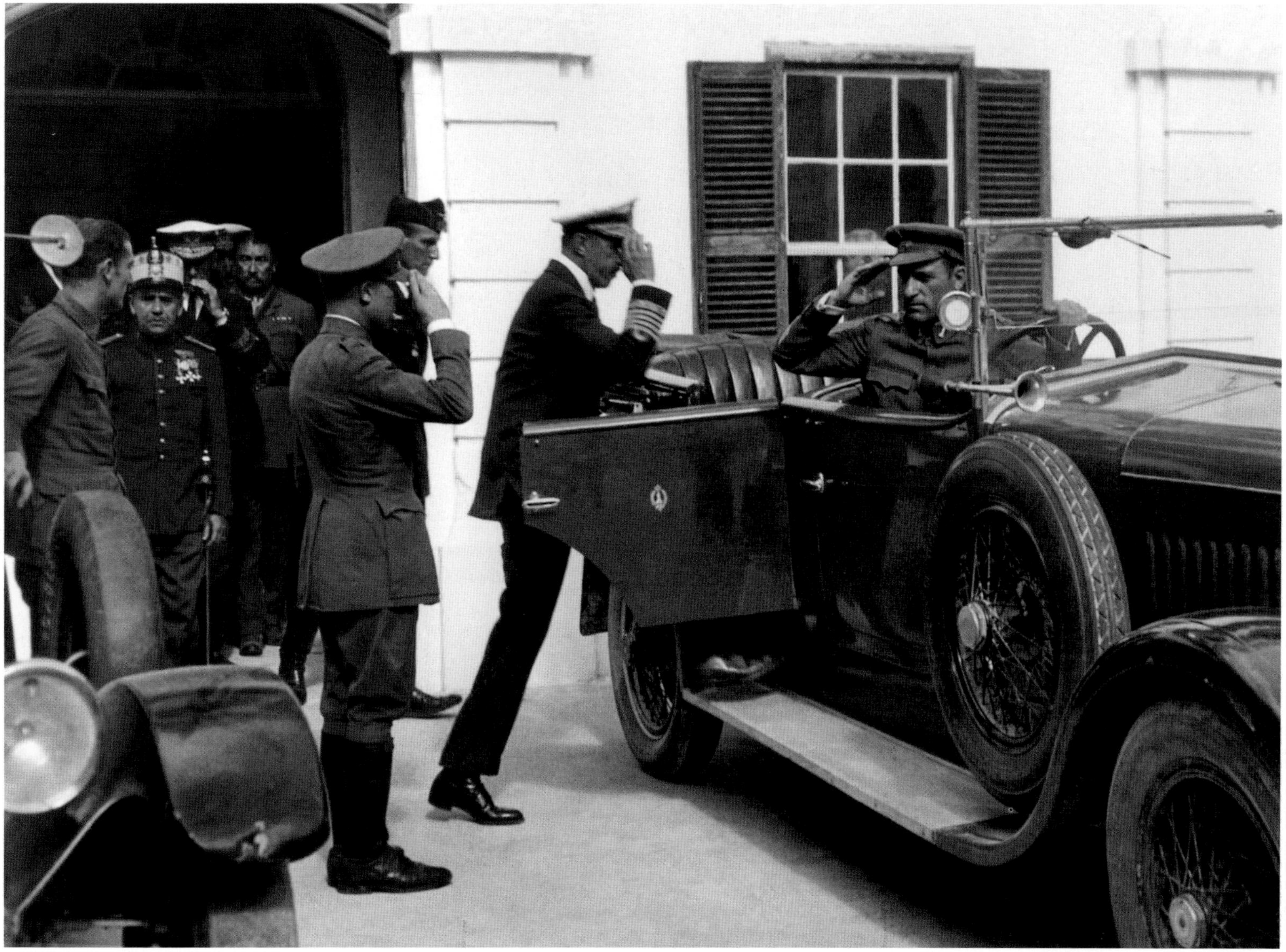

A les seves ordres, Majestat. A on anam ara?

A sus órdenes, Majestad. ¿Adónde vamos ahora?

At your service, your Majesty!

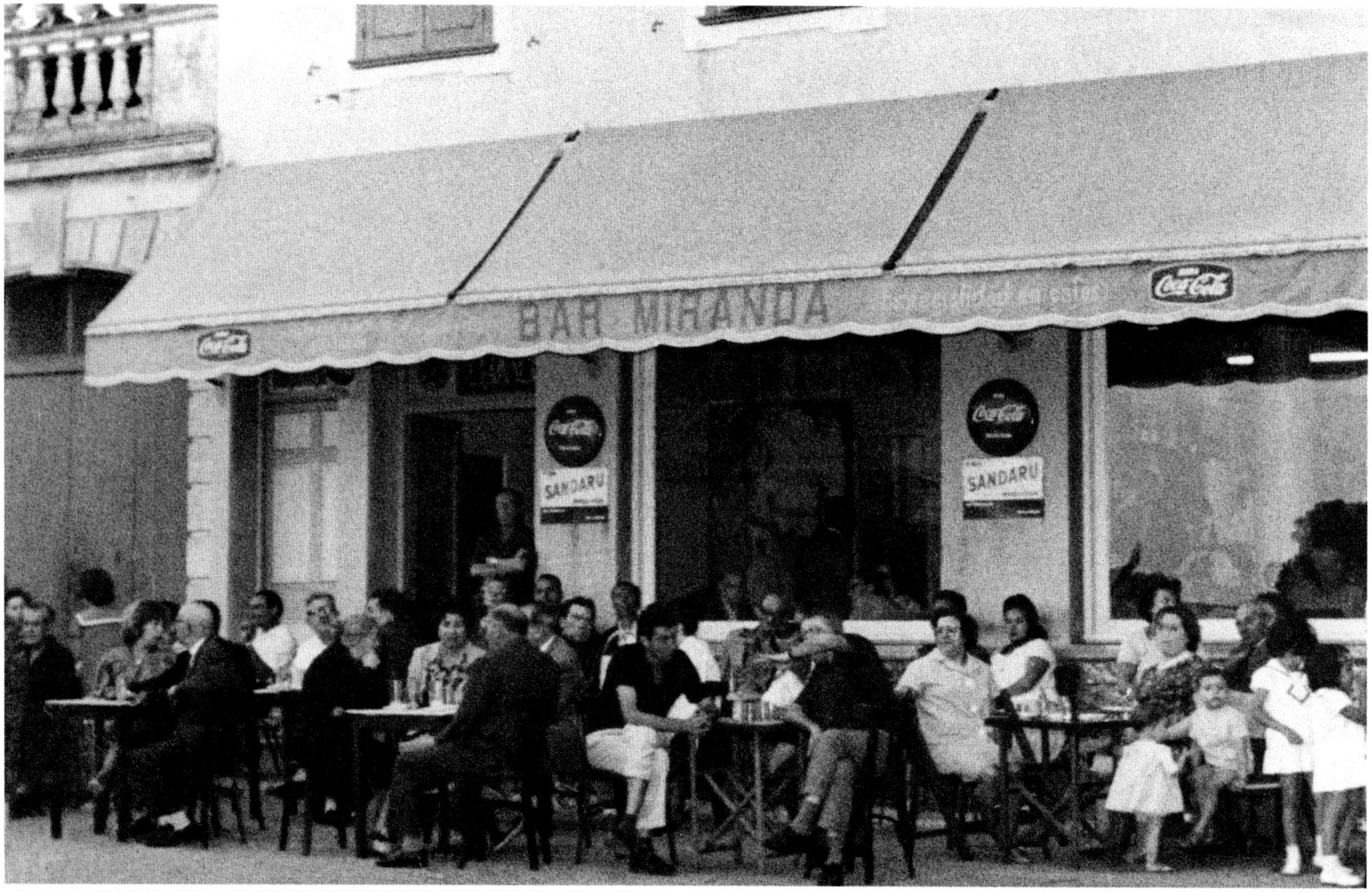

▲
Les terrasses de bar, un punt de trobada dels dies festius

▲
Terrazas de bar, punto de encuentro los días festivos

▲
The terraces are packed on holidays

▲
PLAÇA DE LA MIRANDA

►
Avui saluden el Rei, demà molts cridaran *Visca la República!* Coses de la vida...

►
Hoy saludan al Rey, mañana muchos gritarán *¡Viva la República!*" Cosas de la vida...

►
Today many hail the King but tomorrow many will cry *Vive the Republic!* That's life

►
VISITA DEL REI ALFONS XIII

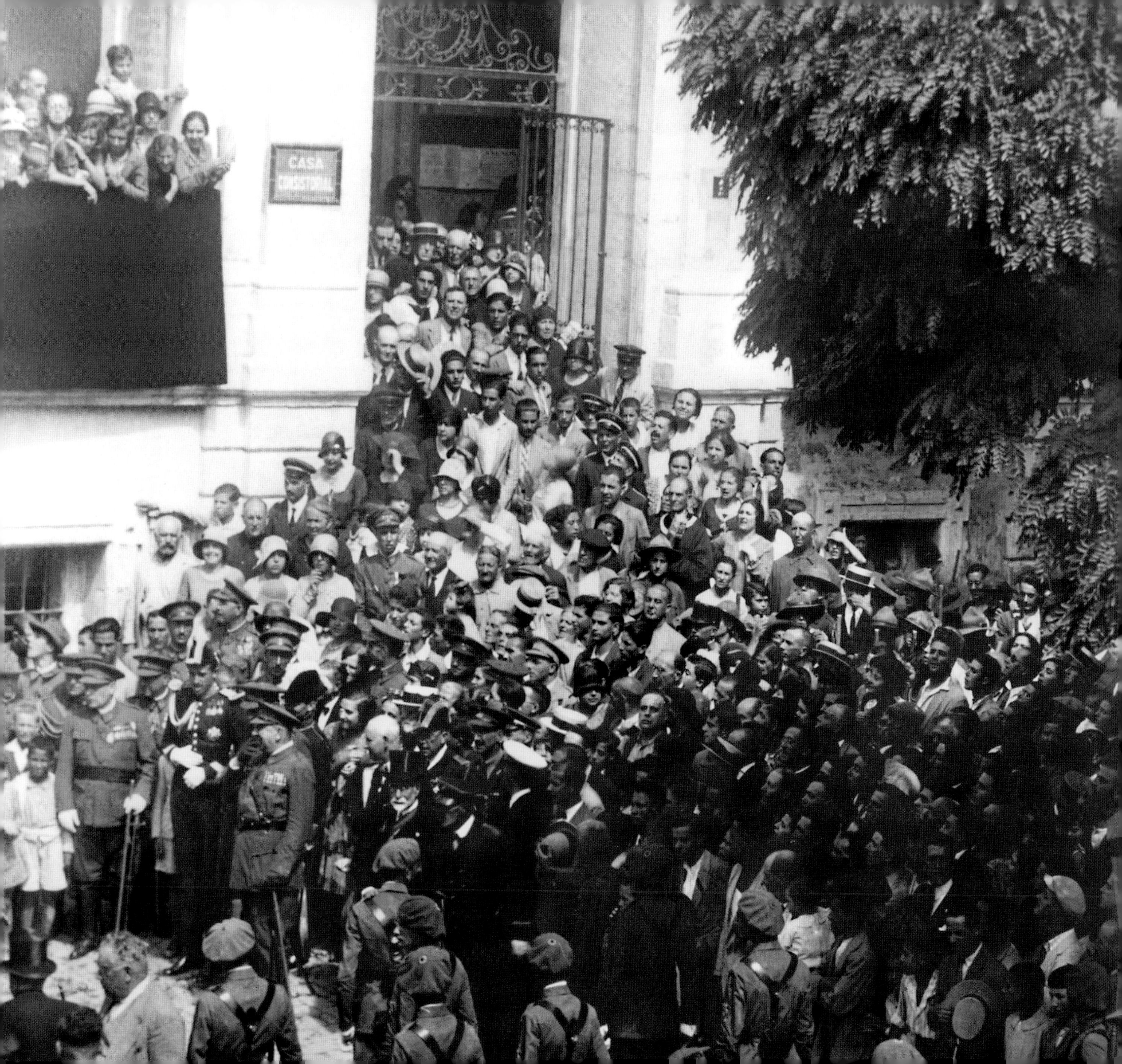
CASA
CONSISTORIAL

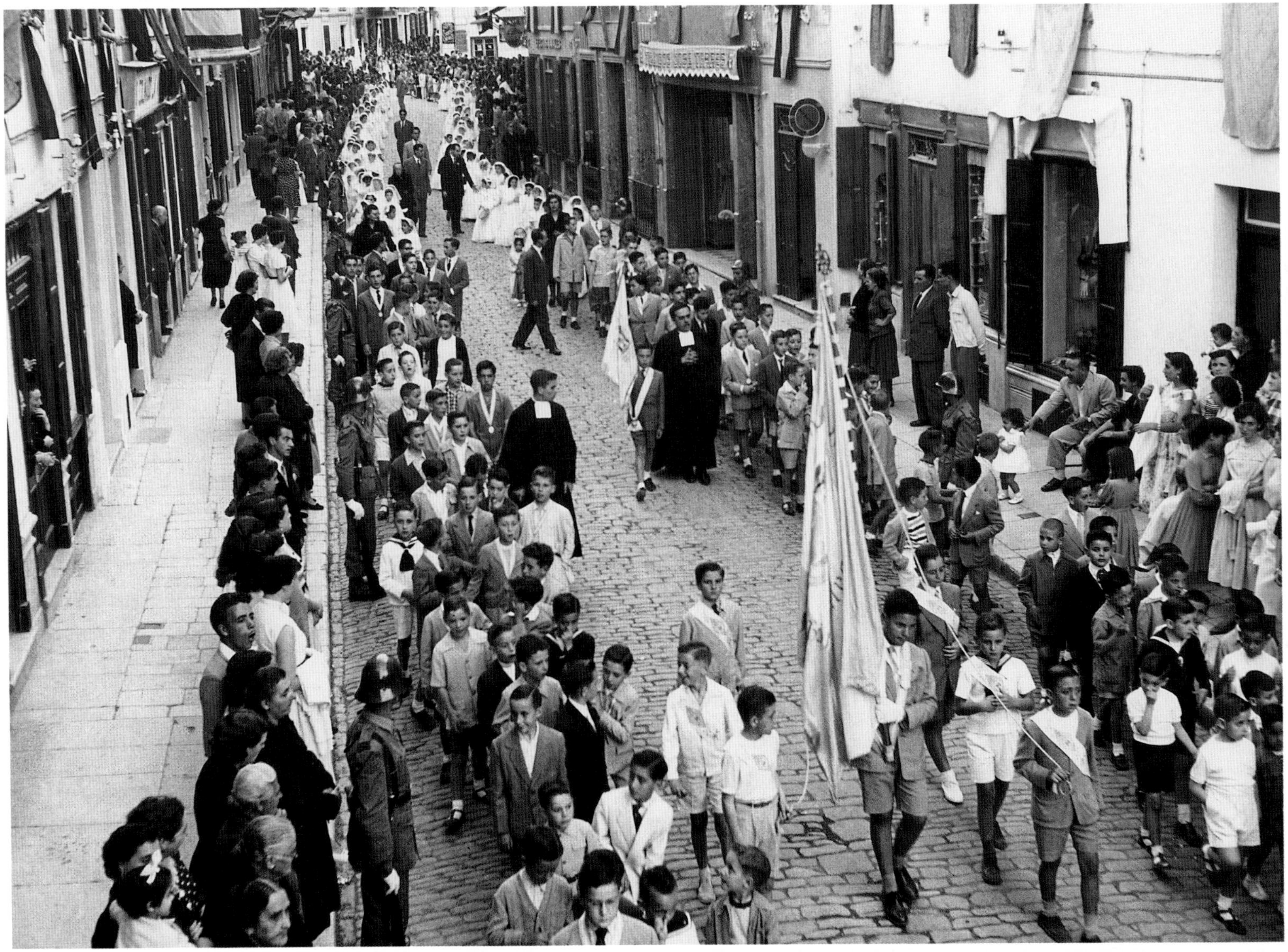

Els fillets, i darrere les filletes, desfilen per a la comunió en massa

Los niños, y detrás las niñas, desfilan para una comunión masiva

Young boys, followed by the girls, parade for the multiple communion

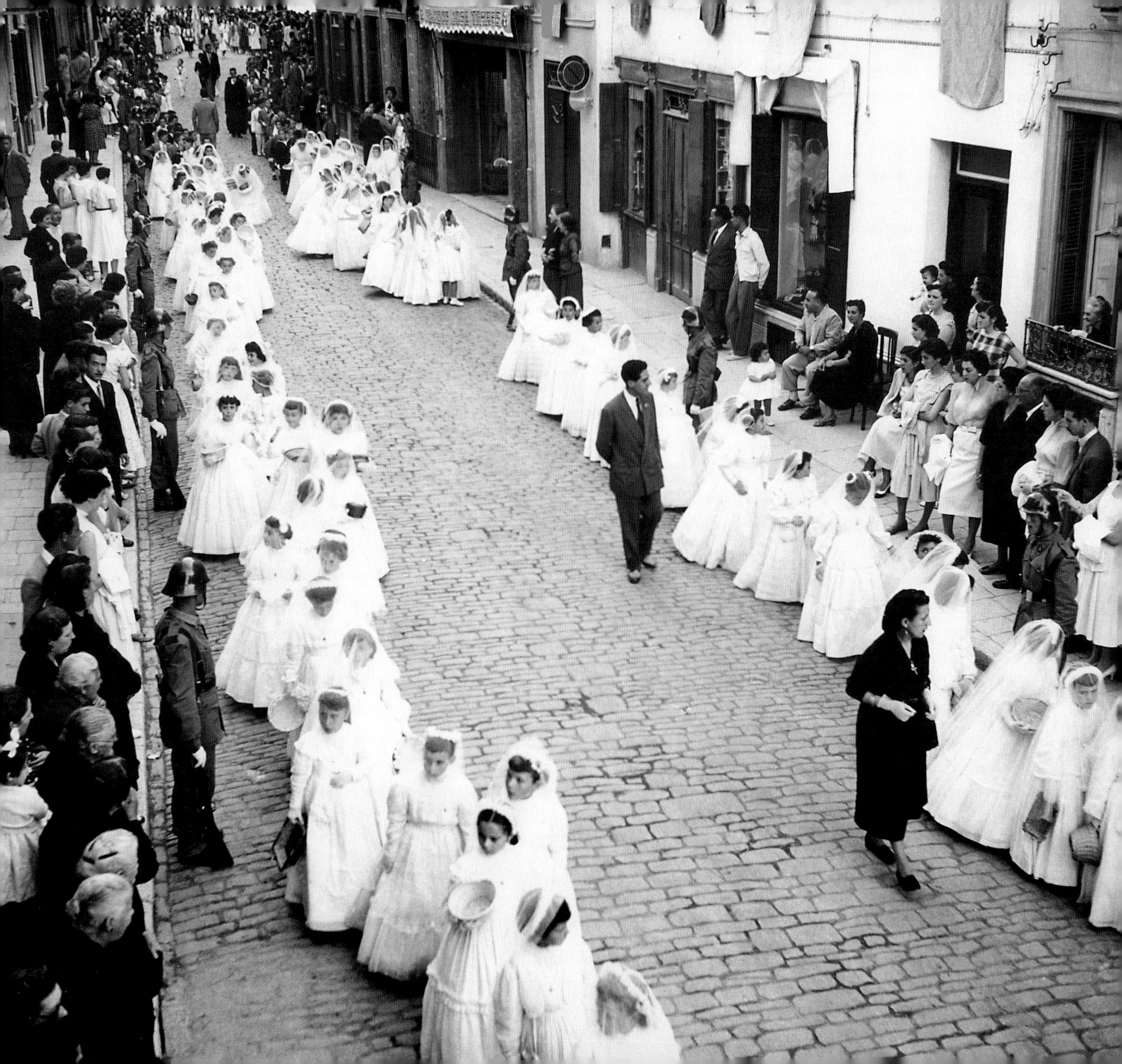

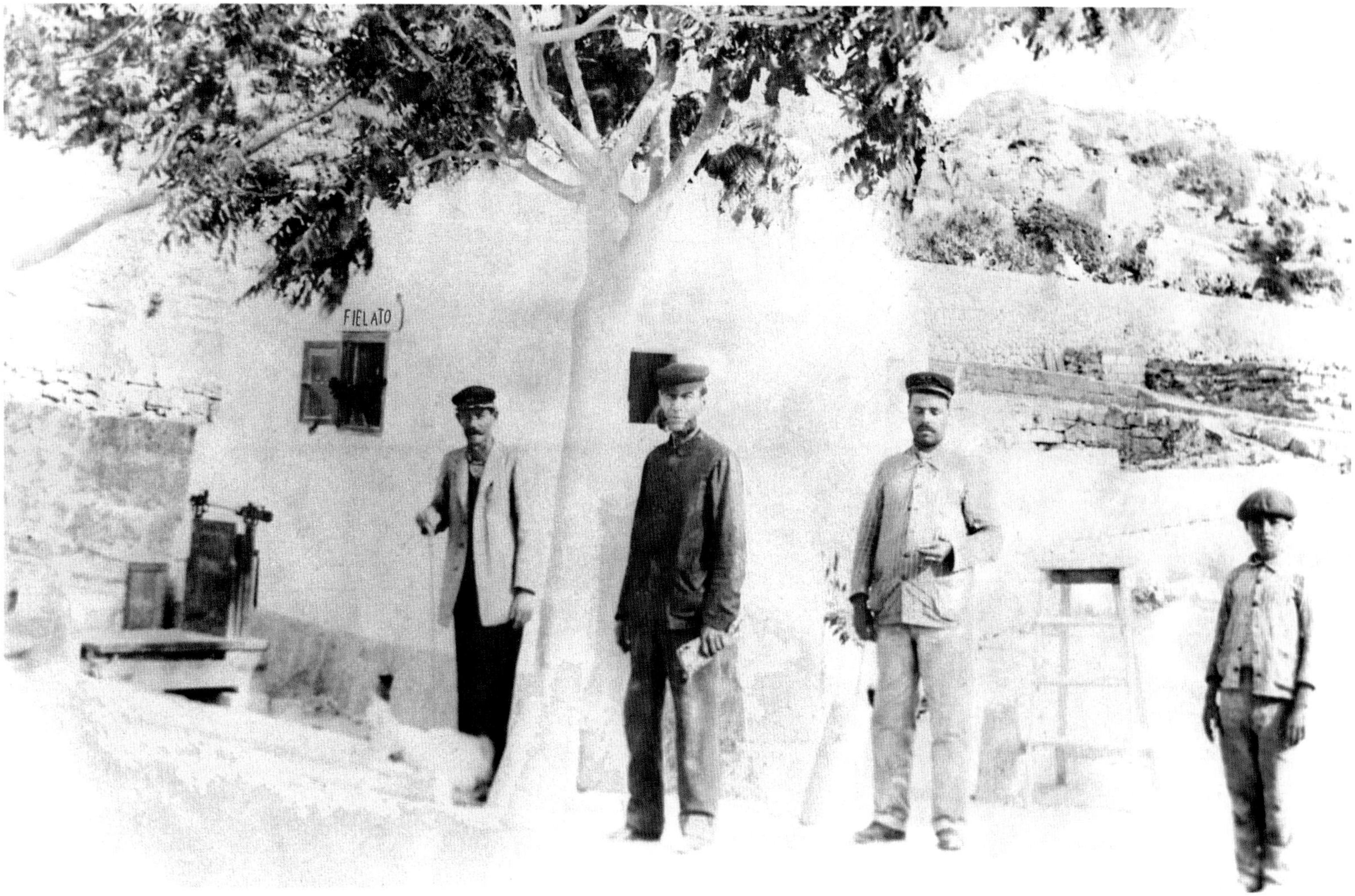

Res no s'amaga a l'atent esguard dels agents. Si dus gènere, a pagar toca!

Nada escapa a la atenta mirada de los agentes. Si llevas género, ¡a pagar tocan!

Everything must be declared to the tollhouse policemen

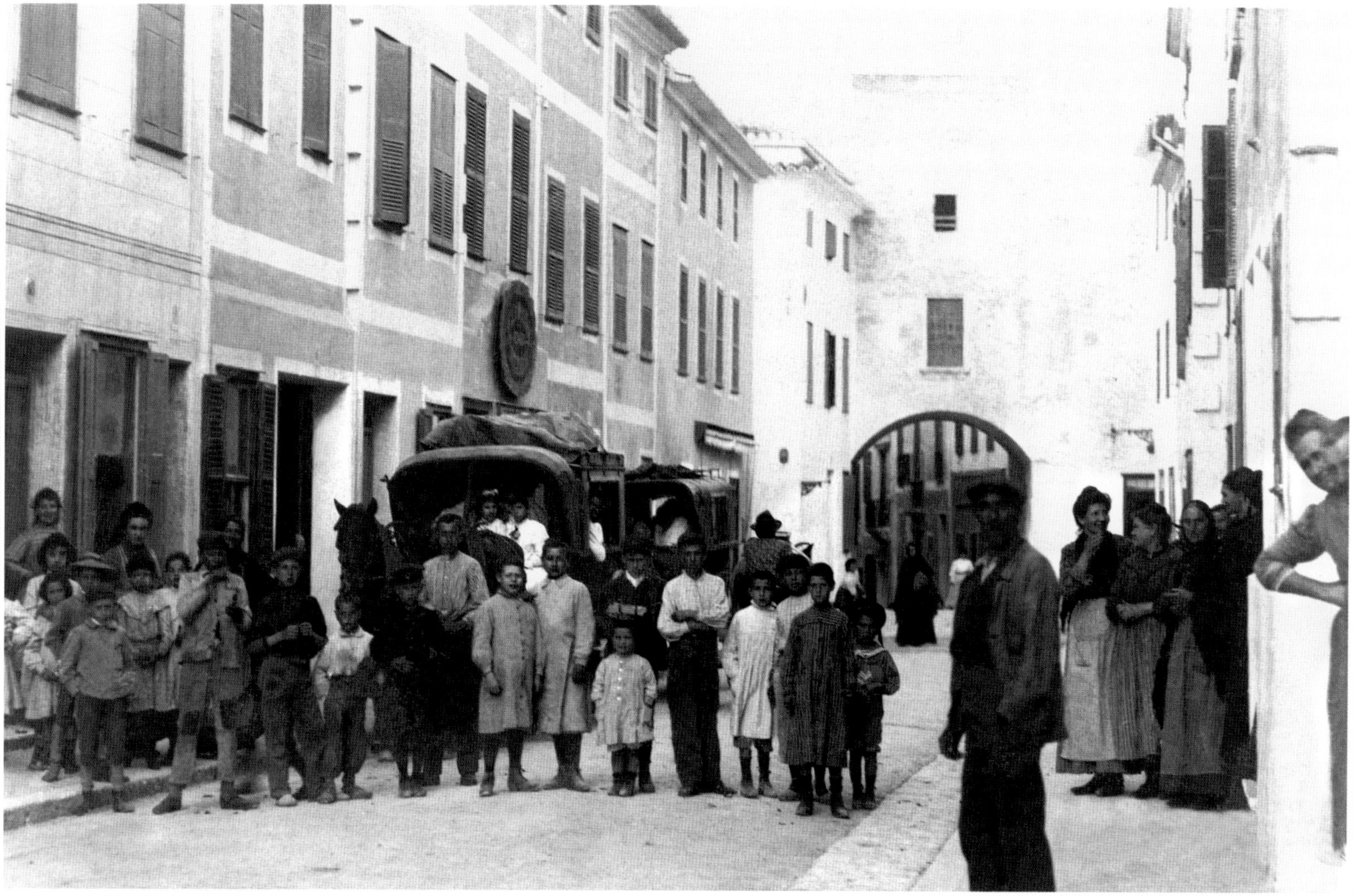

Tot el carrer s'atura perquè el retratista faci una feina precisa

Toda la calle se paraliza para que el retratista haga un buen trabajo

S'Arravaleta comes to a standstill for the photographer

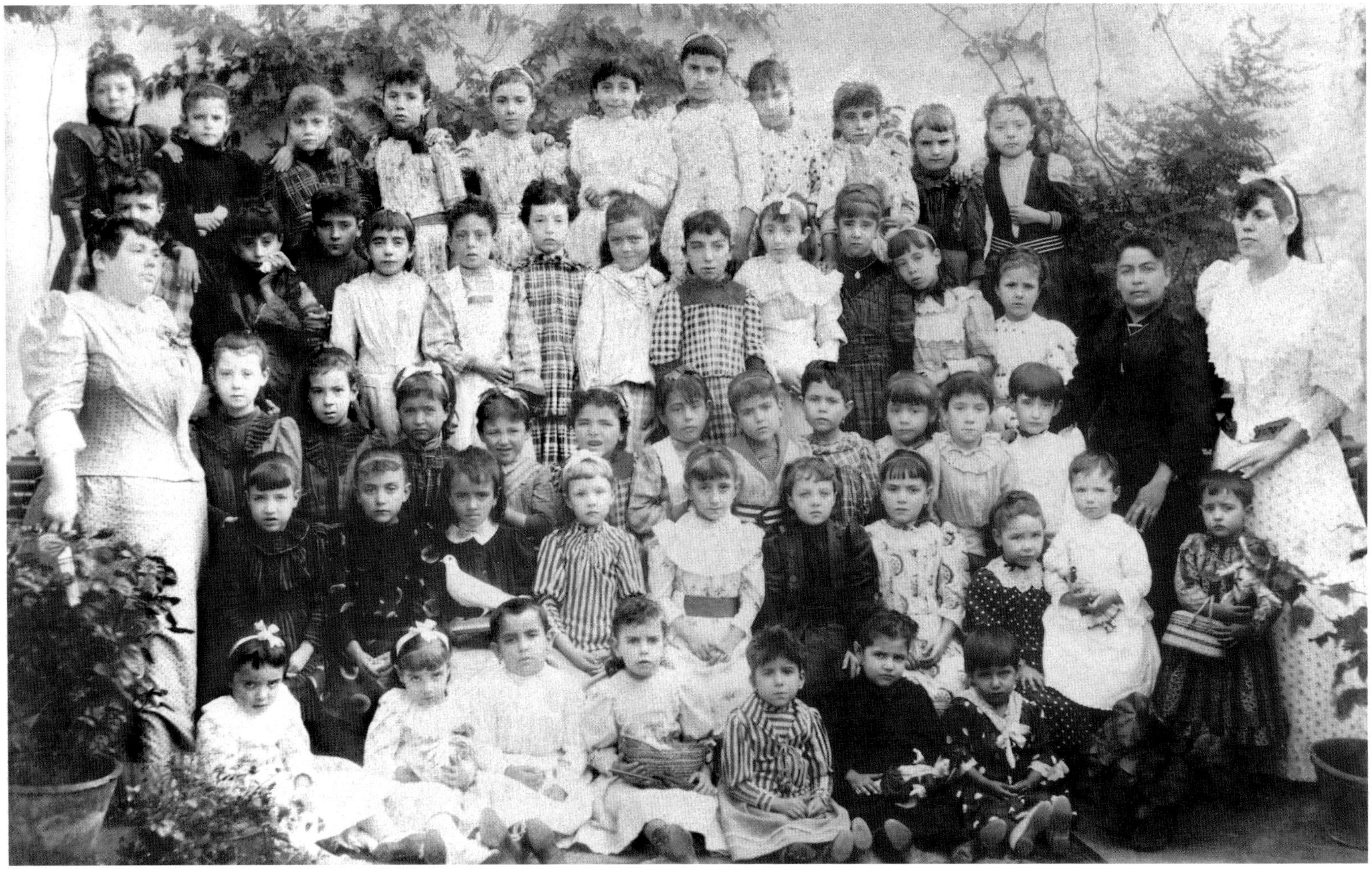

Totes elles, precioses, i ben posadetes per a la foto...

Preciosas, todas, y dispuestas, y preparadas para la foto...

A generation of young girls is captured forever

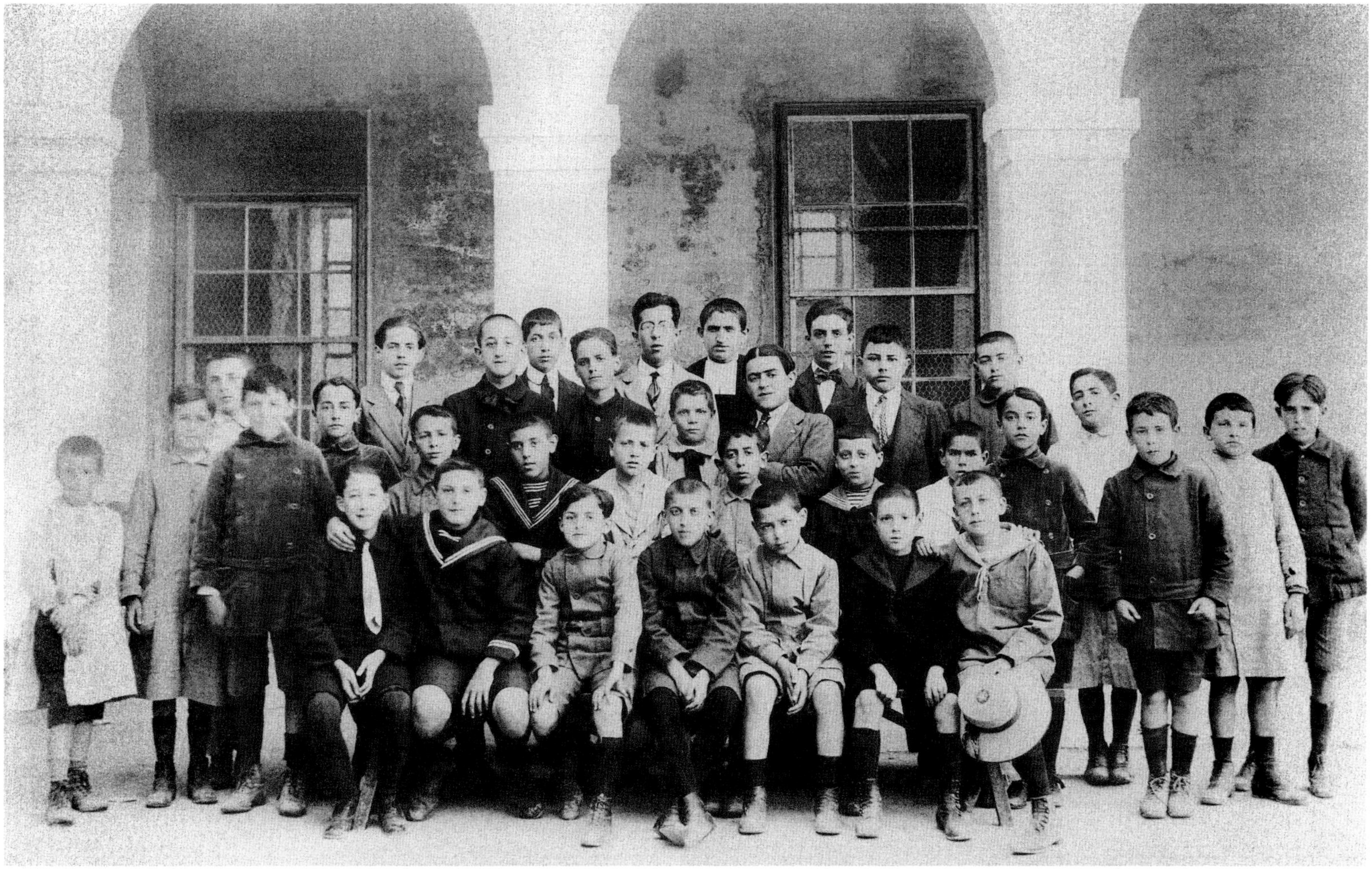

... i els al·lots no volen ser menys que les companyes

... y los chicos no quieren ser menos que sus compañeras

...and their male counterparts

És un país d’un gran gruix de cultura d’ona curta, que potser té més interès en la formació de la gent, vull dir en la formació de gent de bon sentit, bondadosa, tolerant i amable.

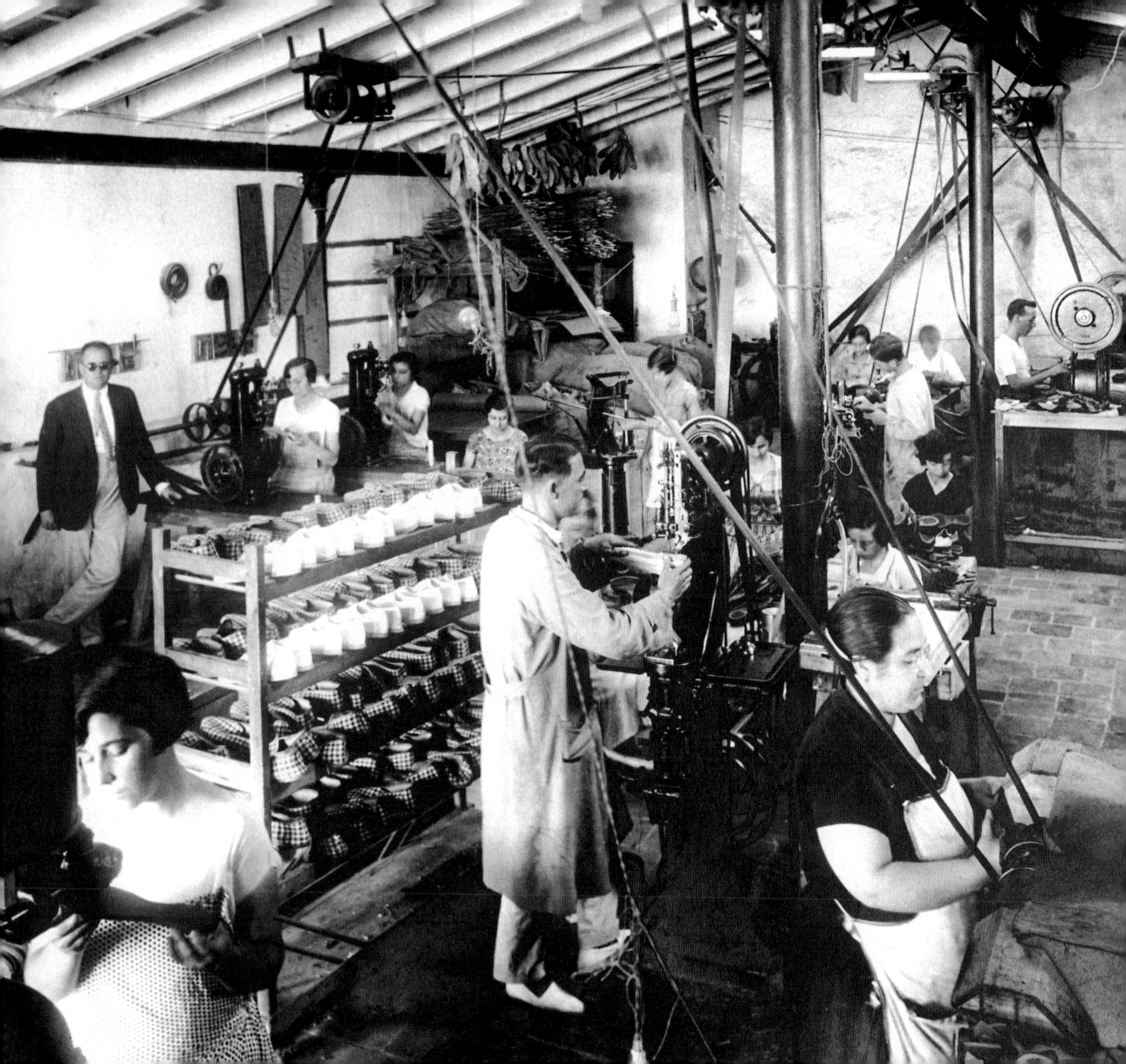

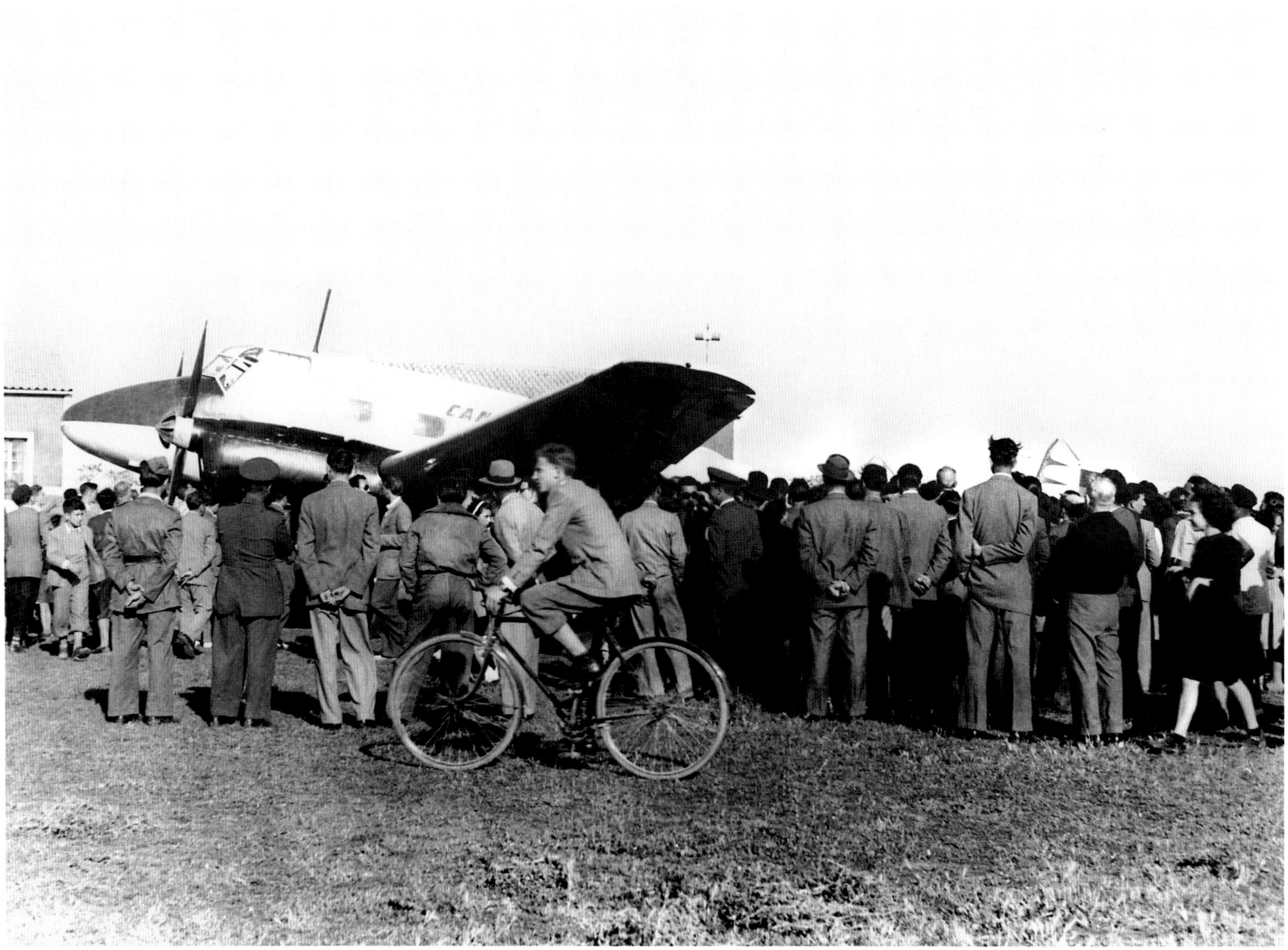

"Què passa que tots mirau l'avió? Bé, jo seguiré amb la bicicleta que he de fer cosa"

"¿Qué pasa que todos miráis el avión? Bueno, yo sigo con la bicicleta que tengo cosas que hacer"

The presence of an aircraft draws a big crowd

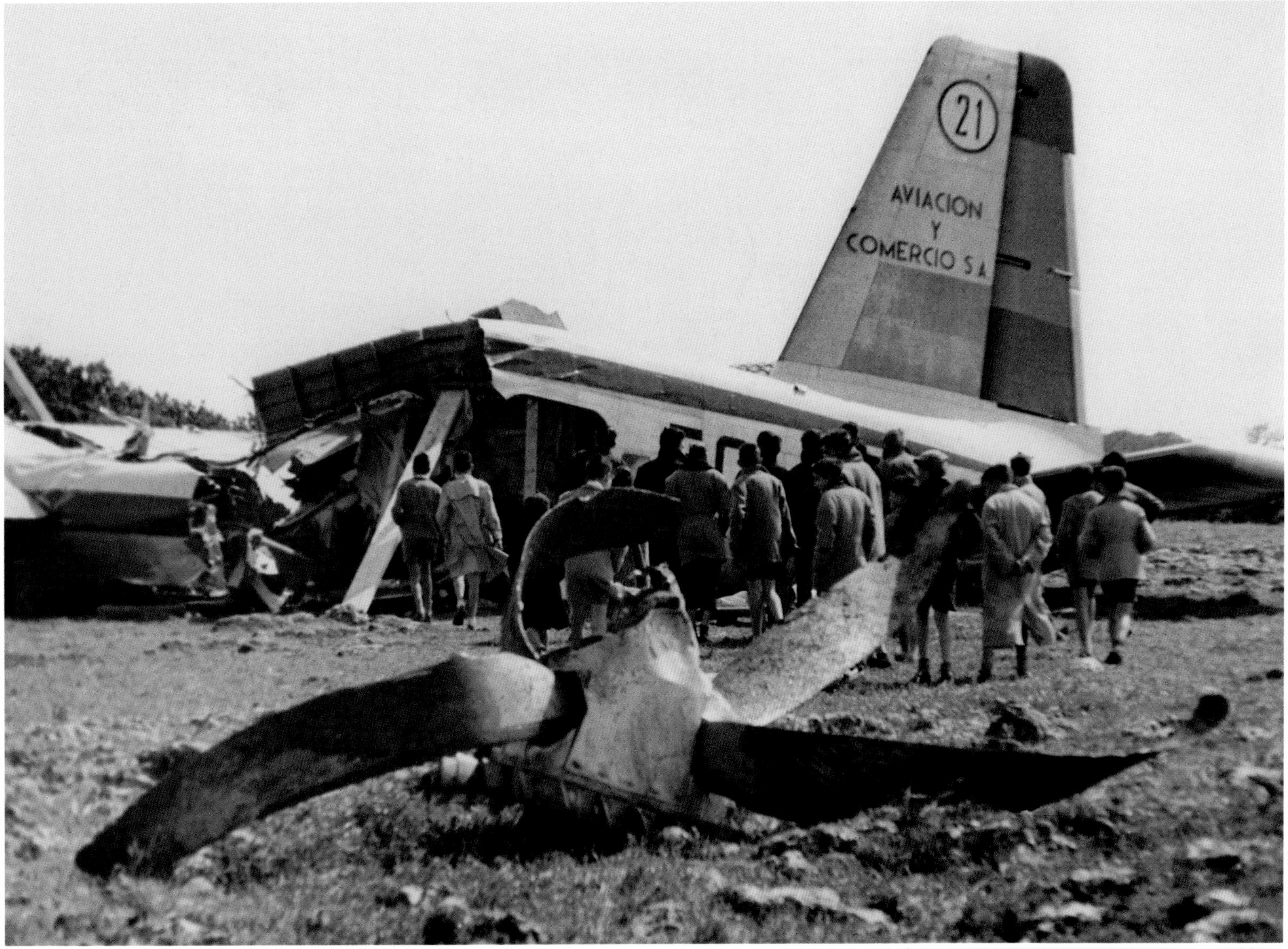

L'accident, tragèdia per a uns,
fet inèdit i curiós per a d'altres

El accidente, tragedia para unos,
hecho inédito y curioso para otros

A tragedy for some gives rise
to the curiosity of others

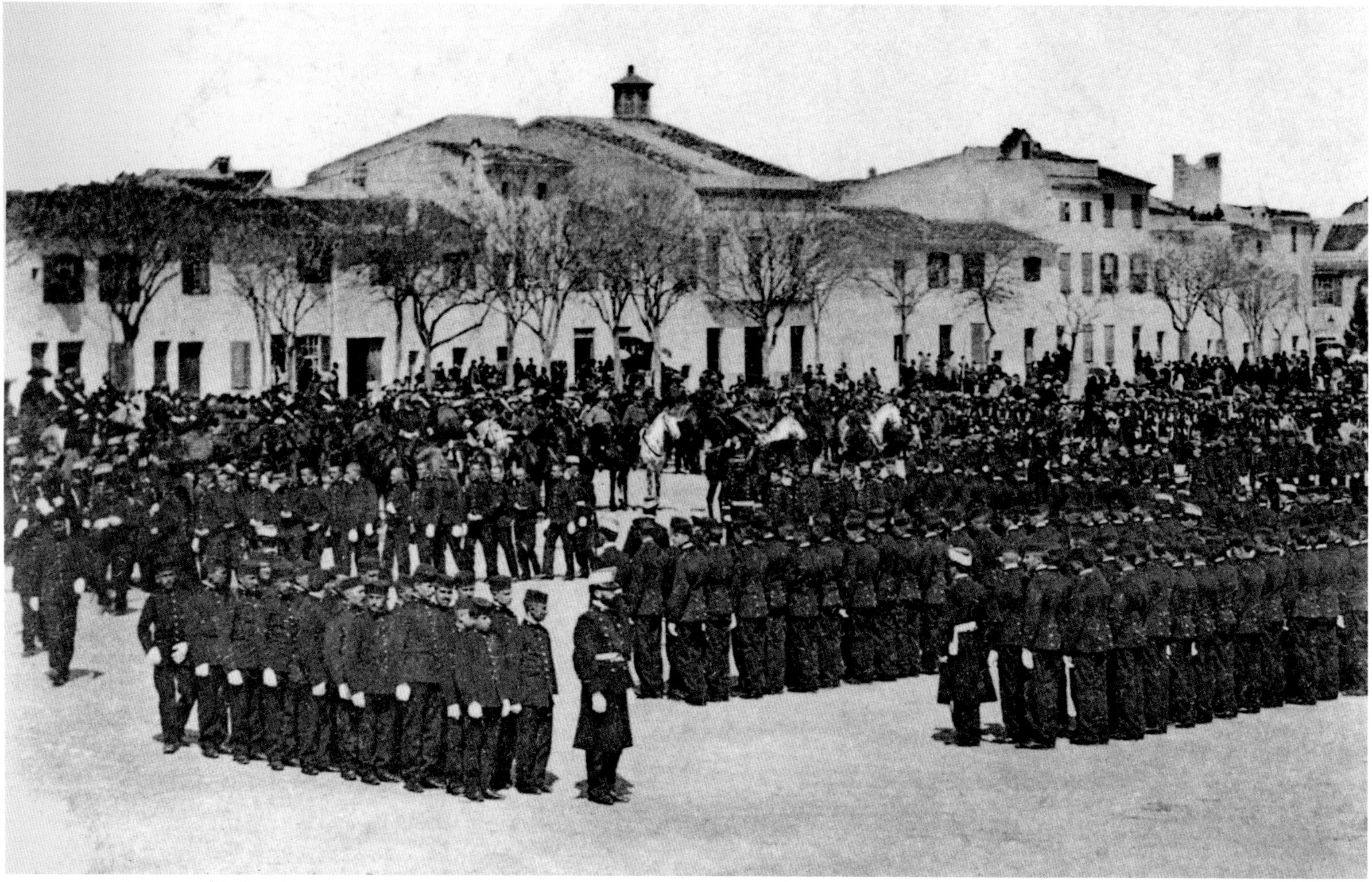

La parada militar és sempre un espectacle públic de primer ordre

La parada militar es siempre un espectáculo público de primer orden

The magnetism of a military parade

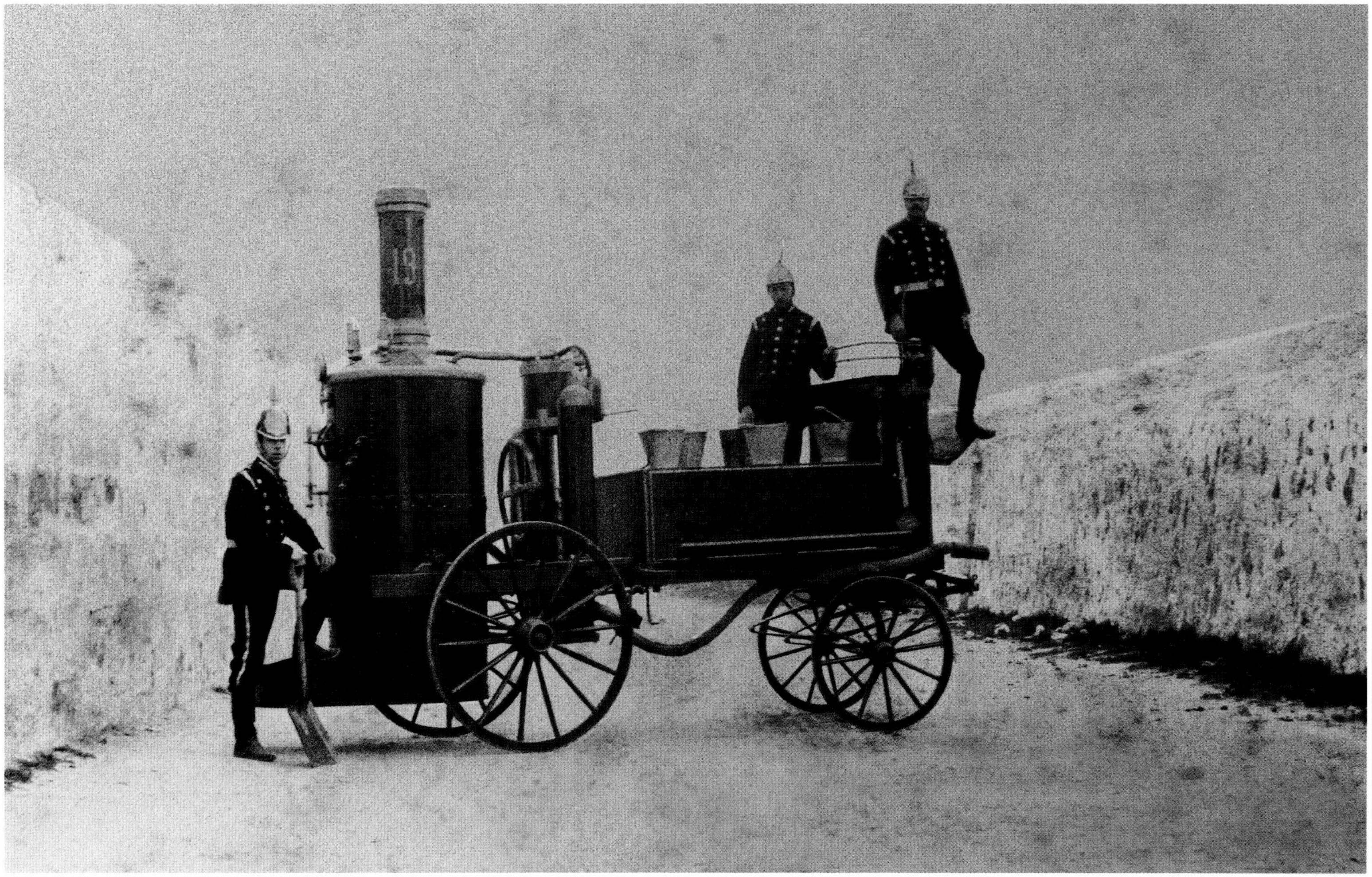

Vestits de "generals", però amb mitjans simples per apagar focs

Vestidos como generales, pero con medios simples para apagar fuegos

Dressed like generals, but with meagre fire-fighting means

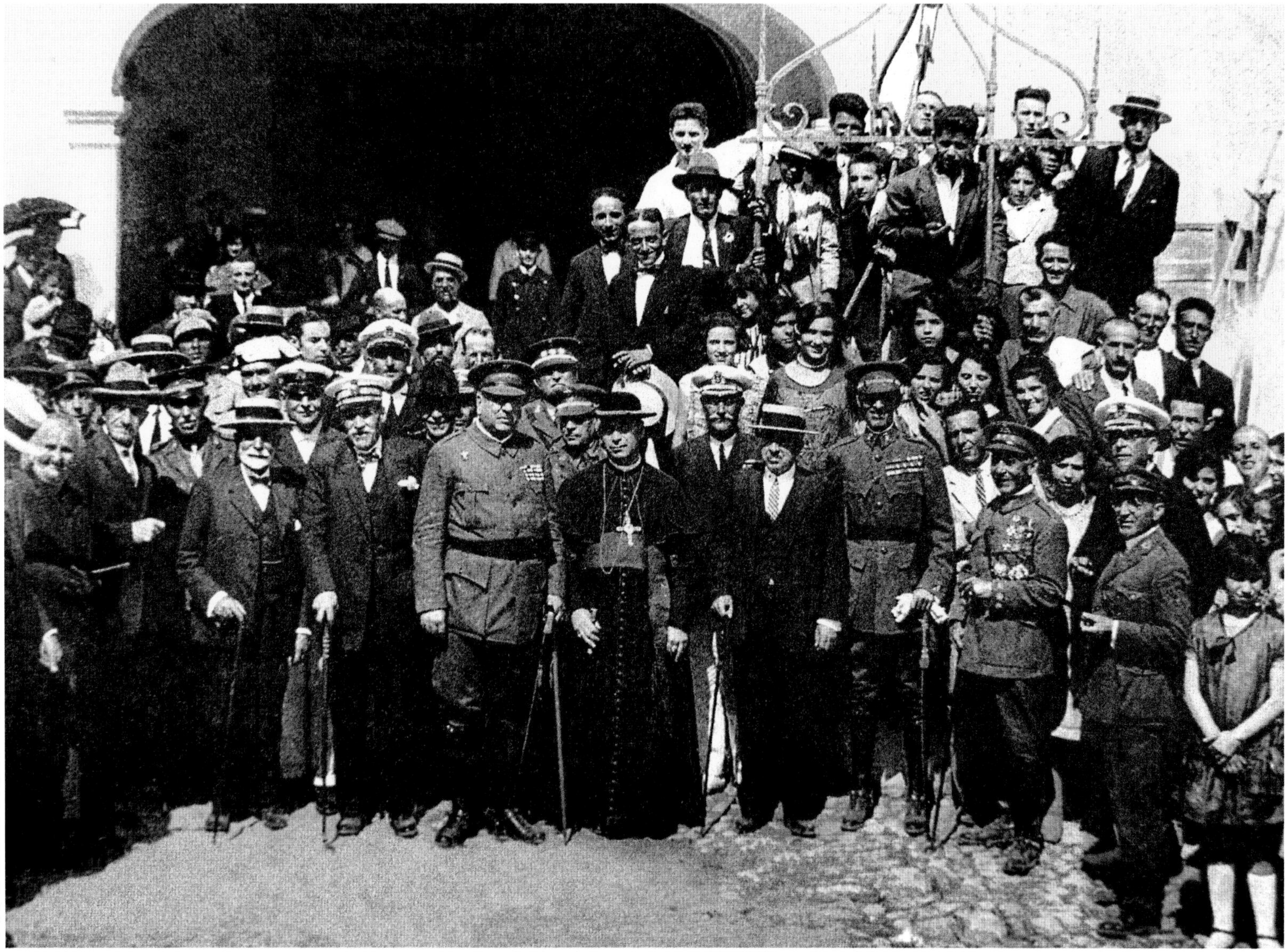

La muntanya aplega
tots els estaments en les
celebracions significades

La montaña reúne a todos los
estamentos en las grandes ocasiones

All social classes assemble at the
summit on important occasions

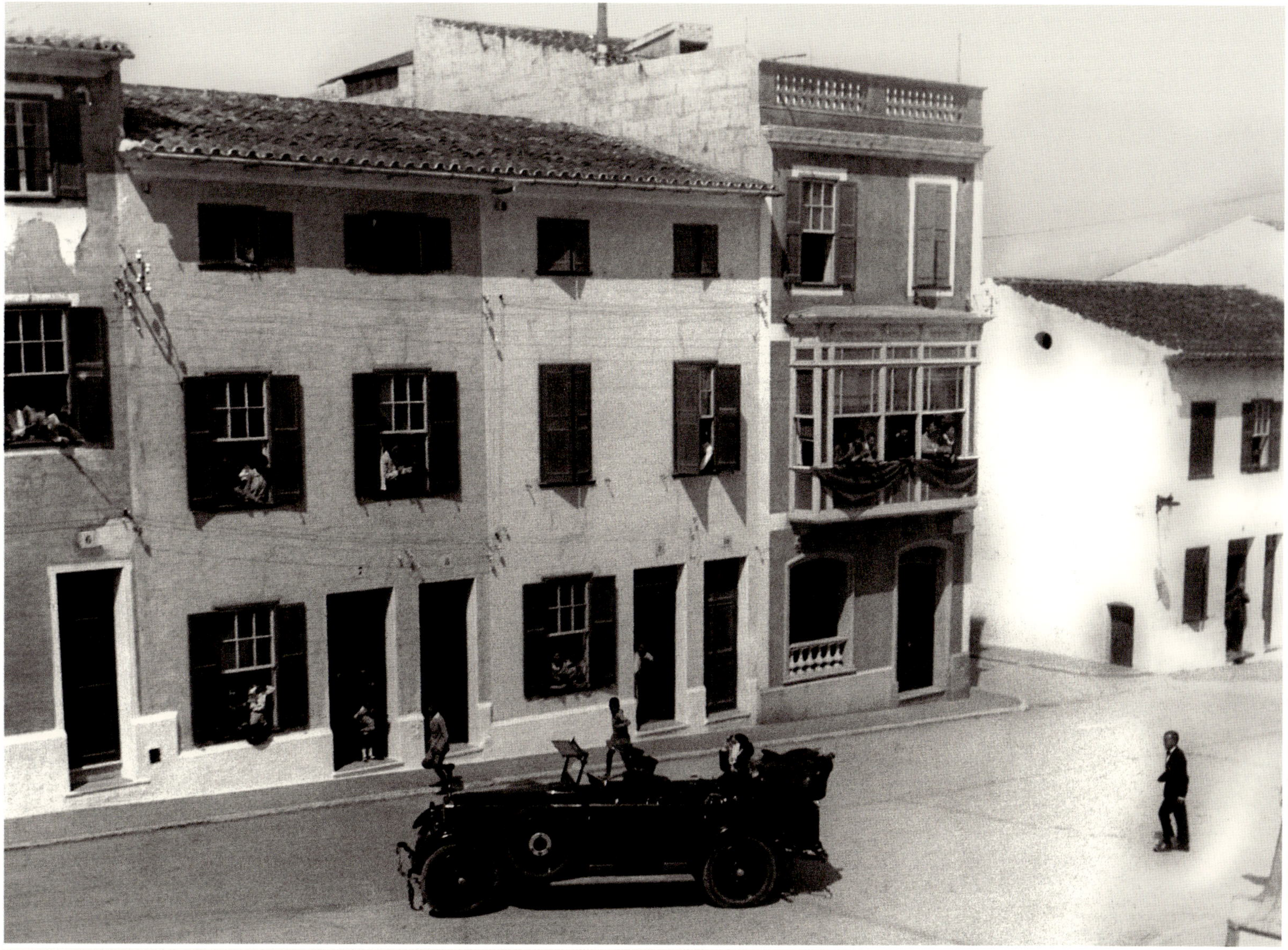

Gent que guaita i al·lots que corren... el president de la República va dins el cotxe

Gente que se asoma y niños que corren... el presidente de la República va en el coche

People watching, children running... the President of the Republic is in the car

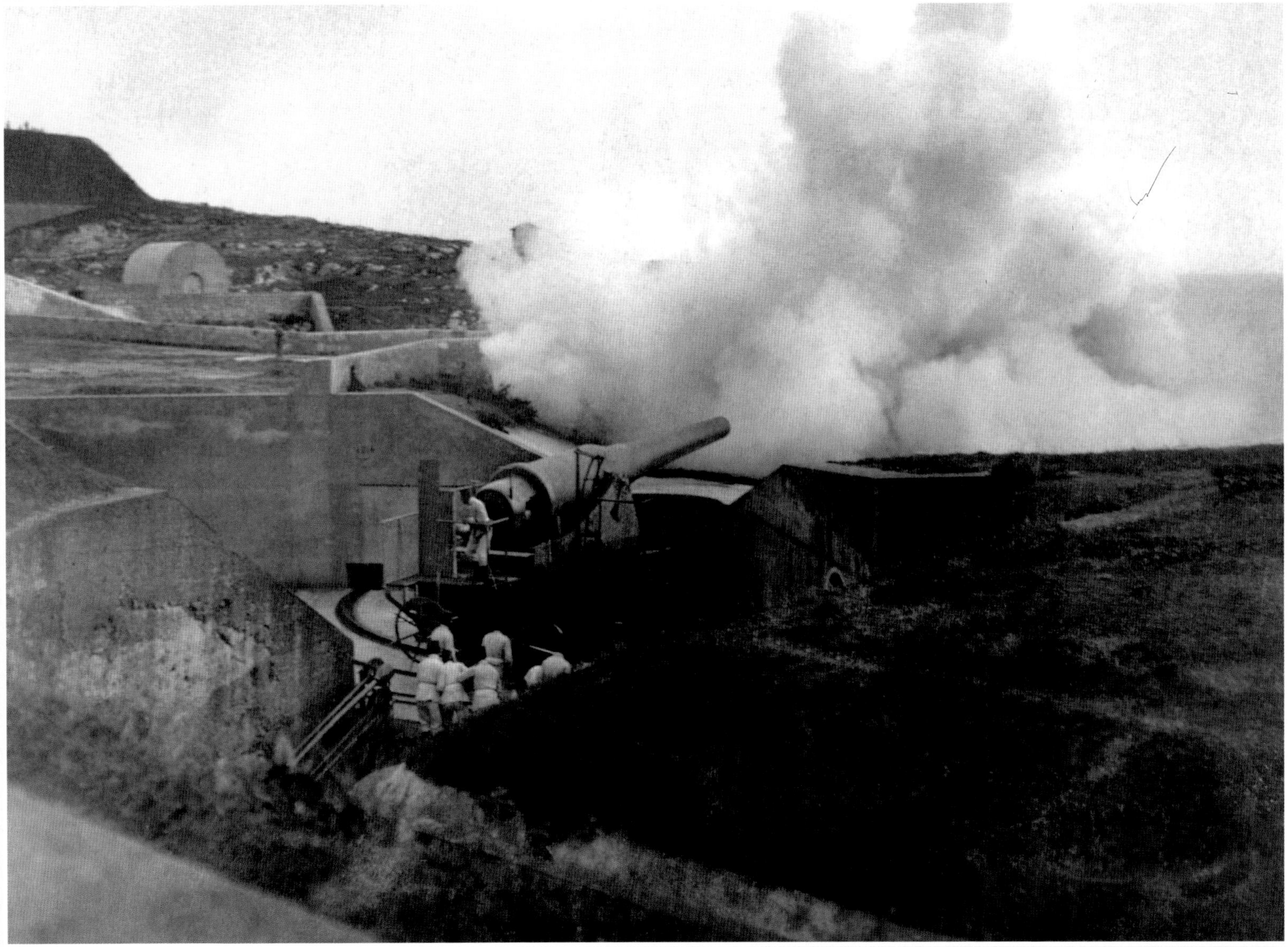

Les defenses han d'estar a
punt per si ataquen el port!

¡Las defensas tienen que estar a
punto por si atacan el puerto!

The defence of the port
is guaranteed

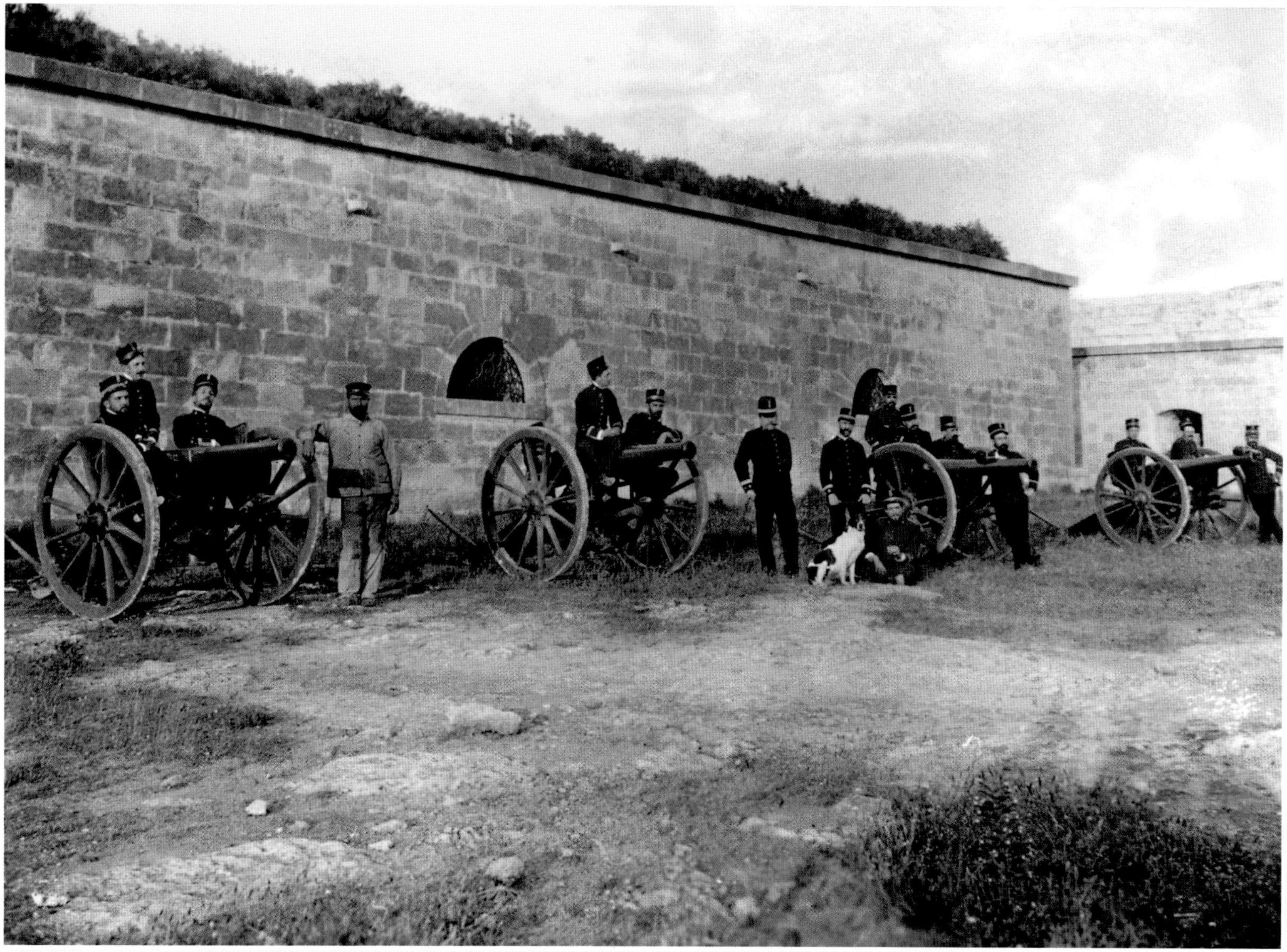

Els canons callen
perquè la càmera dispari

Los cañones callan
para que la cámara dispare

The cannons take a break
for the photographer

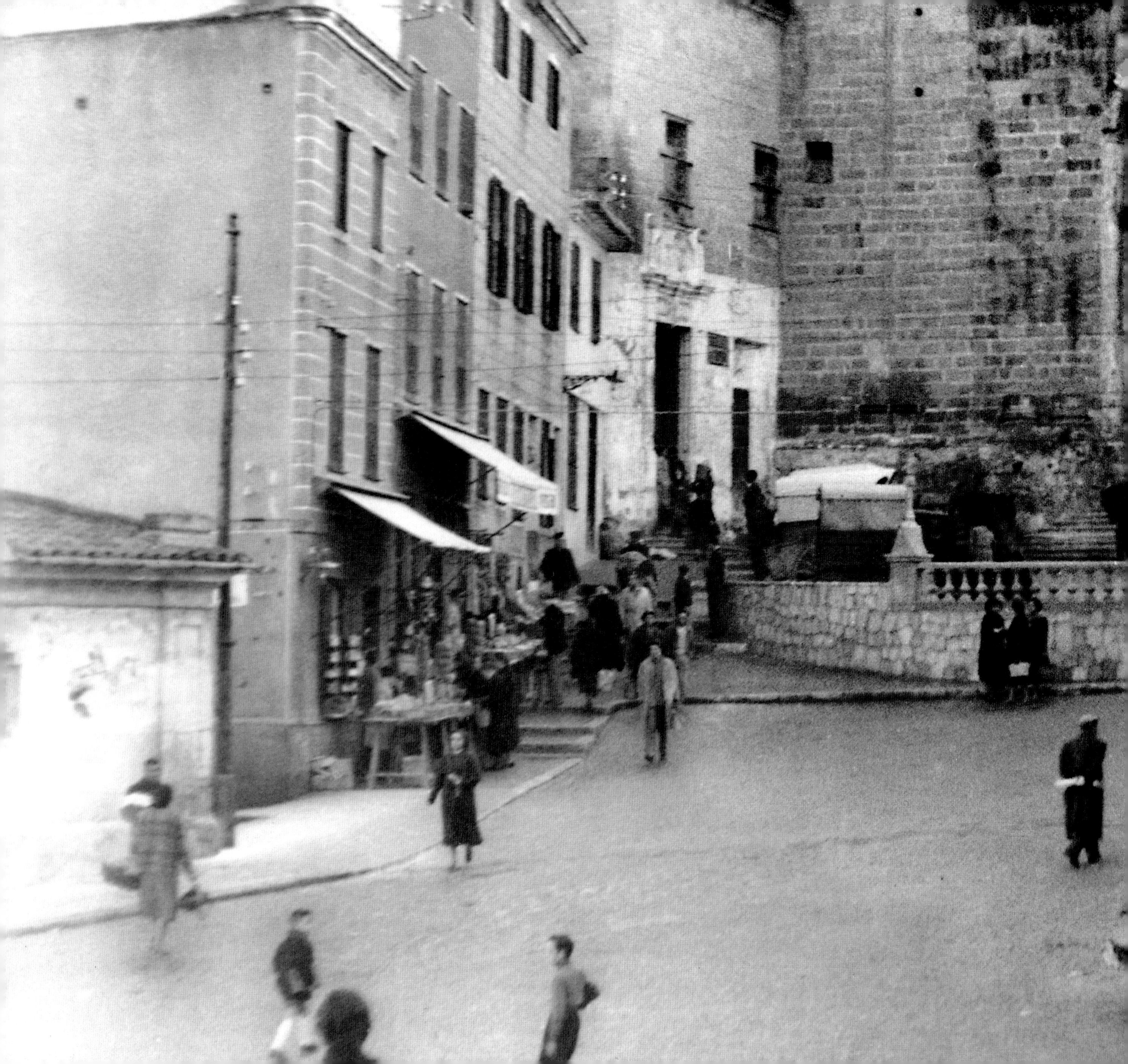

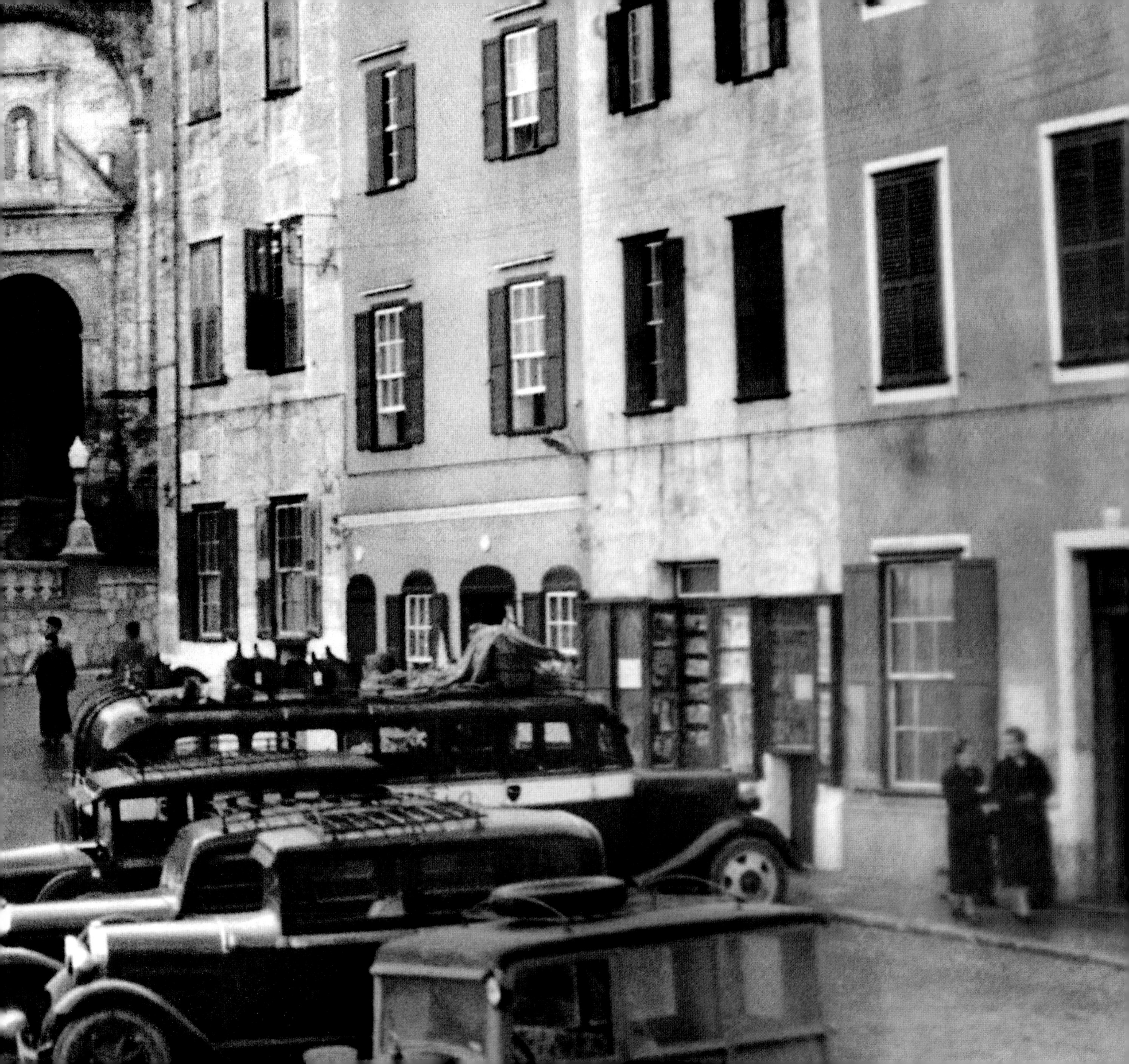

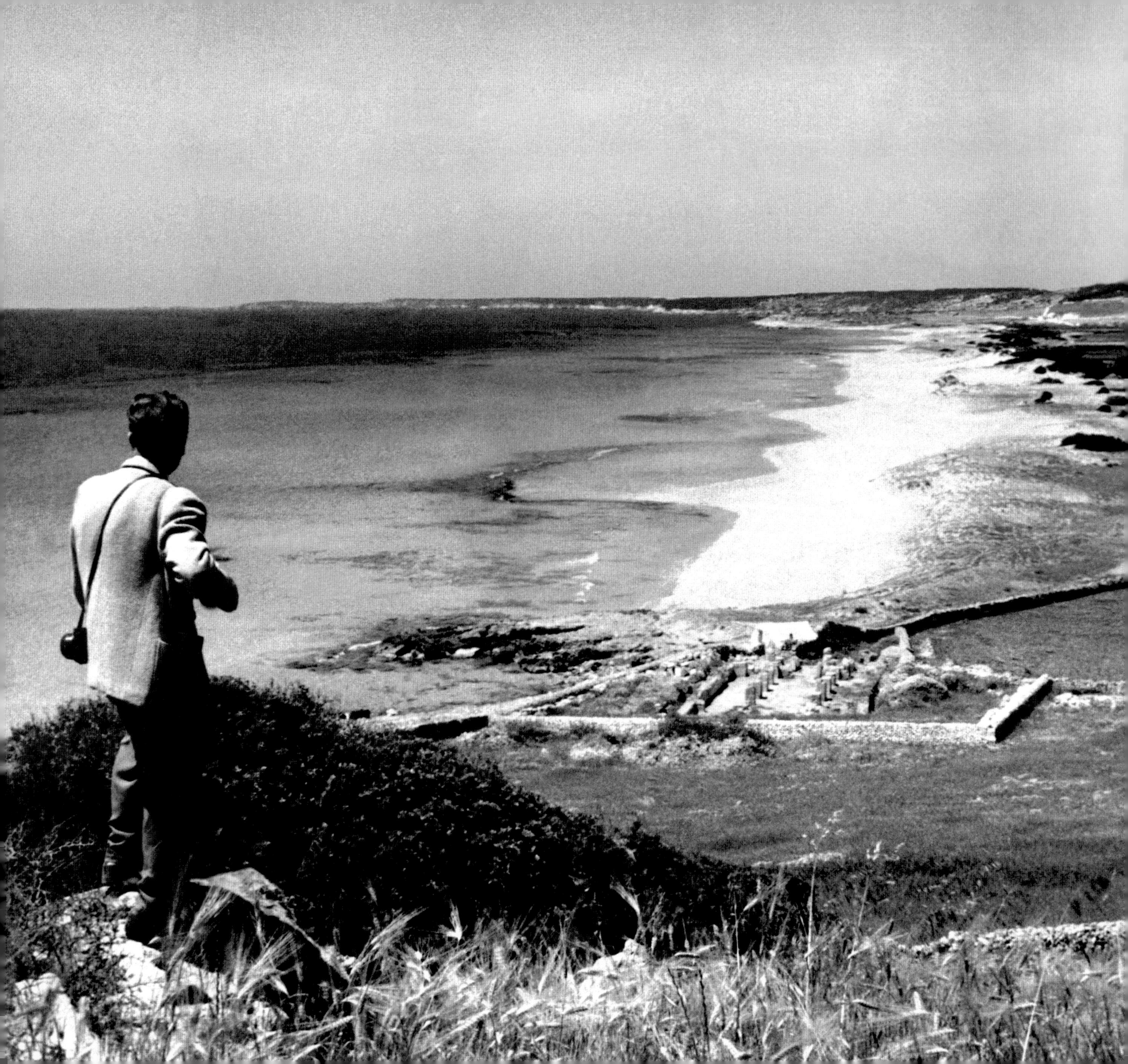

indrets

De totes les fotografies que aquí ens proposa la família Sturla, aquestes són tal vegada les que més petjada hauran de deixar a l'observador del present i del futur. Els canvis que l'activitat humana ha imprès a la costa, impulsats sobretot i bàsicament pel turisme, fan que l'espectador se sorprengui de l'evolució que ha sofert el litoral.

Estem a l'inici d'un camí, un nou món que parla llengües estrangeres i deixarà molts diners, a canvi del preu de modificar el paisatge. És un moment incipient, on les cales comencen a poblar-se, a urbanitzar-se, a rebre gents noves i pràctiques diferents. Si els interiors i les ciutats gairebé just han maquillat una mica la seva cara amb el pas del temps, i els edificis emblemàtics encara es mantenen immutables, les platges i cales han patit –salvant algunes excepcions– una vertadera operació de cirurgia estètica, que no sempre ha donat els resultats desitjats ni òptims.

Una vegada més, la càmera d'Sturla ens ha deixat el testimoni gràfic d'uns espais irrecuperables i bells, que ens permeten evocar una Menorca verge; també ens suggereix els inicis del turisme, una indústria transformadora del medi, inimaginable en els seus orígens.

SON BOU

Les restes paleocristianes demostren que la platja sempre ha tingut interès "urbanístic"

Les restos paleocristianos demuestran que la playa siempre ha tenido un interés "urbanístico"

The Paleochristian remains show that the beach has always been of urbanistic interest

De todas las fotografías que aquí nos propone la familia Sturla, éstas son quizás las que más huella dejarán en el observador del presente y del futuro. Los cambios que la actividad humana ha conformado en la costa, impulsados sobre todo y básicamente por el turismo, hacen que el espectador se sorprenda de la evolución que ha sufrido el litoral.

Estamos en el inicio de un camino, un nuevo mundo que habla lenguas extranjeras y dejará mucho dinero, a cambio del precio de modificar el paisaje. Es un momento incipiente, cuando las calas empiezan a poblarse, a urbanizarse, a recibir gentes nuevas y prácticas diferentes. Si el interior y las ciudades apenas han maquillado algo su cara con el paso del tiempo, y los edificios emblemáticos todavía se mantienen inmutables, las playas y calas han sufrido –salvando algunas excepciones– una verdadera operación de cirugía estética, que no siempre ha dado los resultados deseados ni óptimos.

Una vez más, la cámara de Sturla nos ha dejado el testimonio gráfico de unos espacios irrecuperables y bellos, que nos permiten evocar una Menorca virgen; también nos sugiere los inicios del turismo, una industria transformadora del medio, inimaginable en sus orígenes.

Of all the photographs offered to us by the Sturla family, these perhaps will have the greatest effect on the present and future observer. Here we will be surprised by the changes wrought on the coastline by the hand of man, most of them a direct result of the promotion of tourism.

We are at the beginning of a new age, a new world which speaks foreign languages and will bring wealth, the price of which is the modification of the geography and configuration of the land. It is an incipient moment, when the first buildings and developments appear in the coves, along with new people and different customs. If inland, the cities and towns have merely been tidied up a little over the years, and the most emblematic buildings remain untouched, the beaches and coves (with a few exceptions) have undergone plastic surgery that has not always produced the desired or most favourable results.

Once again, Sturla's camera bequeaths to us a graphic testimony of many beautiful places that are now irretrievable. They allow us to evoke a virgin Menorca and envisage on the horizon the emergence of tourism, an industry that transforms the environment to a degree unimaginable at that time.

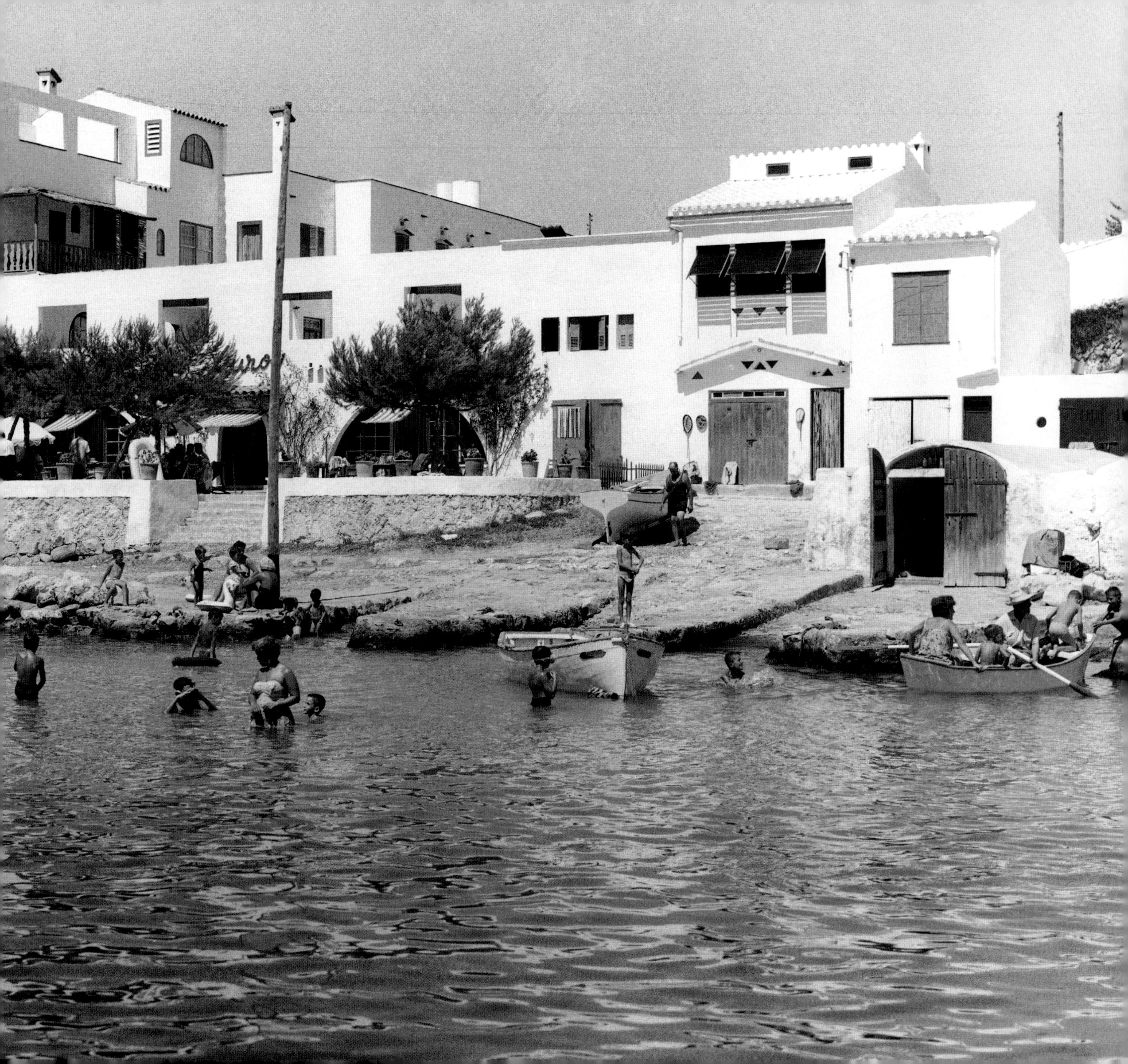

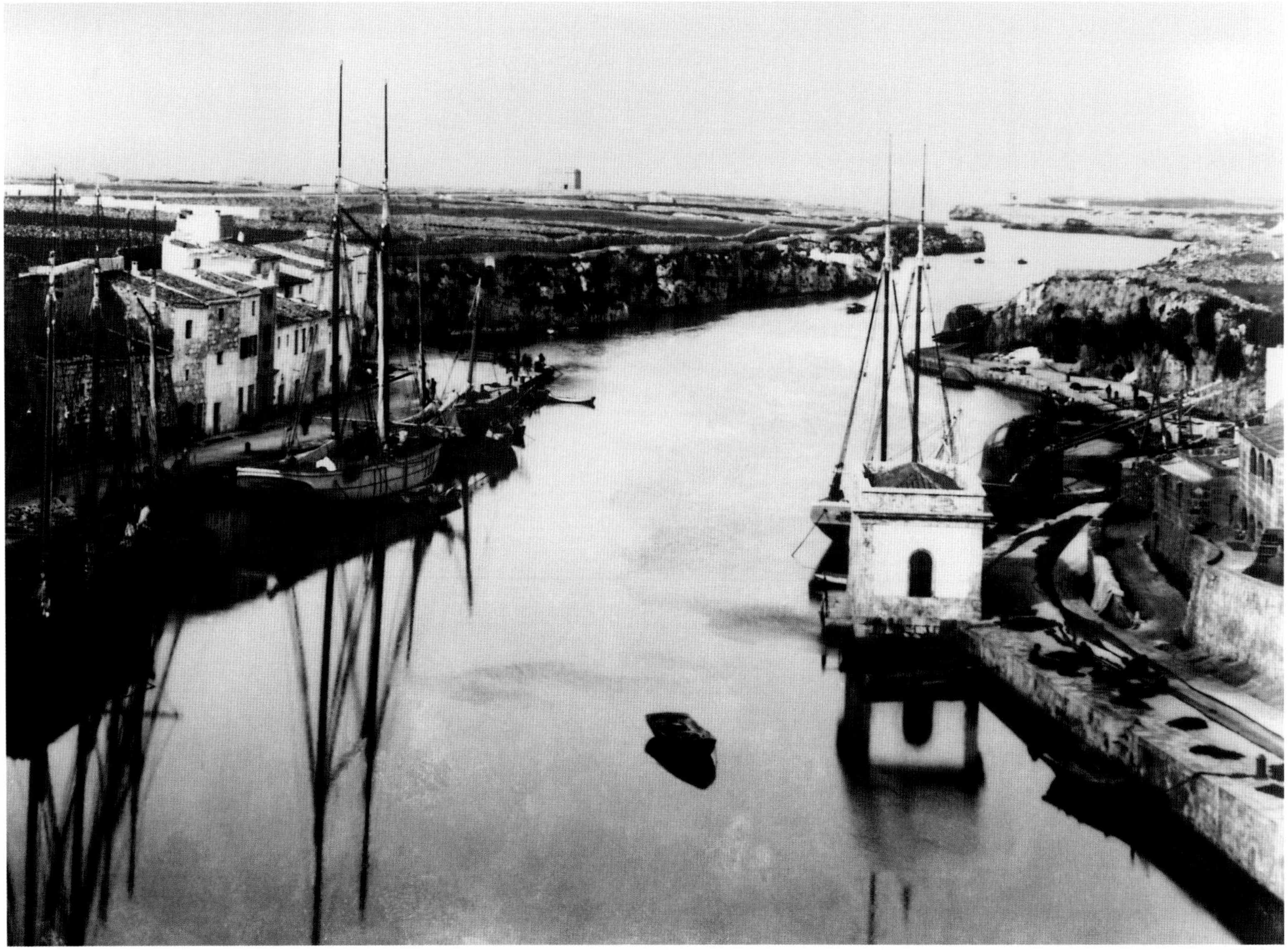

L'aigua, un mirall que empelta de pau el port

El agua, un espejo que contagia de paz el puerto

The water of the port, calm as a millpond

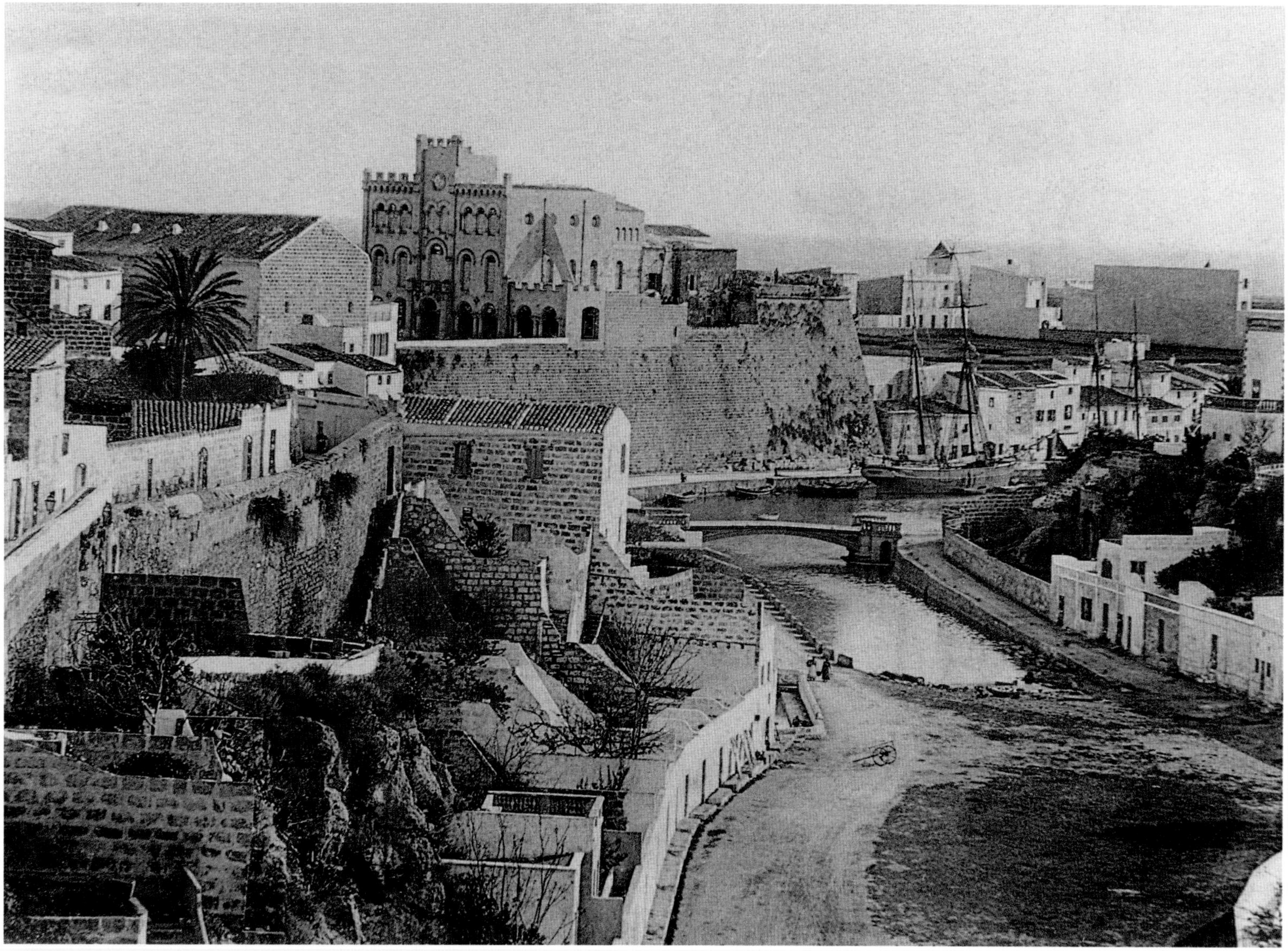

Gairebé com un dibuix, una estampa del Pla, el port i l'Ajuntament

Casi como un dibujo, una estampa del Pla, el puerto y el Ayuntamiento

Es Pla, the port and the Town Hall appear as in a sketch

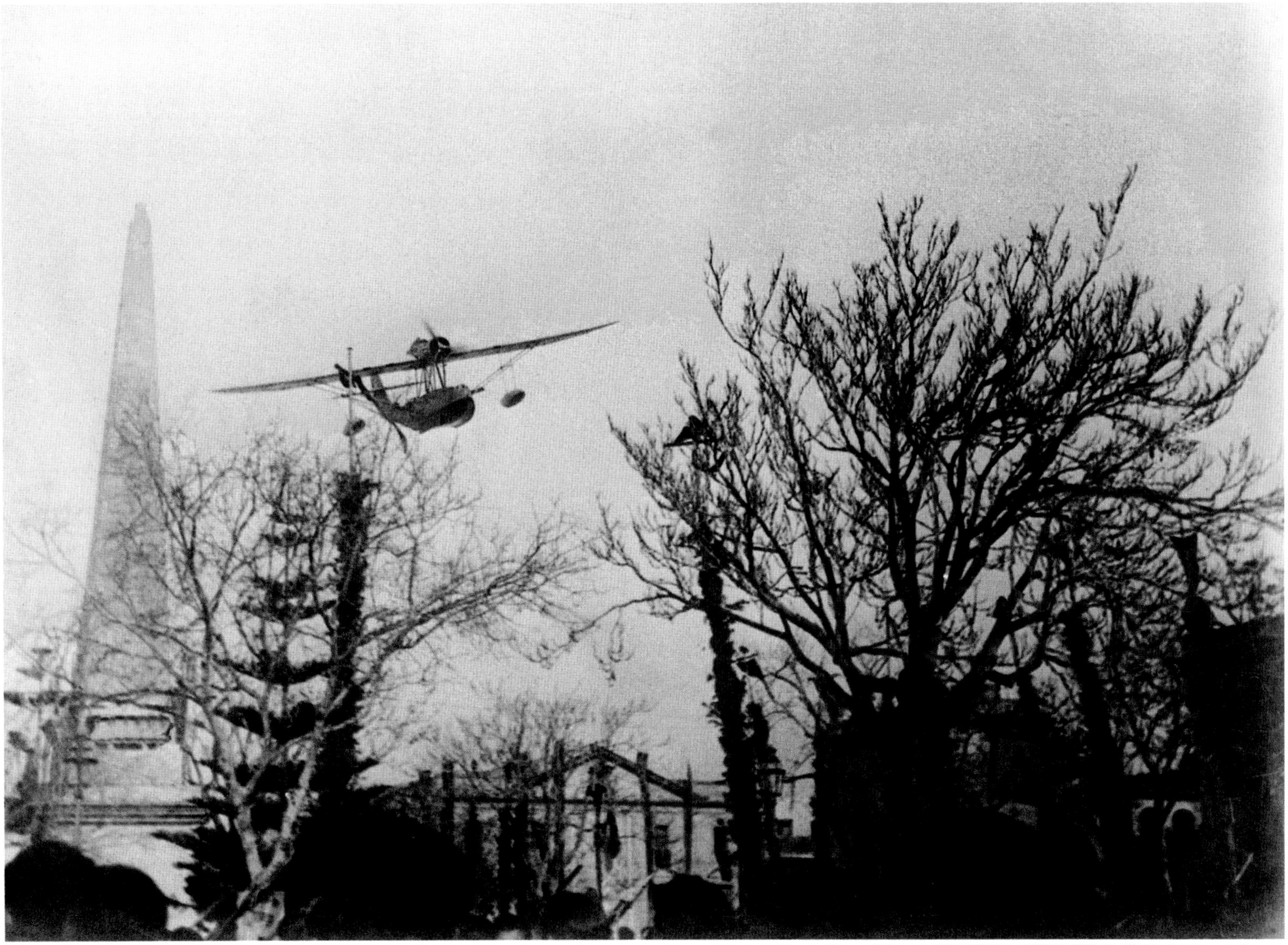

L'hidroavió sorteja obelisc i arbres en passar sobre el Born

El hidroavión sortea obelisco y árboles al pasar sobre el Born

A hydroplane dodges obelisk and trees as it flies over the Born

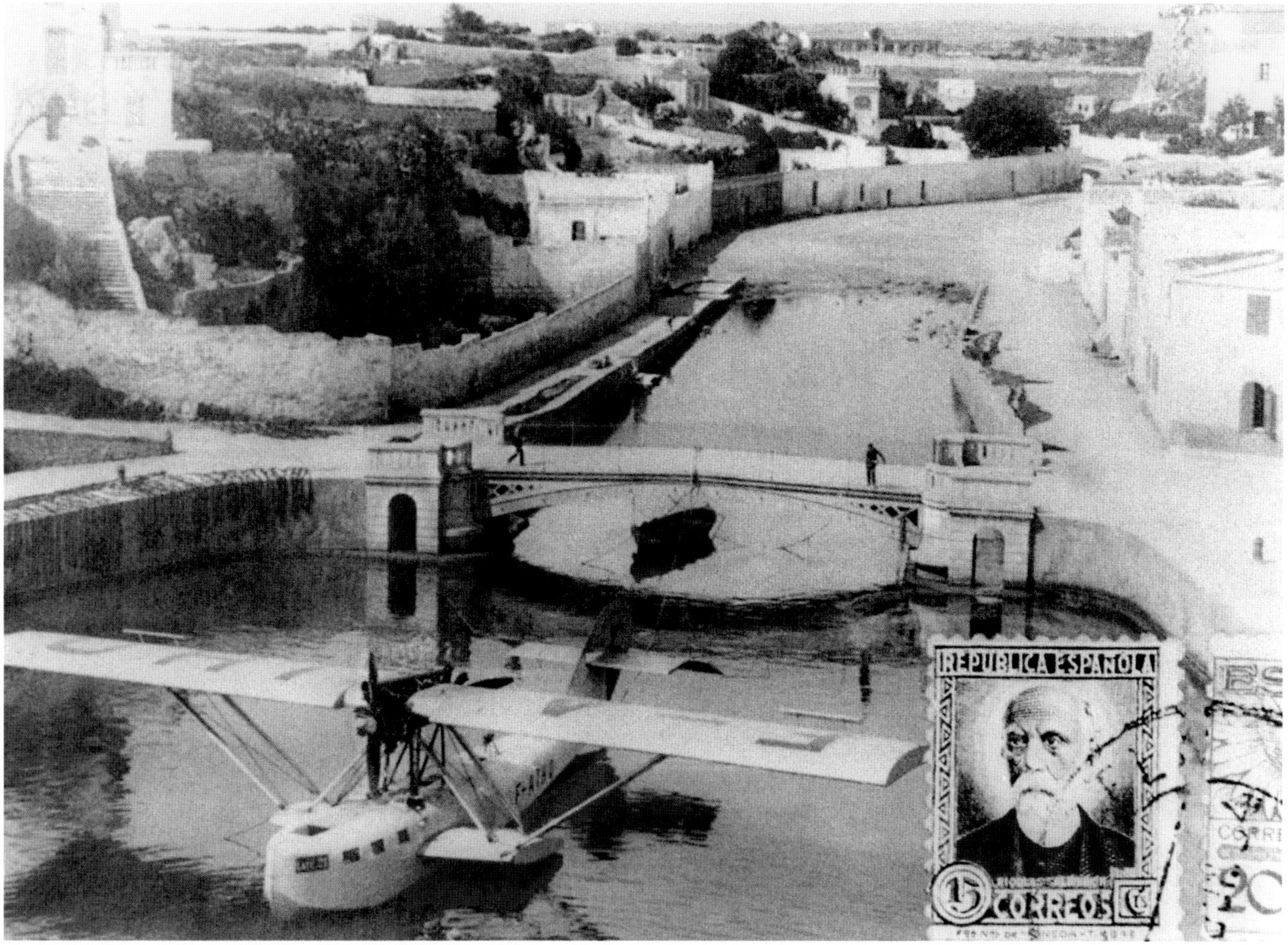

El segell dóna ales a la imatge, que així esdevé postal

El sello da alas a la imagen, que así se transforma en postal

A stamp turns a photograph into a postcard

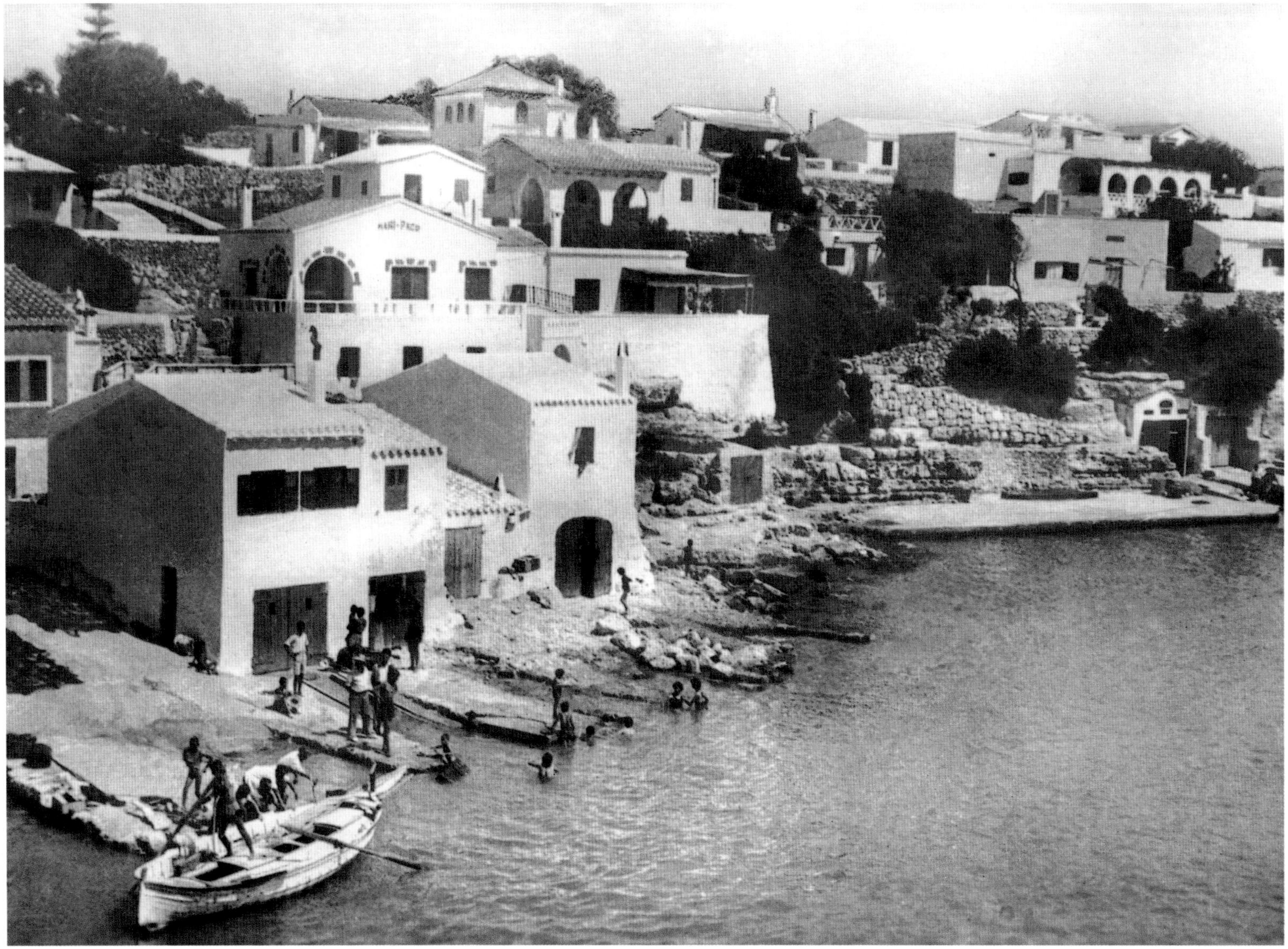

Una vorera atapeïda de cases
és testimoni dels jocs d'estiu

Una orilla a rebosar de casas es
testigo de los juegos de verano

The shoreline, packed with houses,
is witness to summer games

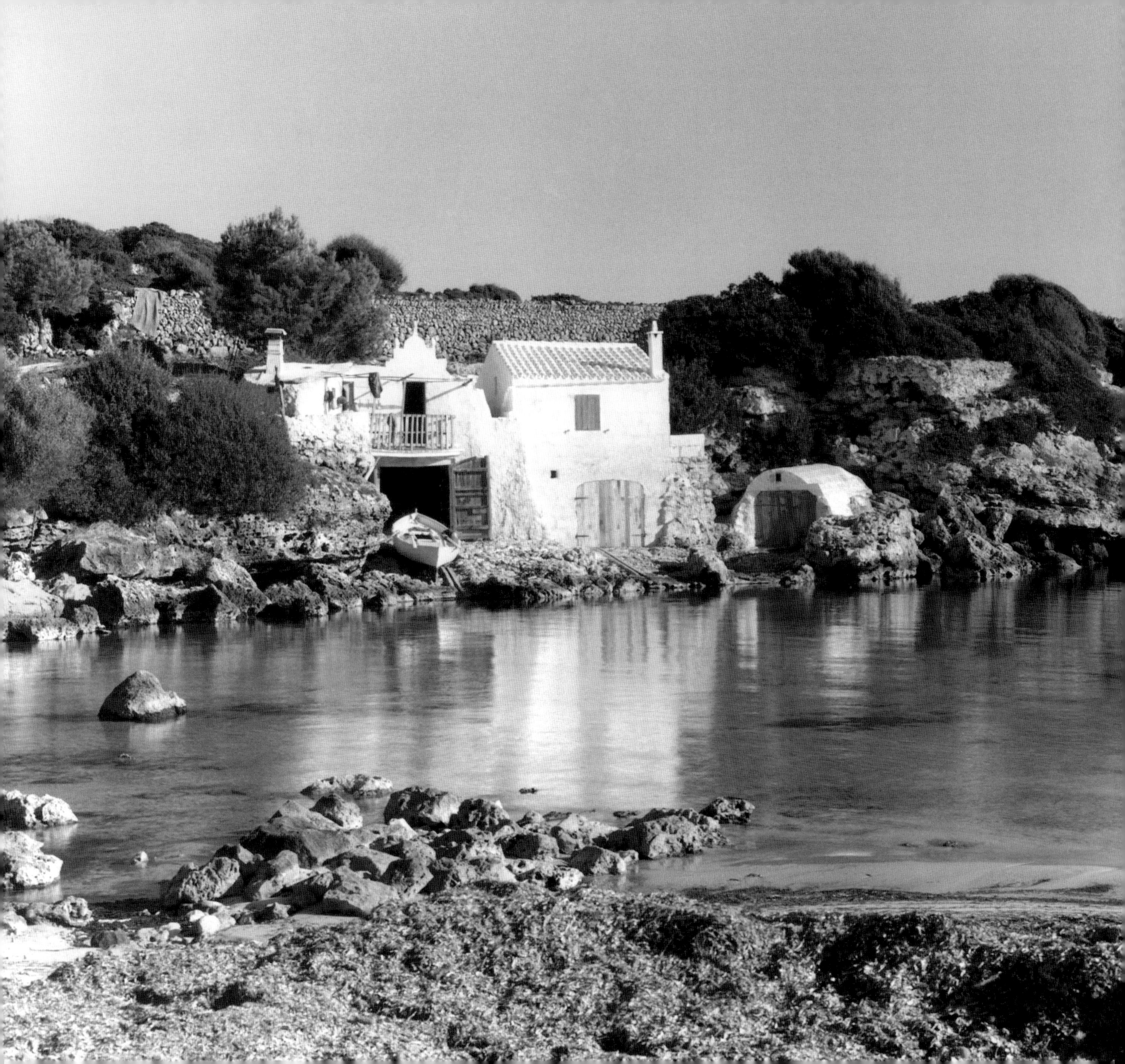

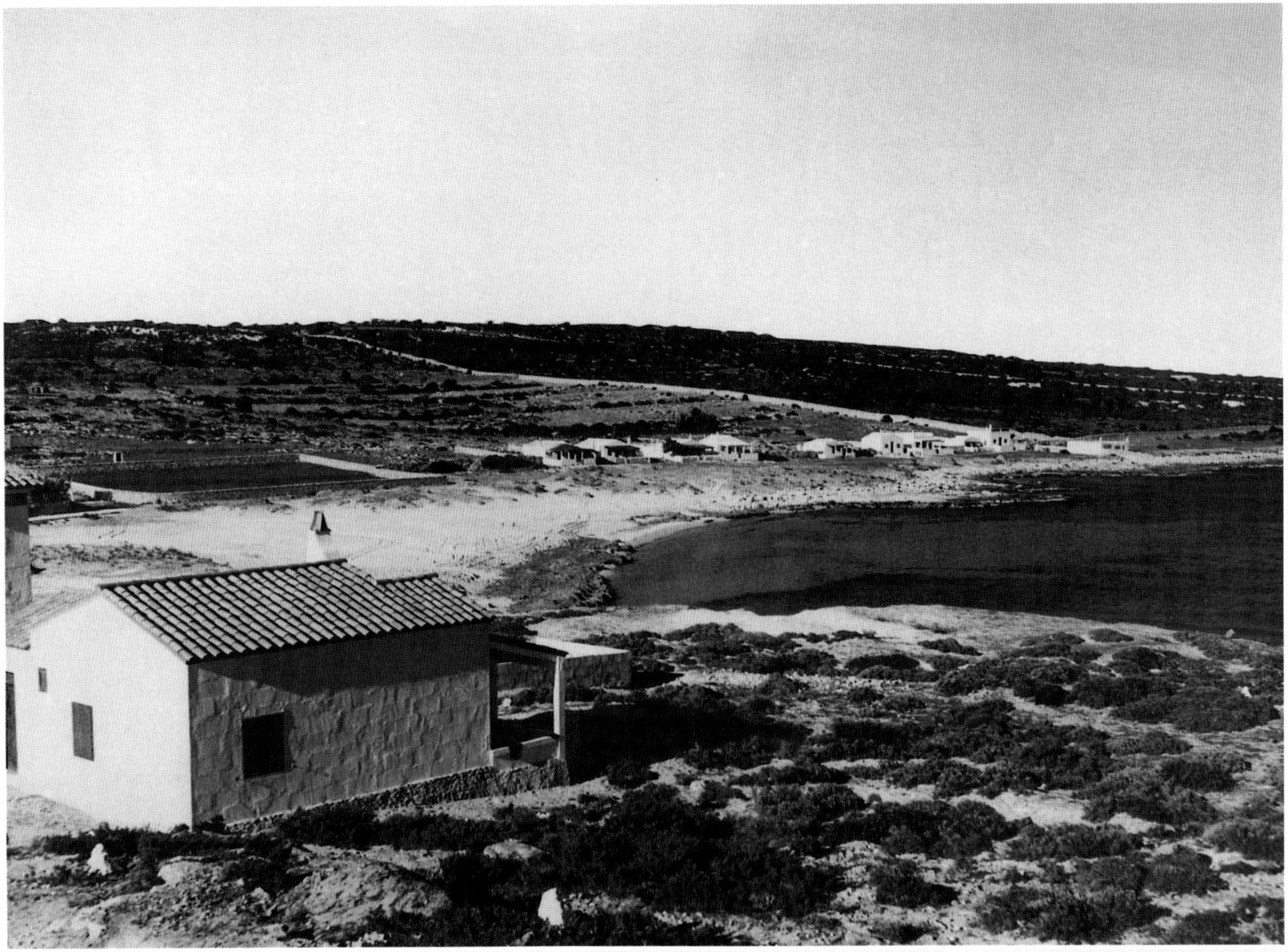

La costa passa en poc temps
de tenir poques cases...

La costa pasa en poco tiempo
de tener pocas casas...

How the face of Punta Prima
changed in just a short time...

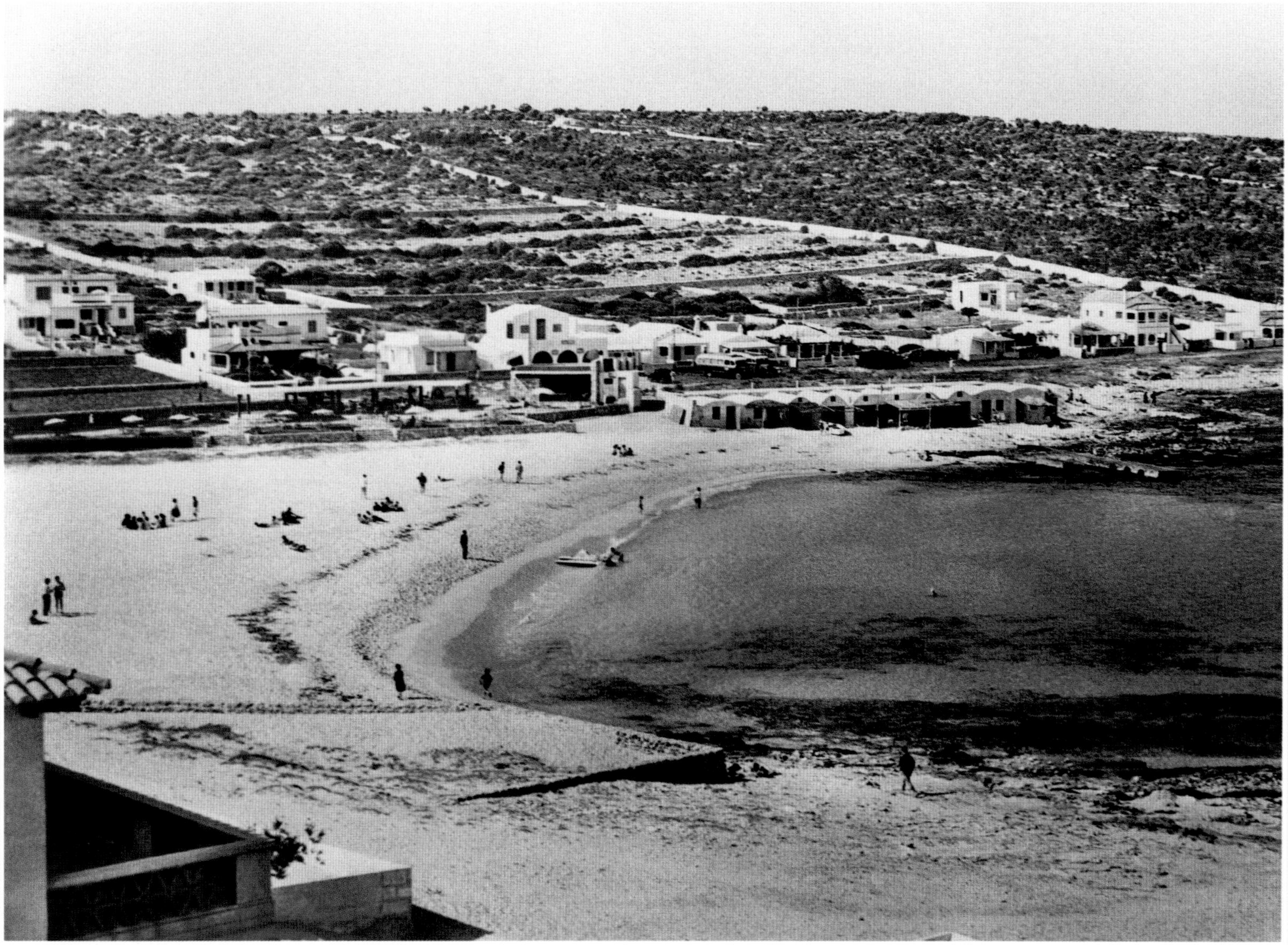

...a experimentar un creixement urbanístic, que no s'atura aquí

...a experimentar un crecimiento urbanístico, que no acaba aquí

...and this was just the beginning

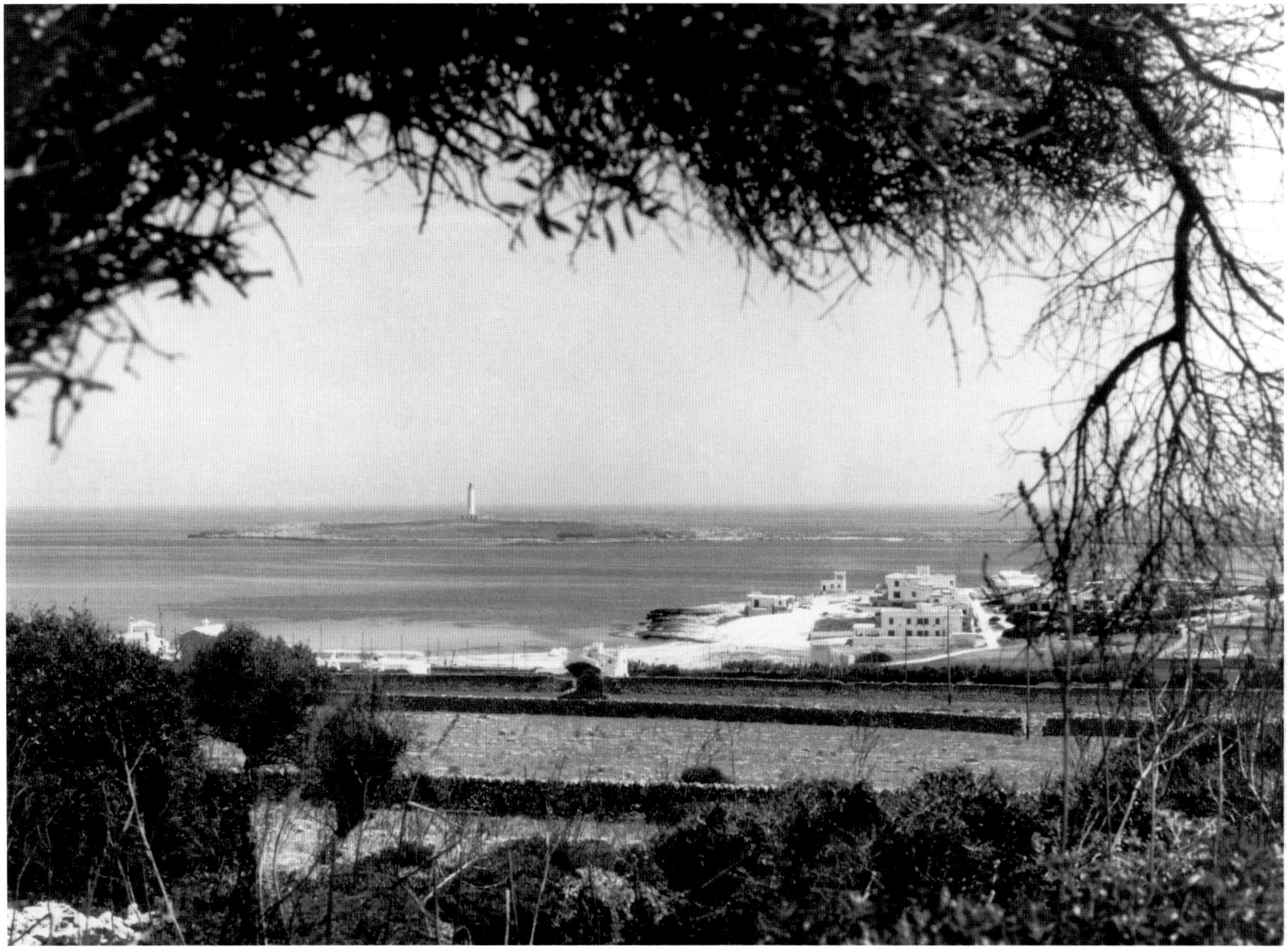

La solitud del far de l'illa de l'Aire contrasta amb un litoral que es va poblant

La soledad del faro de la isla del Aire contrasta con un litoral que se va poblando

The solitary lighthouse on the Illa del Aire contrasts with the increasingly developed coastline

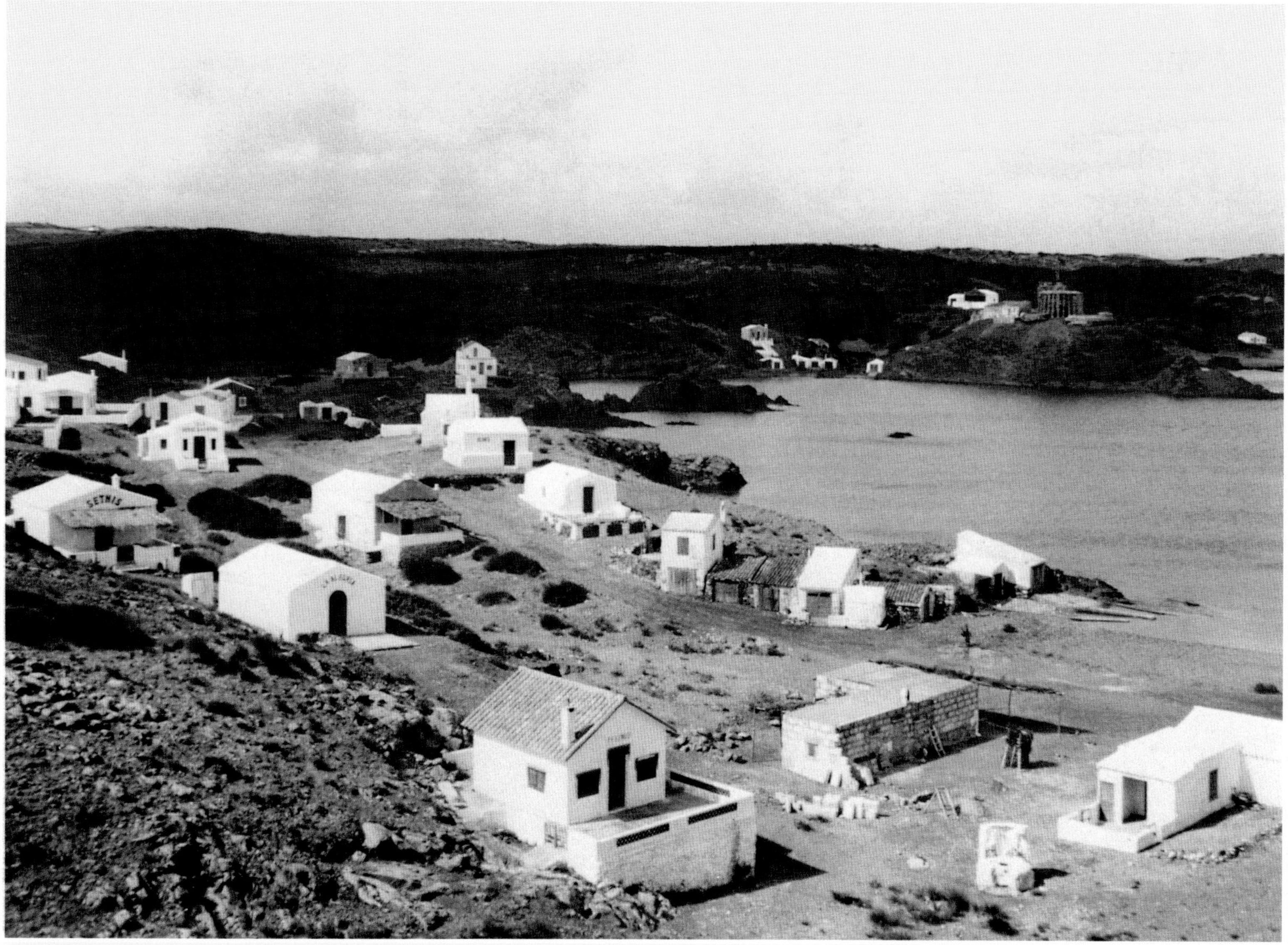

▲

Quan hi ha lloc per a tots, no cal amuntegar-se

▲

Cuando hay sitio para todos, no hace falta amontonarse

▲

When there's room for everyone, there's no need for crowding

▲

SA MESQUIDA

▶▶

Afegiu-hi les cases i els hotels i reconeixereu la platja

▶▶

Añadid las casas y los hoteles y reconoceréis la playa

▶▶

Add the hotels and houses and you may just recognize this beach

▶▶

SON BOU

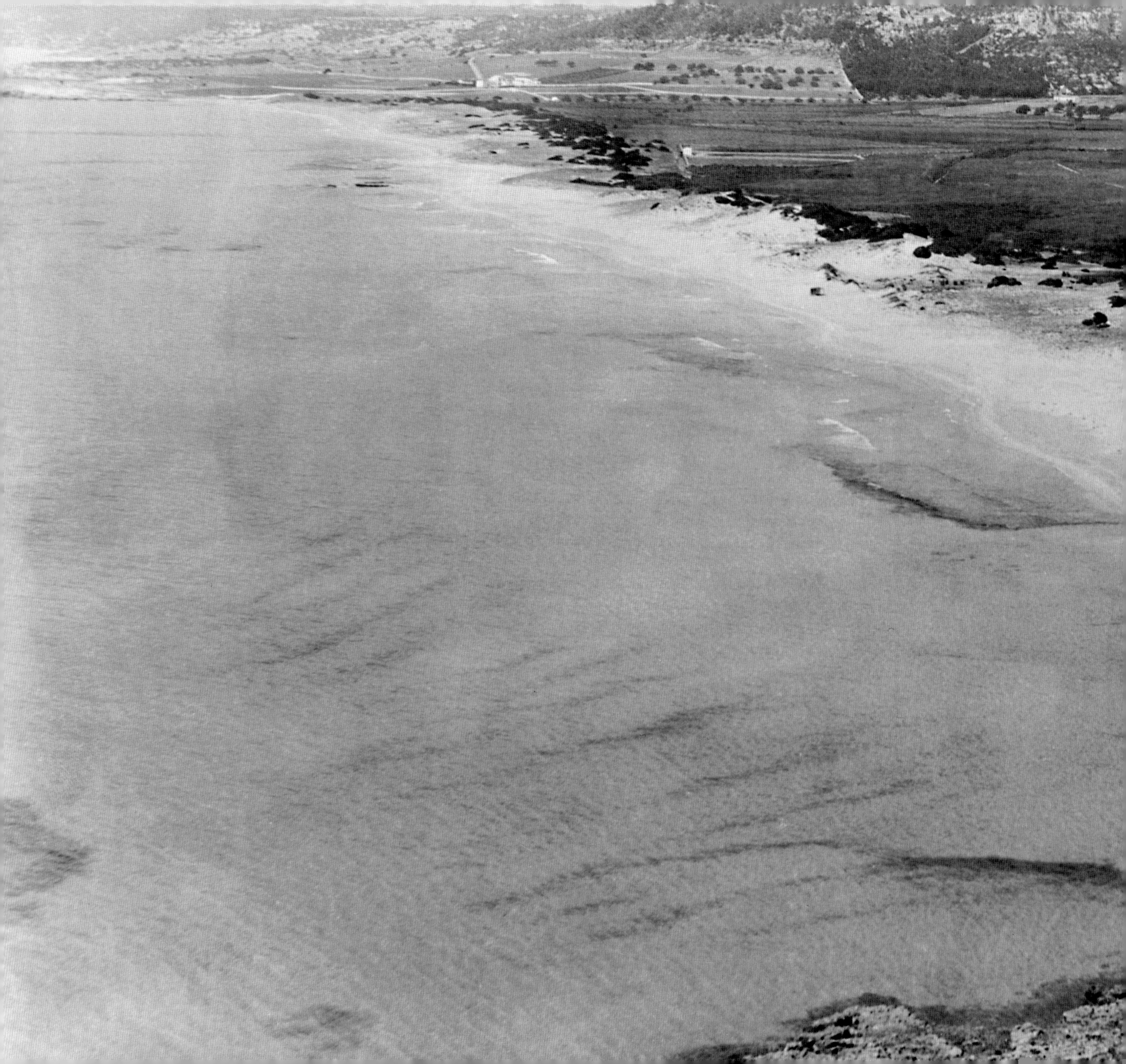

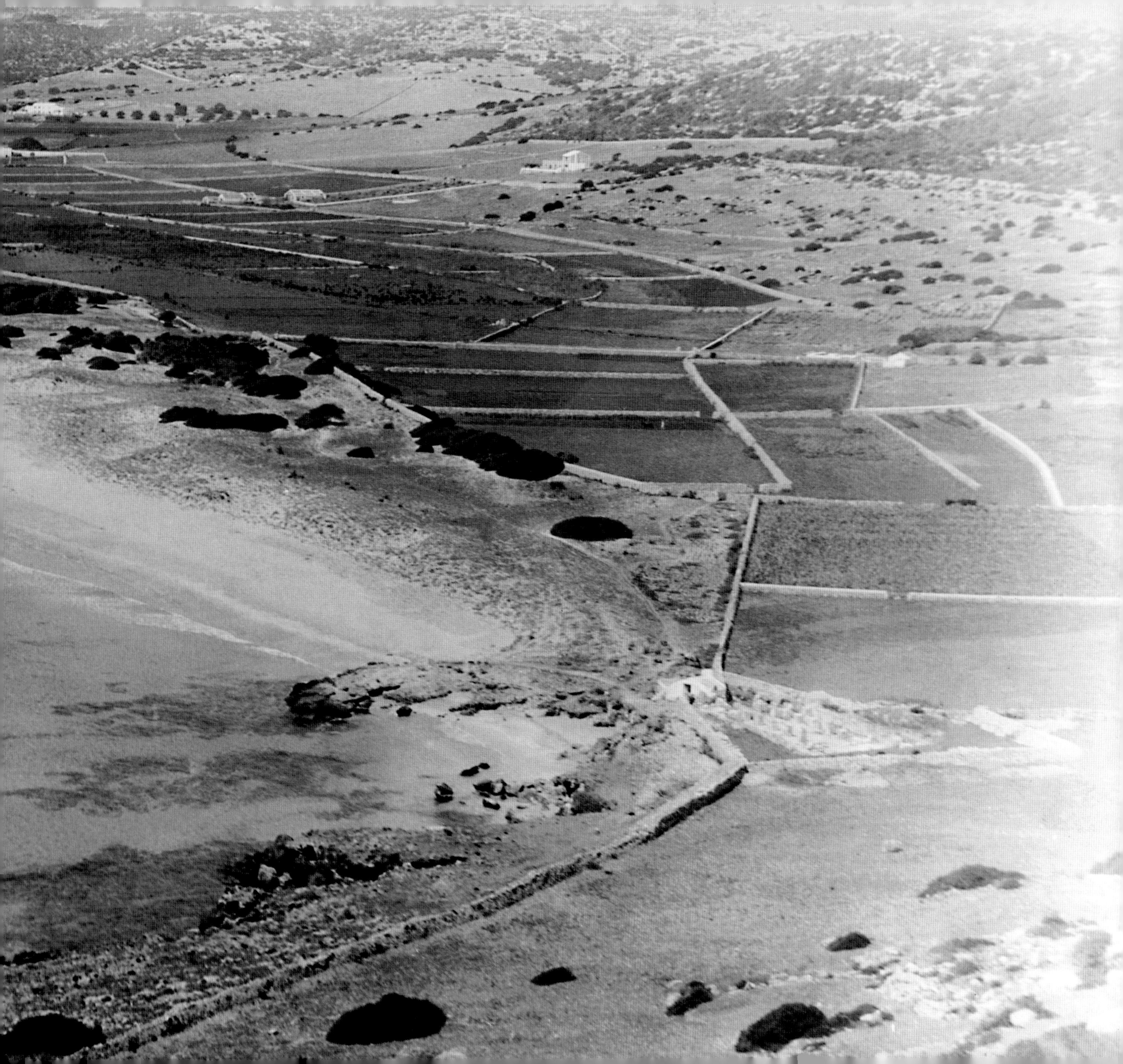

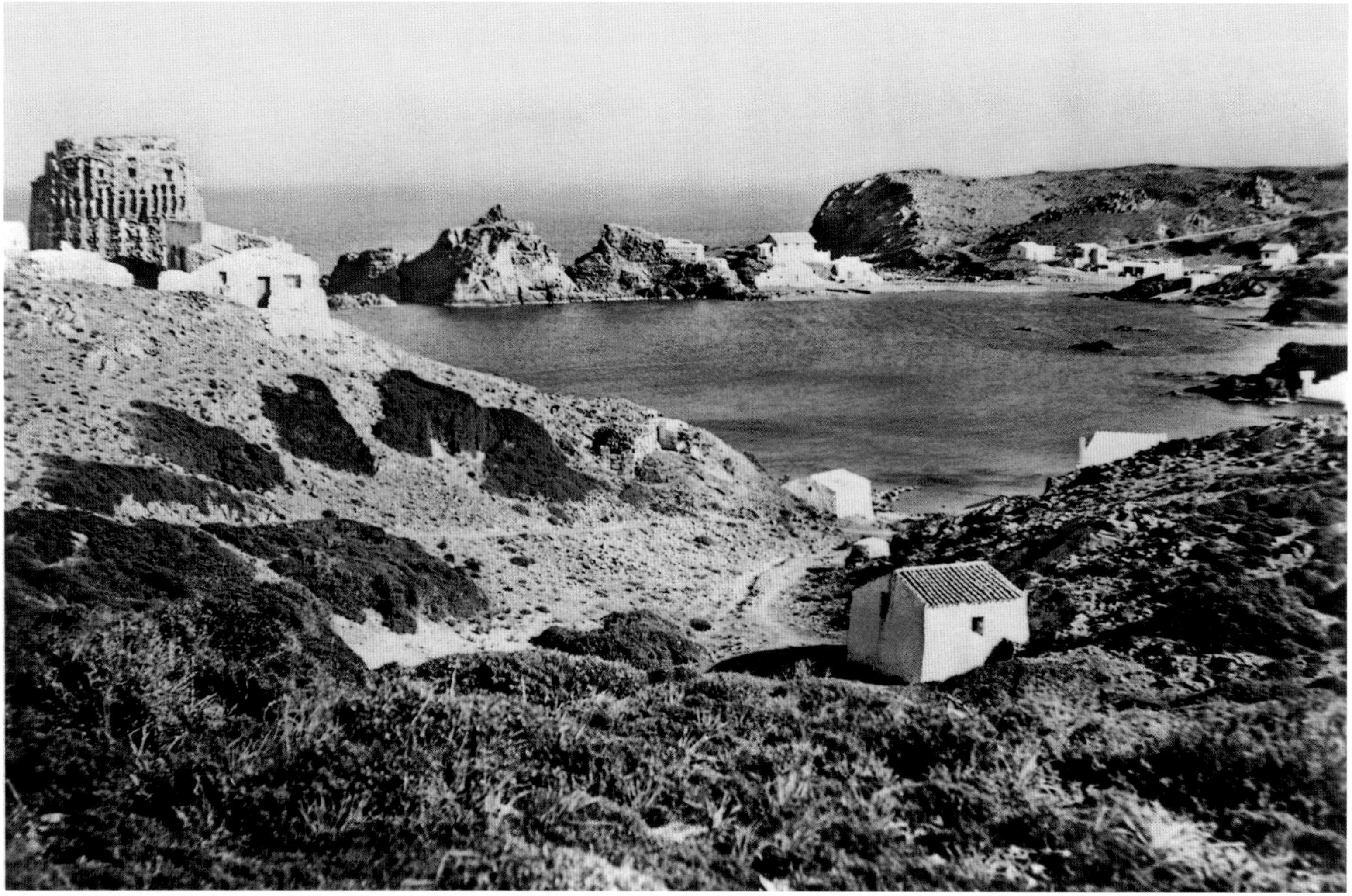

La torre contempla com les cases van esquitxant la costa

La torre contempla cómo las casas van salpicando la costa

The tower observes the growing number of houses on the coast

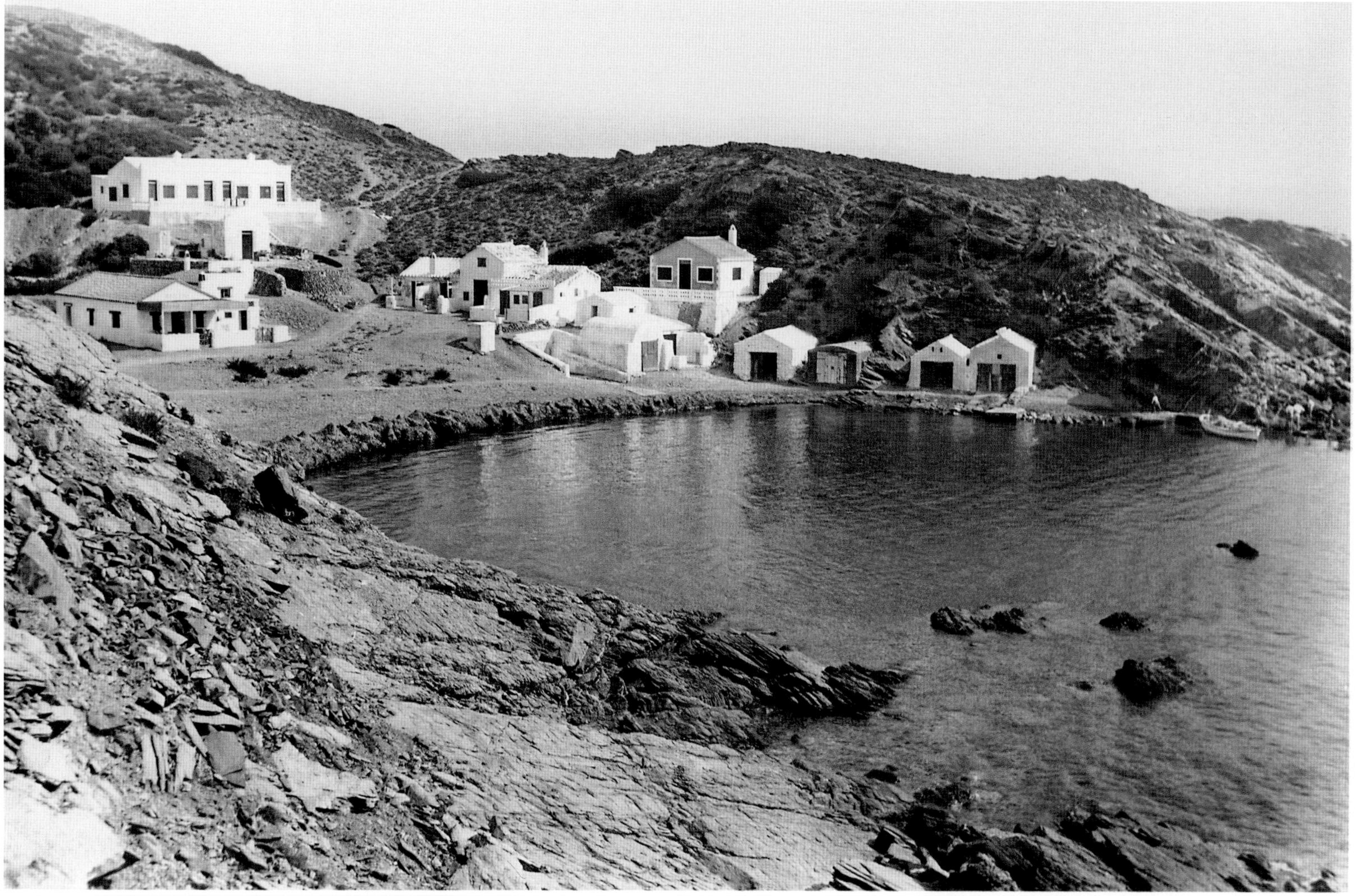

Un amagatall per a unes vacances privilegiades

Un escondite para unas vacaciones privilegiadas

A privileged holiday hideaway

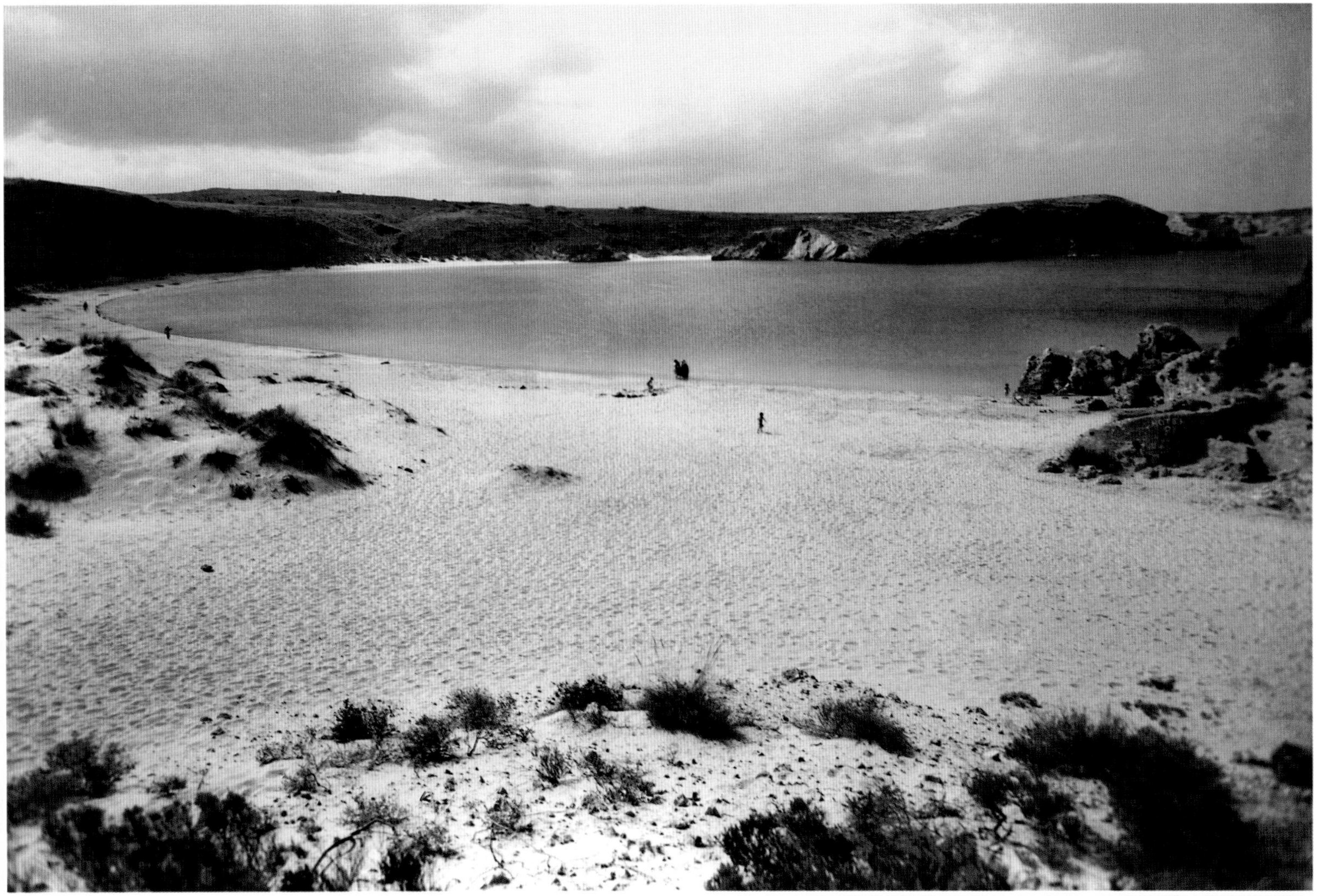

Al cap del jorn, el darrer passeig per damunt l'arena

Al final de la jornada, el último paseo sobre la arena

A final stroll along the beach at day's end

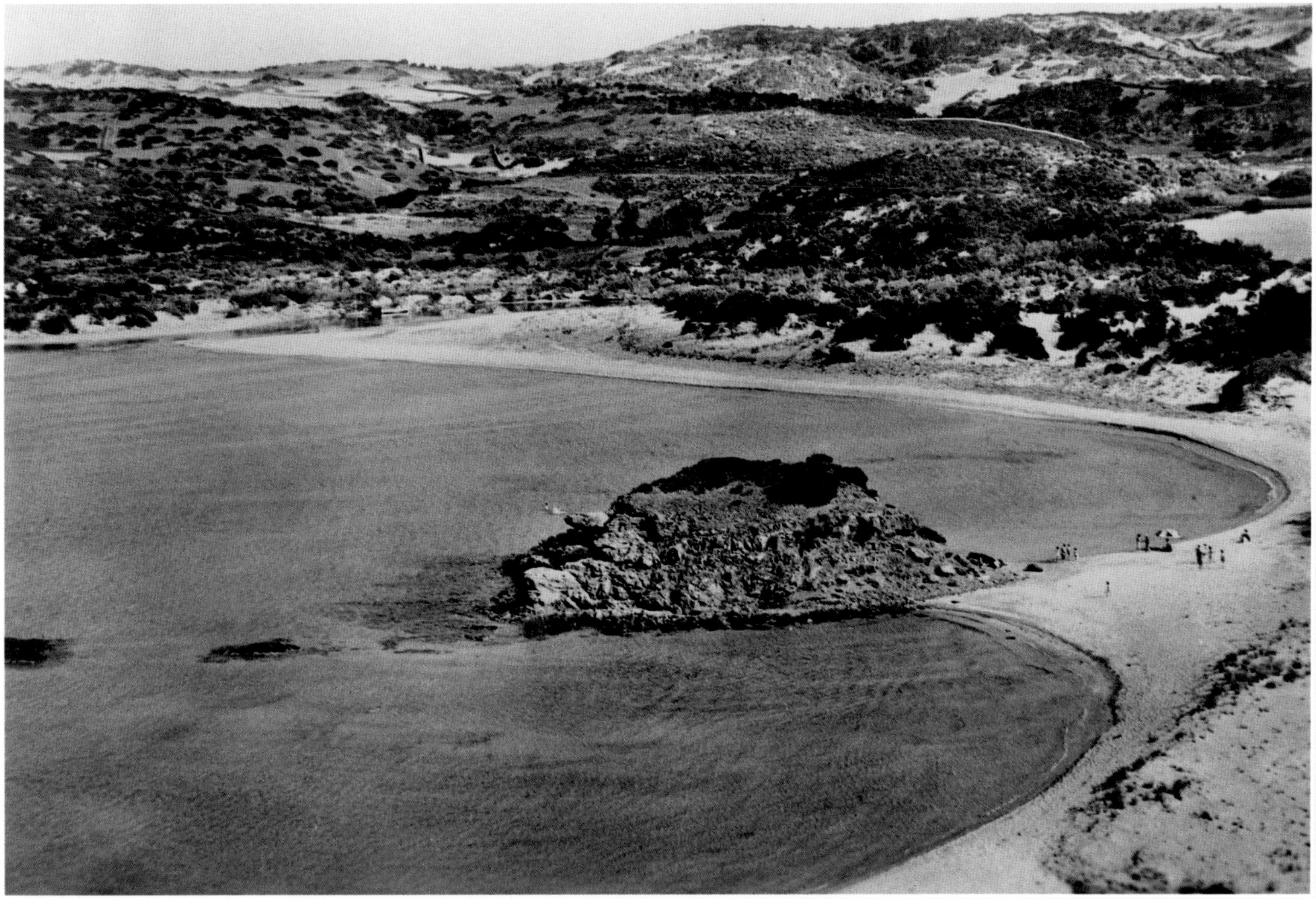

La platja amaga la veïna albufera, un paradís natural

La playa esconde la vecina albufera, un paraíso natural

The natural paradise of the *albufera* is hidden behind the beach

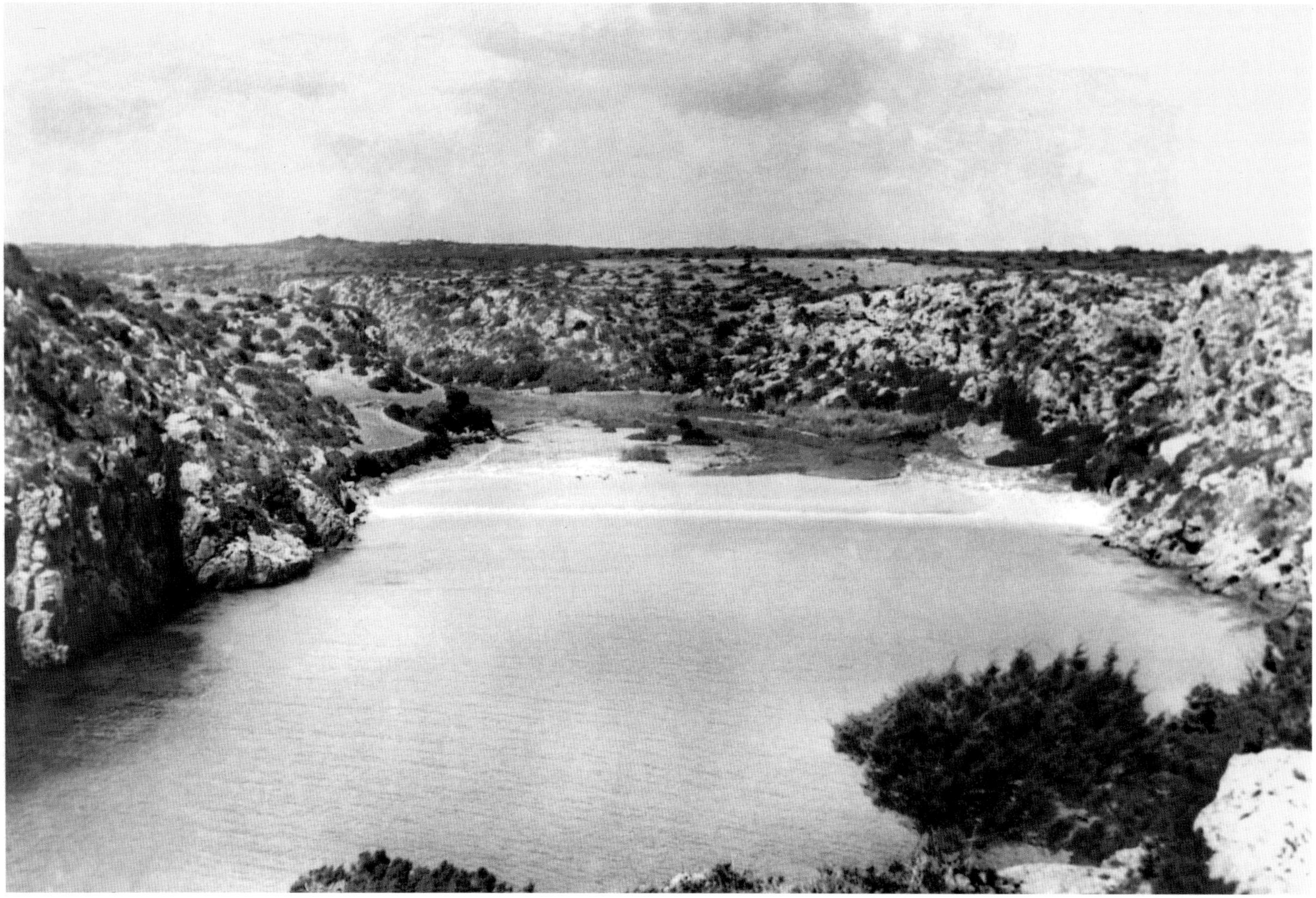

Absolutament verge, sense rastre de presència humana

Absolutamente virgen, sin rastro de presencia humana

Absolutely virgin, as yet unspoilt by human hand

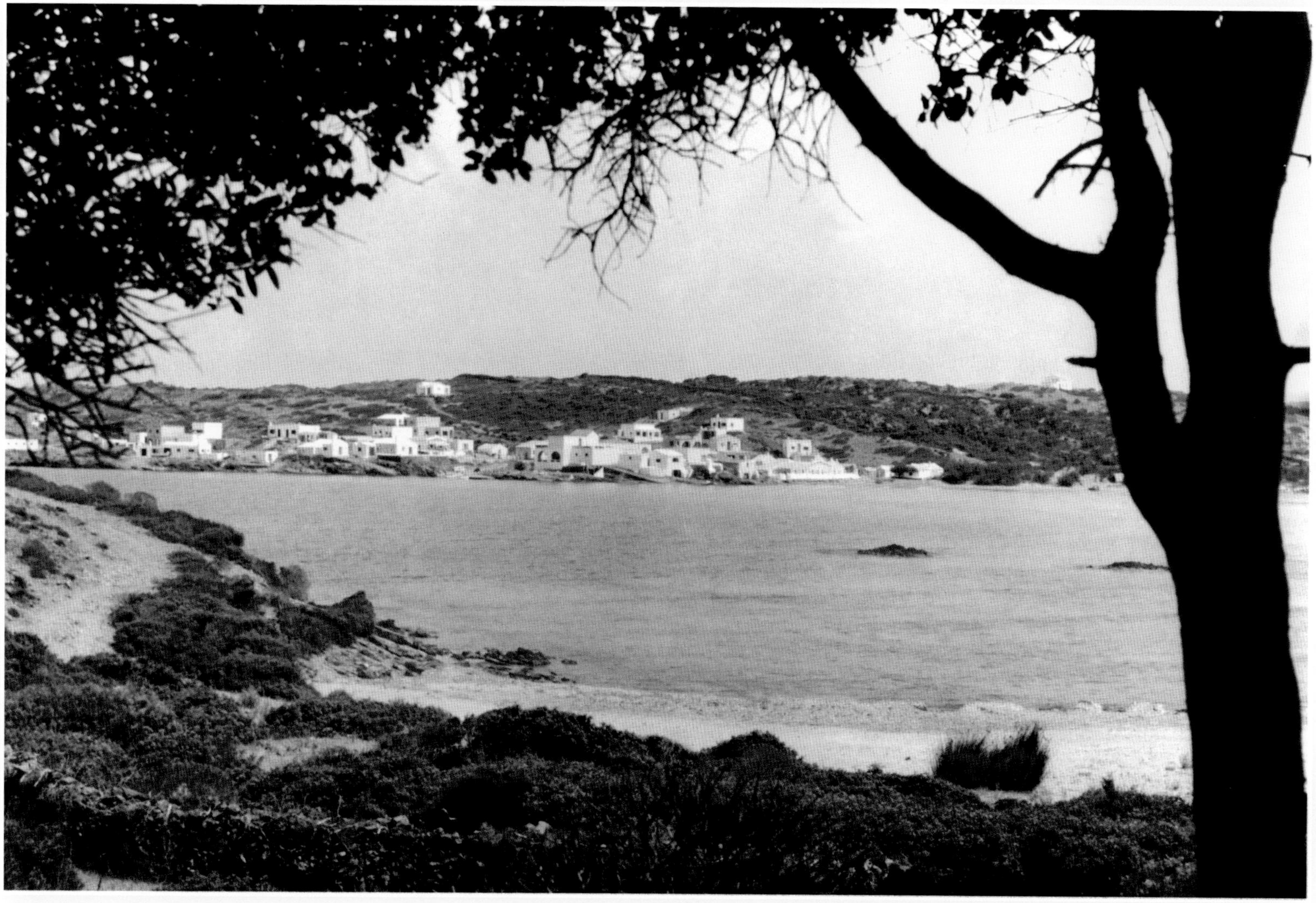

▲

Un nucli delimitat dins un entorn agrest

▲

Un núcleo delimitado dentro de un entorno agreste

▲

A nucleus enclaved in the midst of wild surroundings

▲

ES GRAU

►►

Les barques, a l'empara de l'escullera, parlen de la seva tradició pesquera

►►

Las barcas, al amparo del rompeolas, hablan de su tradición pesquera

►►

The sheltered port is evidence of the town's fishing tradition

►►

FORNELLS

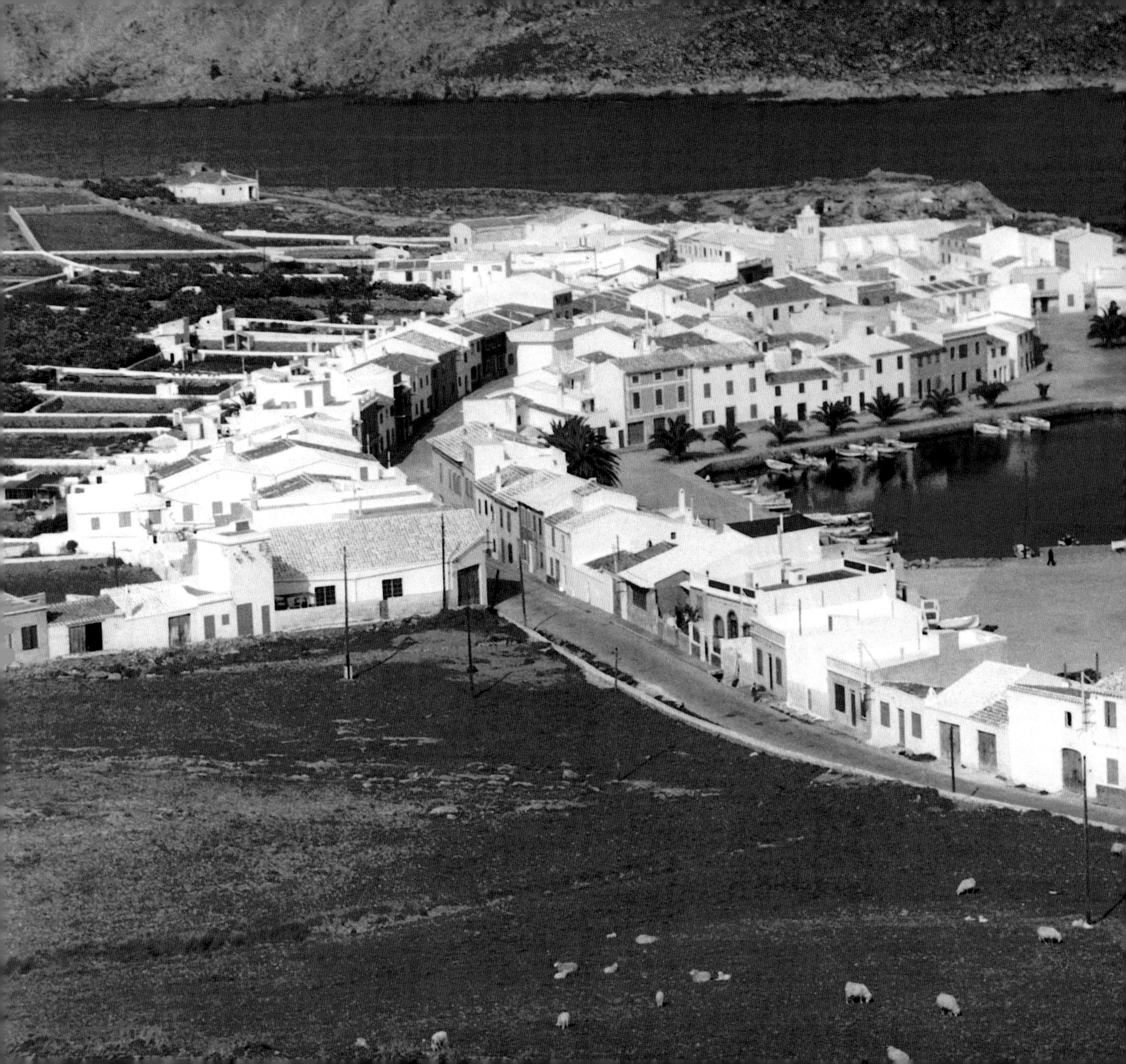

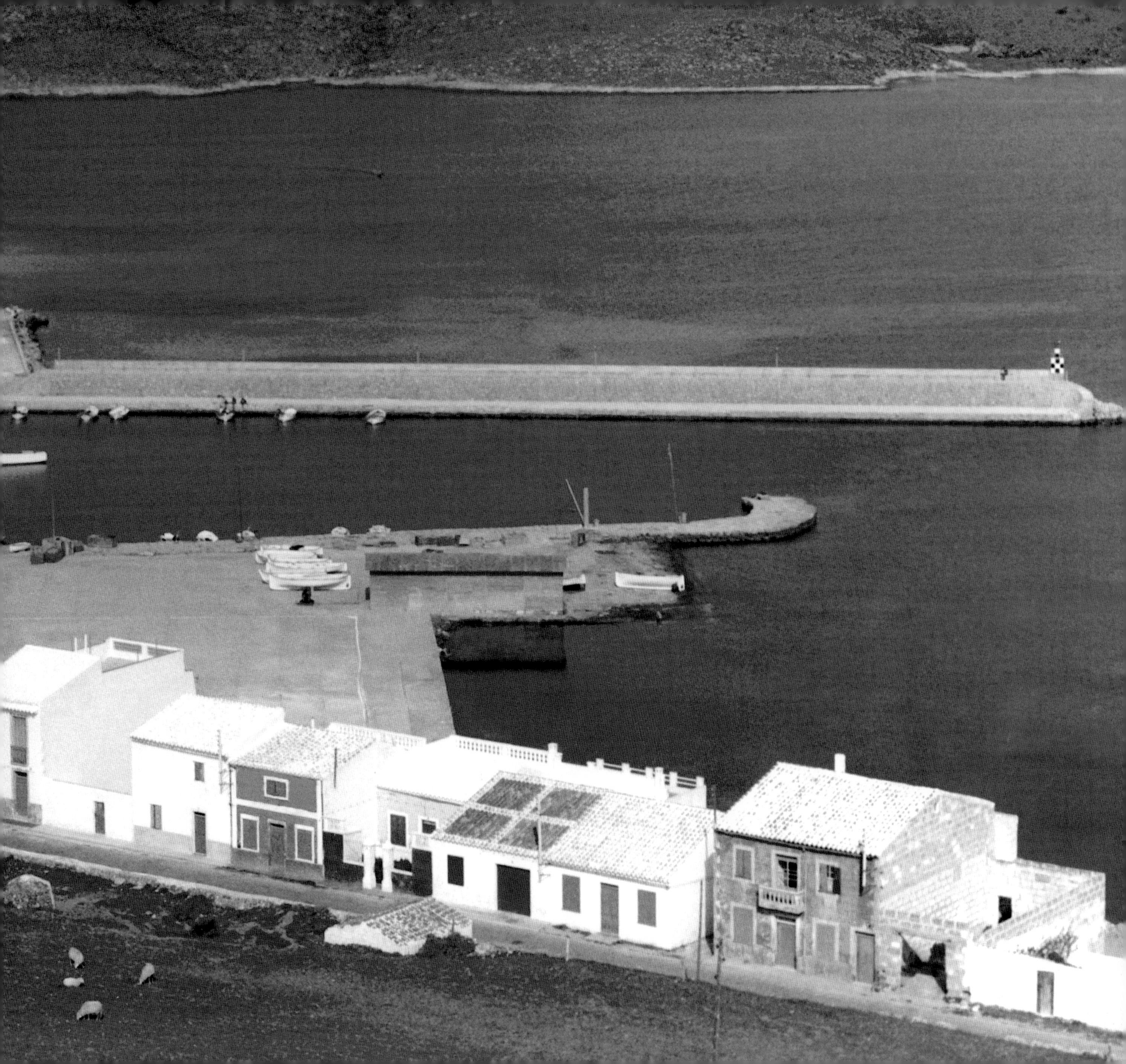

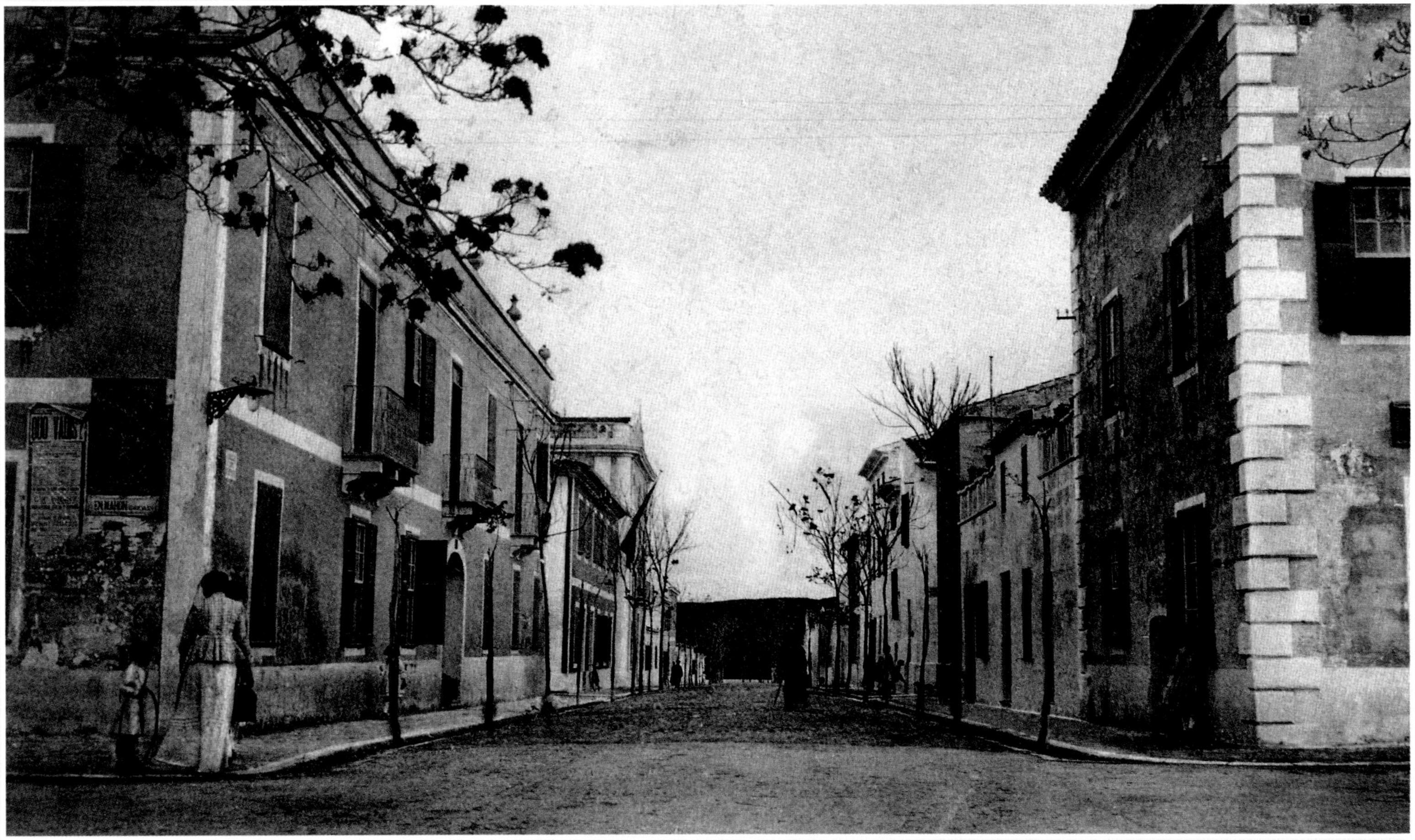

Un dia de jocs i d'anar
mudats al carrer Victory

Un día de juegos y de ir
arreglados en la calle Victory

A day for dressing up, with
plenty of room for games,
on the deserted *carrer* Victory

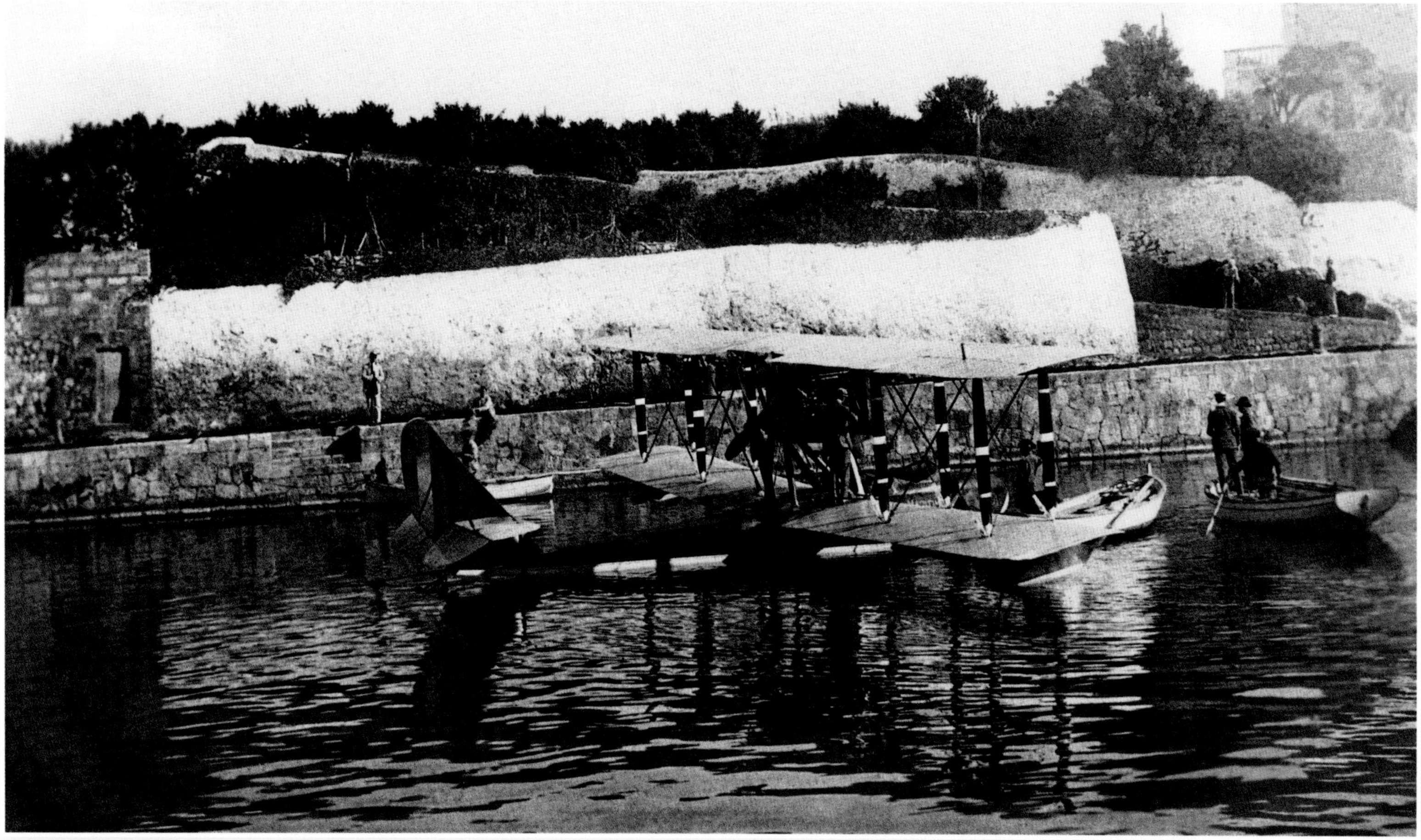

L'arribada d'un ocell mecànic i amfibi romp la rutina de les aigües

La llegada de un pájaro mecánico y anfibio rompe la rutina de las aguas

Routine is broken by the arrival of a mechanical and amphibious bird

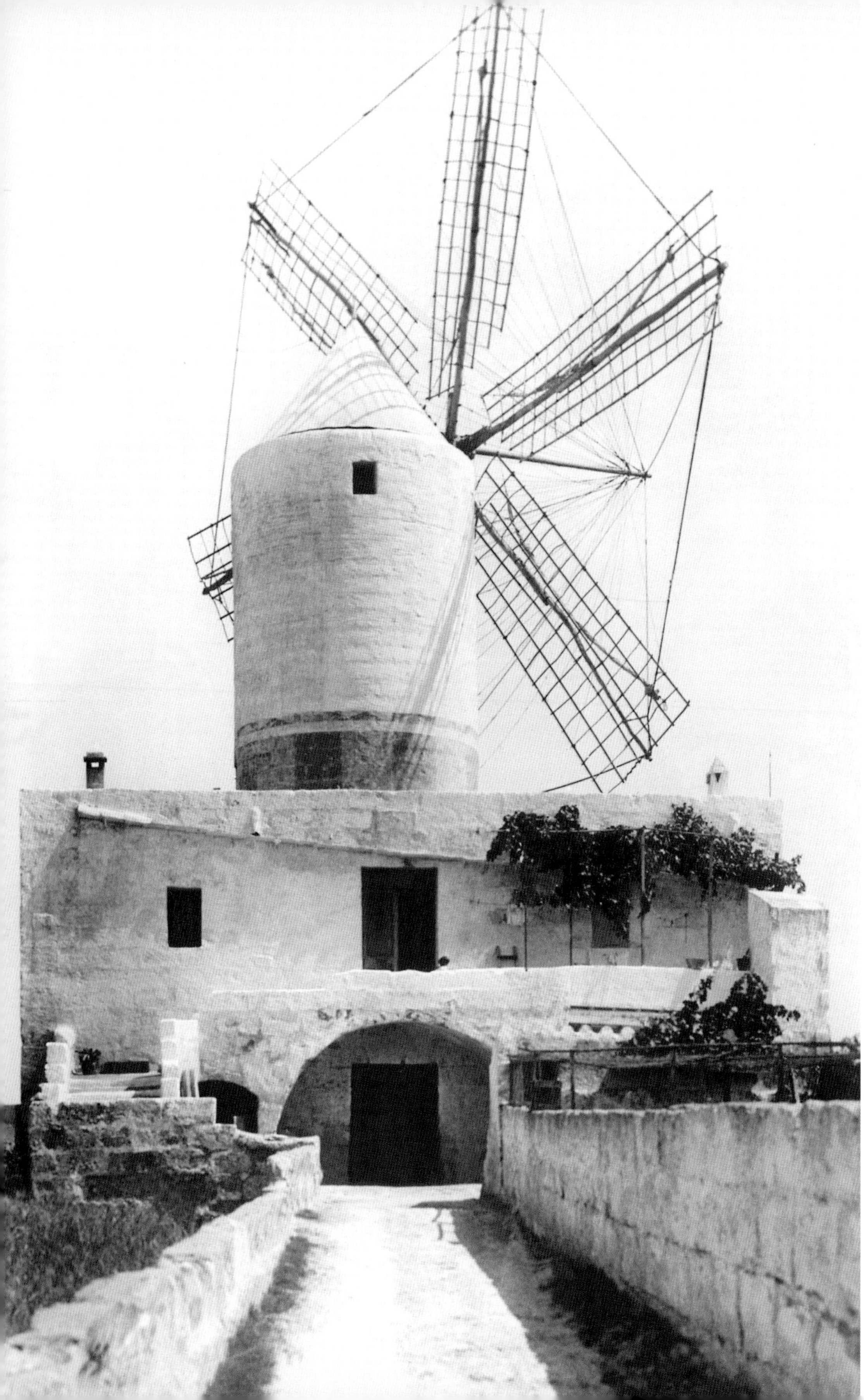

La força del vent ajuda els
homes en les feines pesades

La fuerza del viento ayuda a los
hombres en los trabajos pesados

The wind is harnessed by
man for his purposes

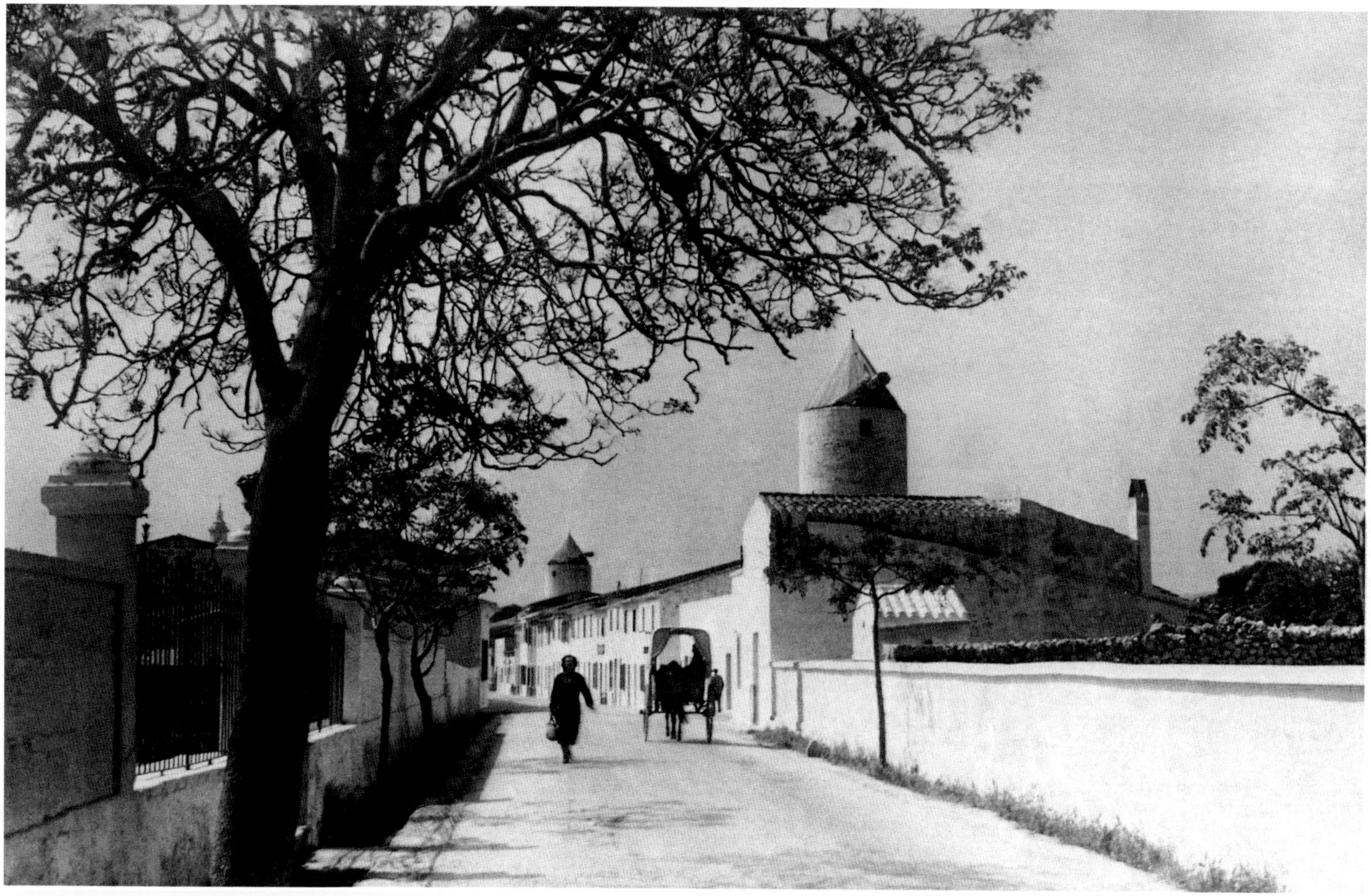

Una dona i un carro creuen destins, anant i venint del poble més blanc

Una mujer y un carro cruzan destinos, yendo y viniendo del pueblo más blanco

The paths of a woman and a cart cross at the entrance to the whitest of all the villages

Veiérem pobles blanquíssims:
Alaior, Ferreries, d'una netedat admirable.
Durant una gran part del viatge,
la silueta del Toro, que porta una ermita
a sobre i és l'accident central de l'illa,
es mantingué a la nostra esquena.

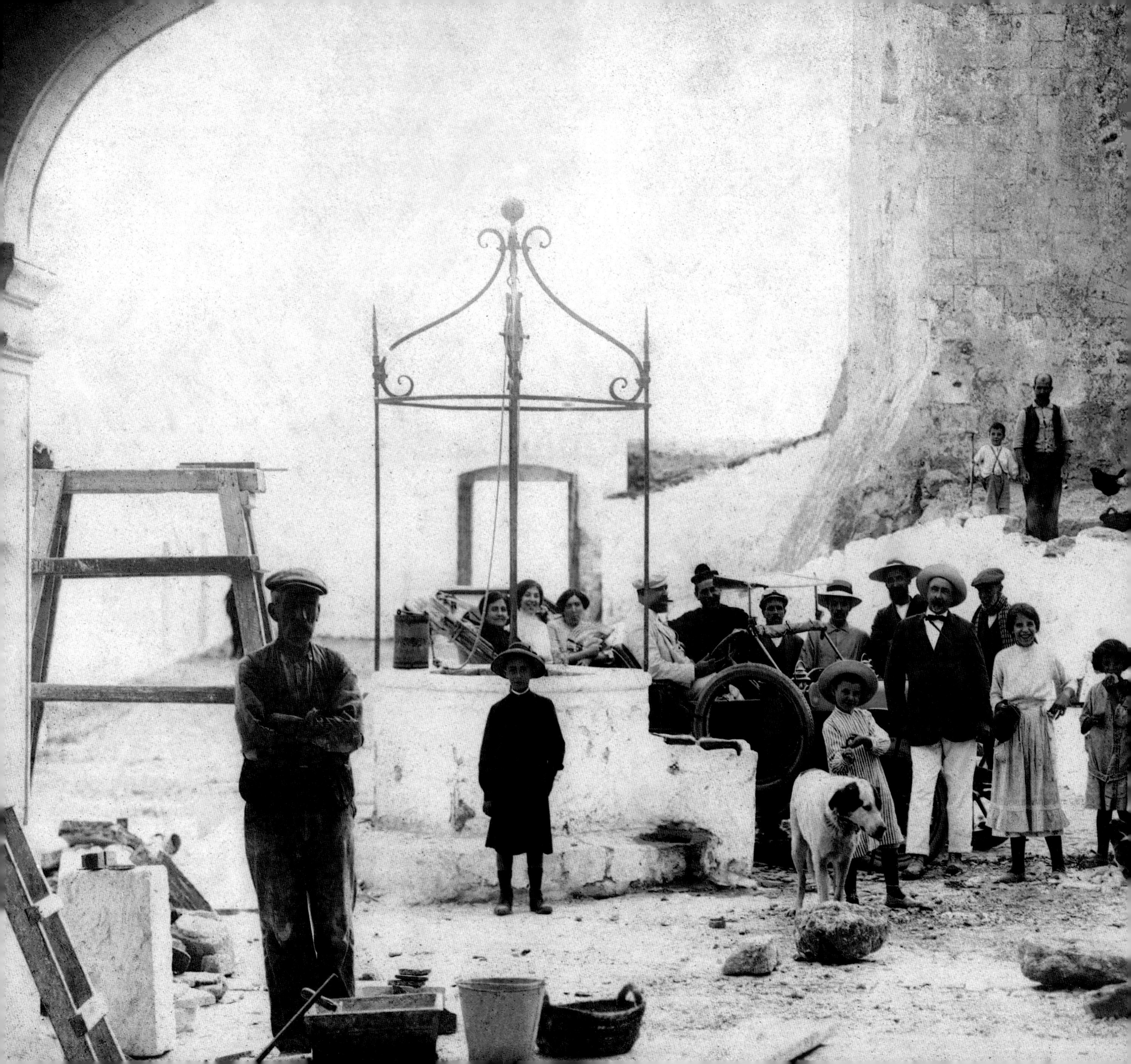

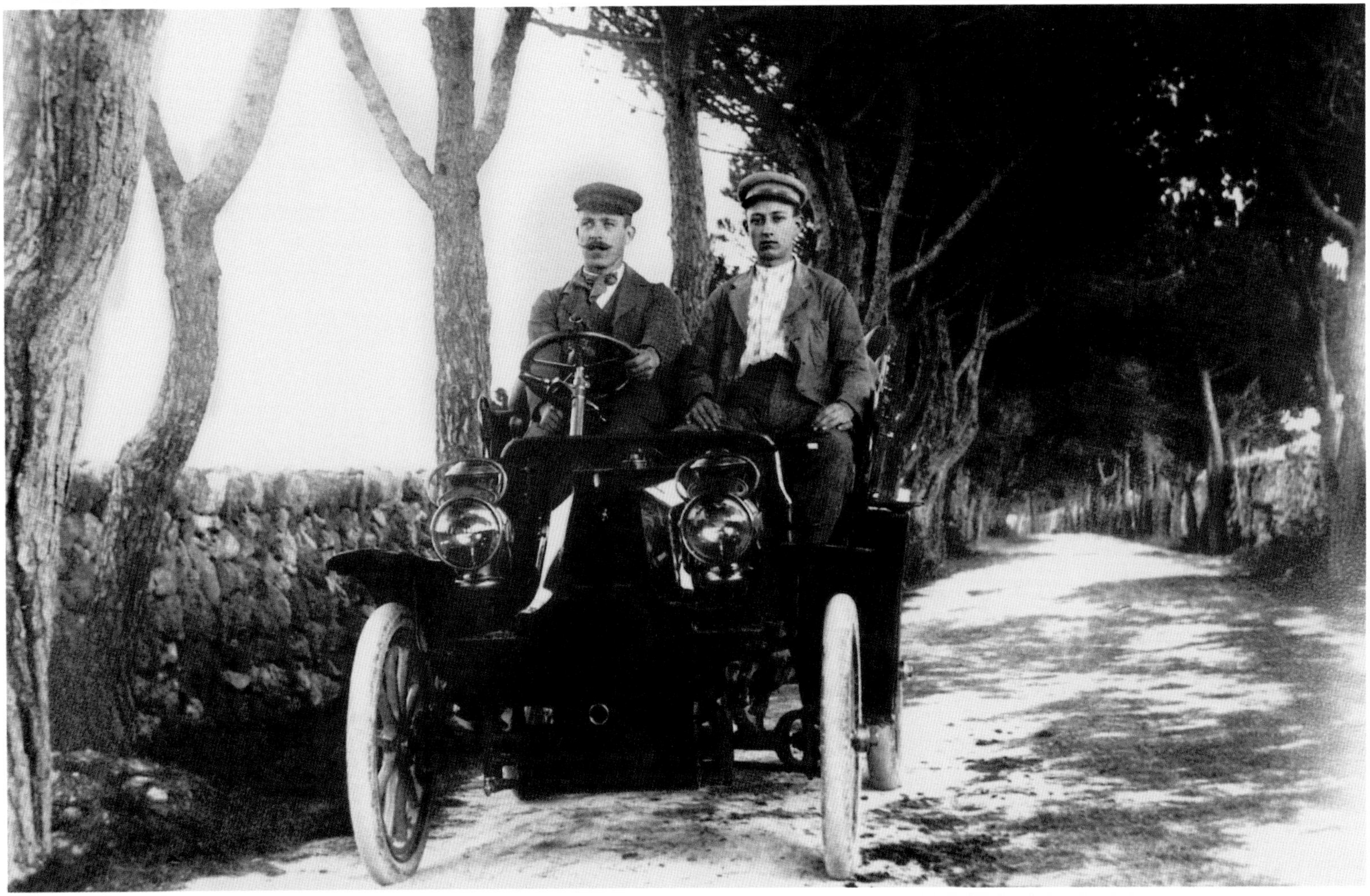

Quina sort, poder gaudir
alhora del cotxe i d'un camí
acompanyat d'arbres

Vaya suerte, poder disfrutar
a la vez del coche y de un
camino ribeteado de árboles

How lucky to have a motorcar and
a tree-lined avenue to drive along

CARRETERA DE SANT LLUÍS

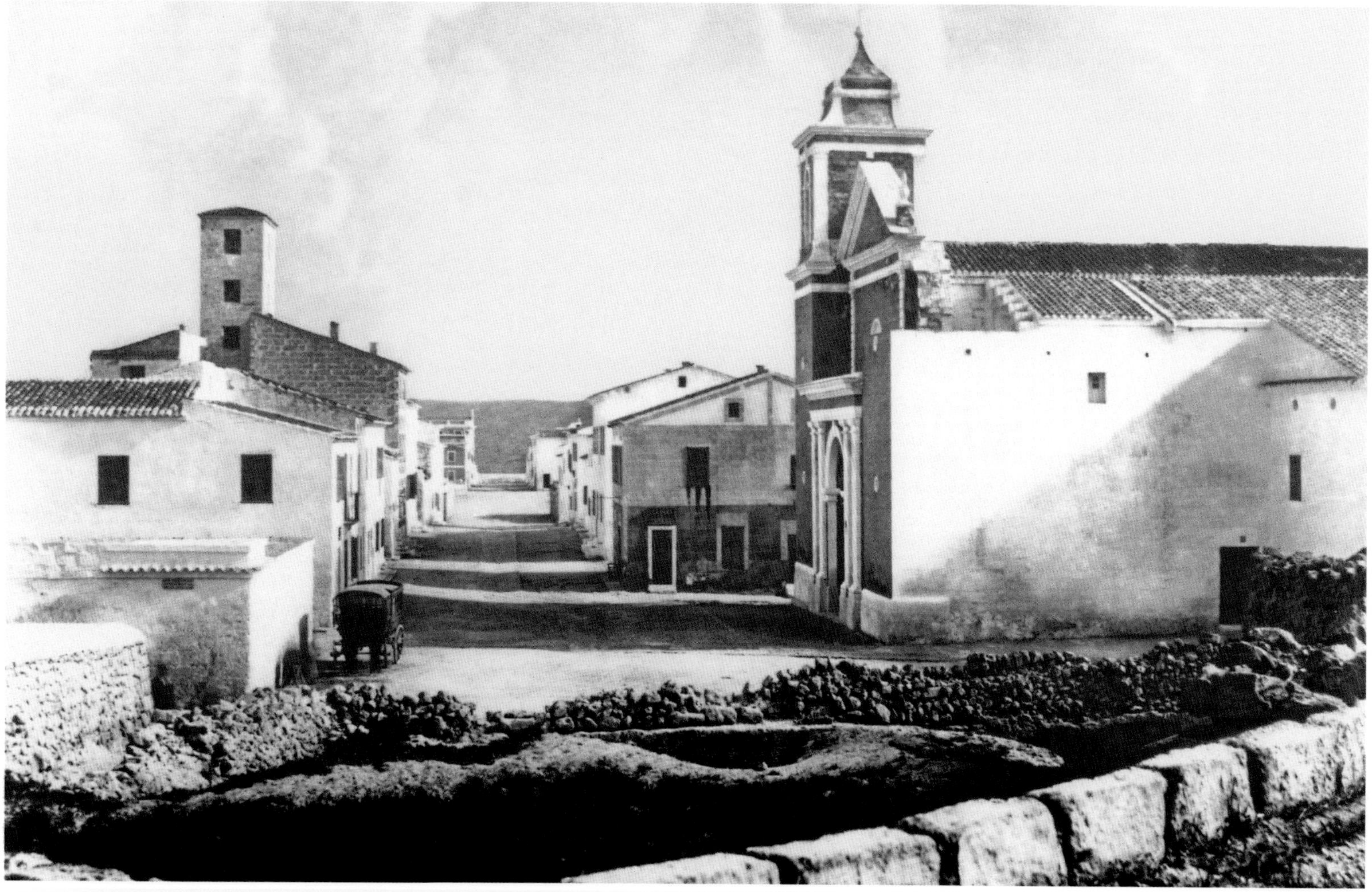

L'església i el carrer desert ens reben en arribar al poble

La iglesia y la calle desierta nos reciben al llegar al pueblo

The church and a deserted street welcome us to the town

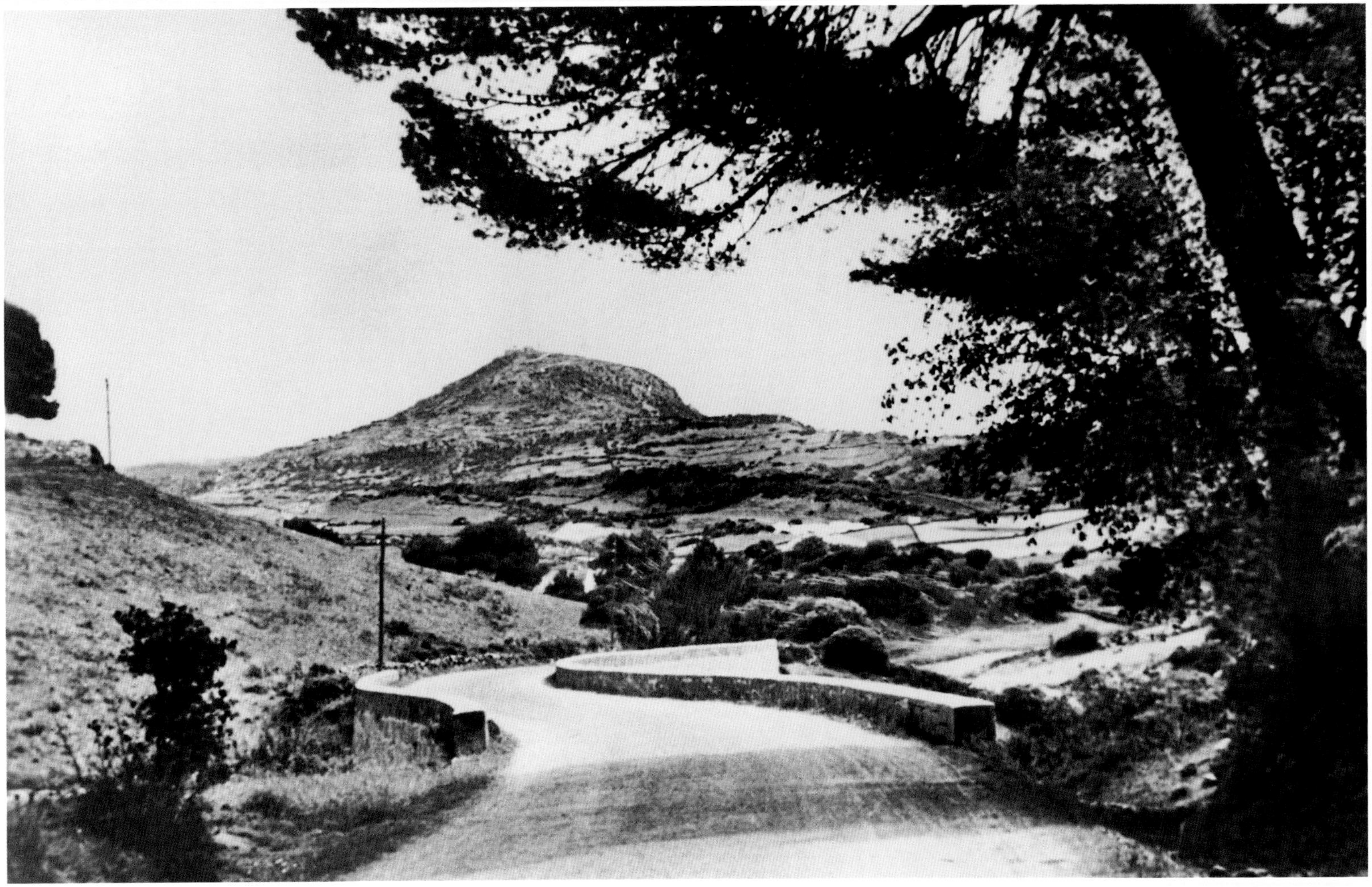

Mira el Toro! Ja som a mig camí!

Mira, ¡el Toro! ¡Ya estamos a medio camino!

On the road from Maó to Ciutadella, el Toro marks the middle distance

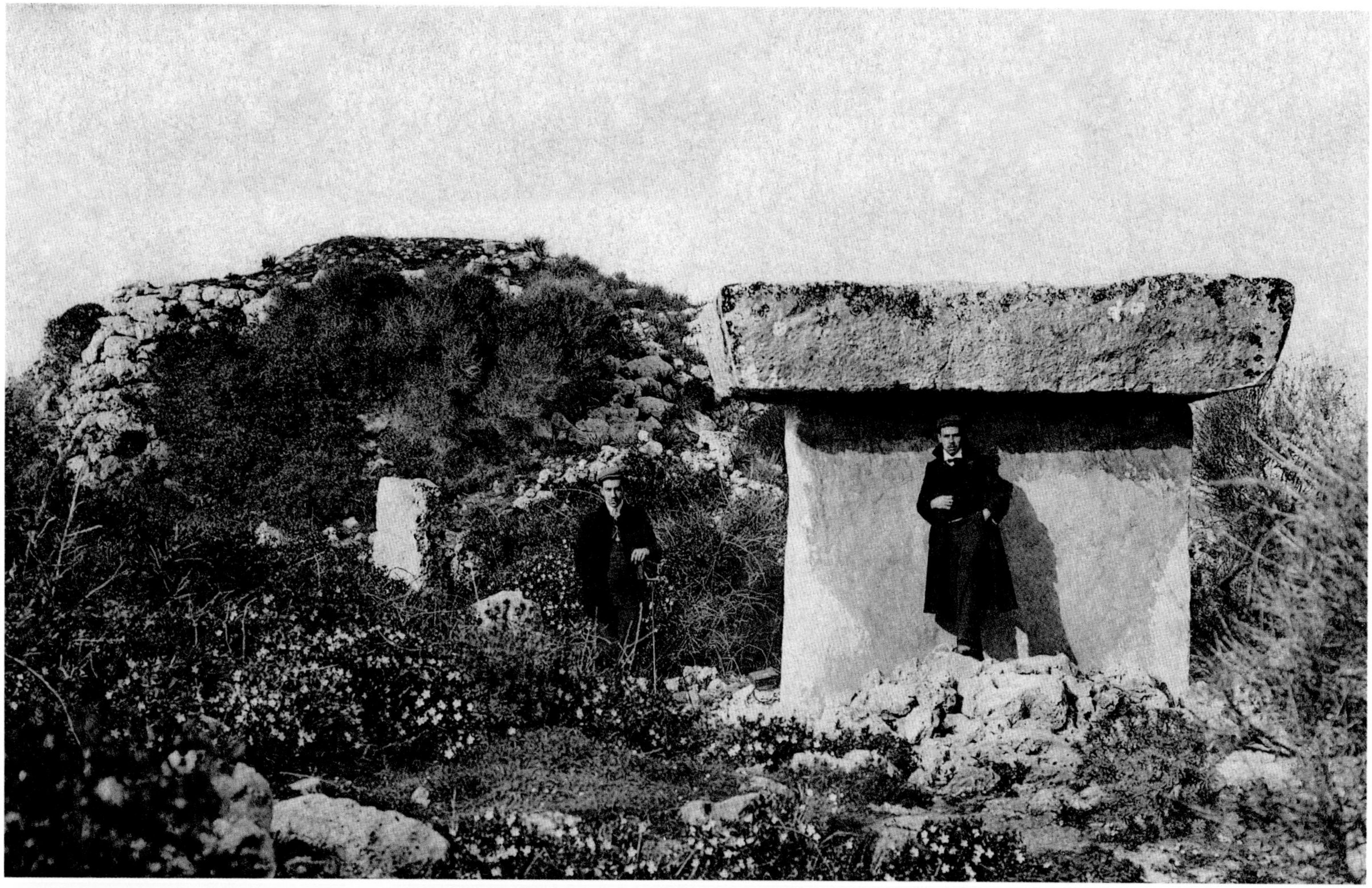

L'acció de la natura oculta l'esplendor del recinte megalític

La acción de la naturaleza oculta el esplendor del recinto megalítico

The action of nature conceals the splendour of the Megalithic site

A Menorca hi ha moltes pedres.
És inqüestionable.
Probablement n'hi ha massa.
La quantitat de parets seques que hi ha en aquest arxipèlag, i concretament a Menorca, és literalment fabulosa. En aquesta illa, caminar camps a través no deu ésser fàcil. Tot ho volen tancat. Els agrada de viure dins els límits de la seva terra, perfectament tancats.

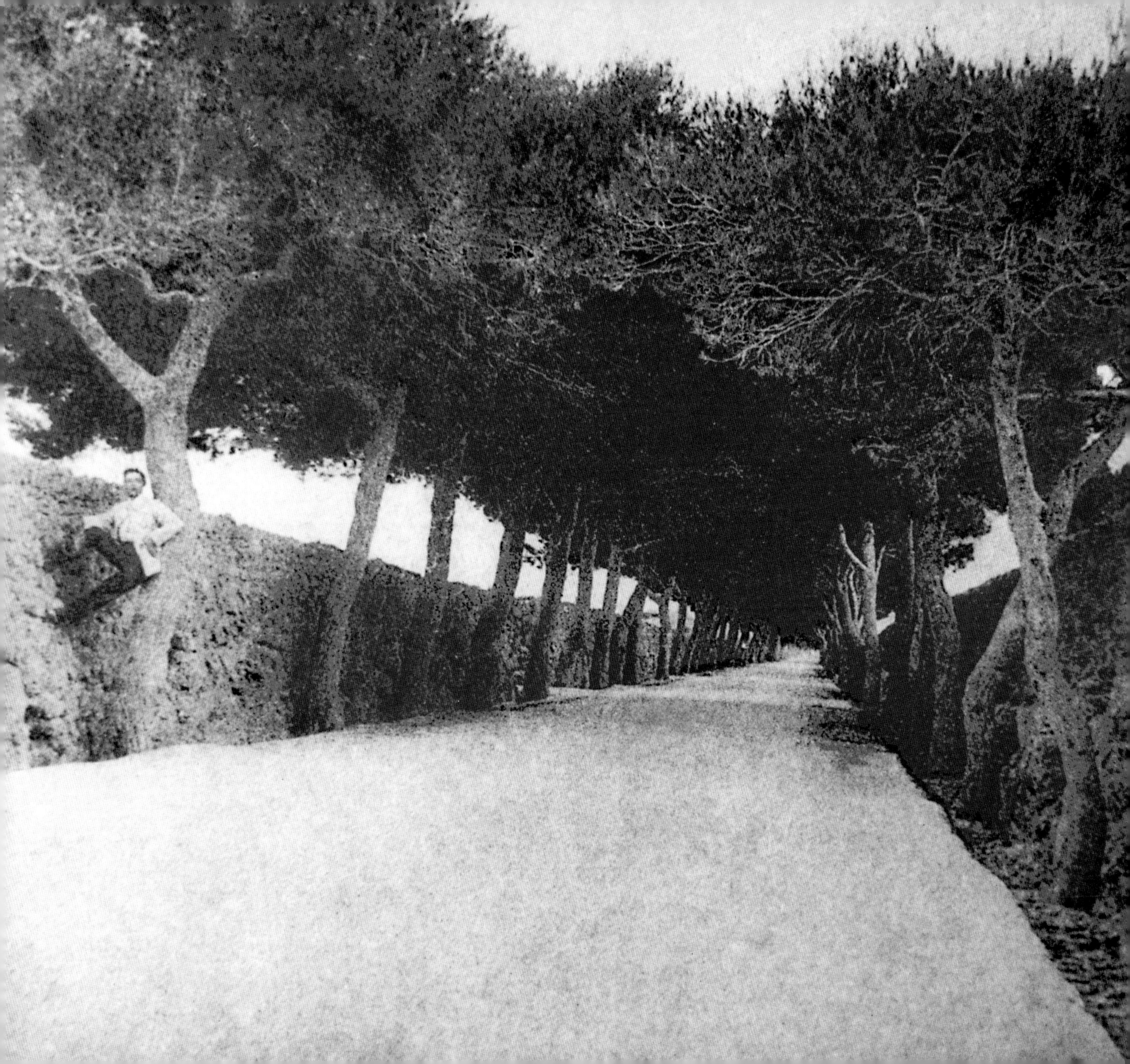

Totes les frases destacades han estrat extretes de:
Josep Pla. Obra completa, vol. XV. "Les illes".
Edicions Destino, Barcelona (segona edició, desembre de 1981).
Capítol "L'illa de Menorca"

Todas las frases destacadas han sido extraídas de:
Josep Pla. Obra completa, vol. XV. "Les illes".
Edicions Destino, Barcelona (segunda edición, diciembre de 1981).
Capítulo "L'illa de Menorca"

PG 7: Menorca es un roquedal con una forma y espíritu propios, un alcaloide del mar antiguo / Menorca es un microcosmos, de una riqueza extraordinaria y de un apasionante interés.

PG 28: Así, fuimos siguiendo la cinta de agua del puerto, lentamente, con las riberas minerales a cada lado, dibujadas sinuosamente, de variada amplitud, con pequeños rincones resguardados del viento.

PG 42: El prodigioso fiordo o puerto de Maó debía de ser mucho más bonito que hoy, en la época de la presencia de los grandes barcos de vela, de altas arboladuras elegantes y esbeltas. Es un paisaje que produce estampas, como otros producen riqueza o miseria.

PG 64: La riba de poniente se levantó desmesuradamente, y apareció la ciudad de Maó sobre el plano superior, blanca y precisa. Sobre el cielo límpido, se dibujaba maravillosamente. Parecía una estampa hecha a punta seca, de una perfección, de un peso y una gravedad estrictos.

PG 92: Bien mirado, Maó quizás no tiene nada de particular; pero, una vez dicho esto, resulta que tiene una personalidad imposible de olvidar. Es una villa muy limpia, con muchos altos y bajos, notoriamente aventada.

PG 122: "Sí señor –me dijo aquella persona–, esta isla contiene muchas personas delgadas y huesudas. No le sabría dar una razón. ¿La alimentación? ¿El clima? ¿El molde físico? ¿La mezcla de tipos?"

PG 142: Es un país de un gran caudal de cultura de onda corta, que quizás tiene más interés en la formación de la gente, quiero decir en la formación de gente de buen sentido, bondadosa, tolerante y amable.

PG 182: Vimos pueblos blanquísimos: Alaior, Ferreries, de una limpieza admirable. Durante una gran parte del viaje, la silueta de Monte Toro, que presenta una ermita encima y es el accidente central de la isla, se mantuvo a nuestras espaldas.

PG 188: En Menorca hay muchas piedras. Es incuestionable. Probablemente hay demasiadas / La cantidad de paredes de piedra que hay en este archipiélago, y concretamente en Menorca, es literalmente fabulosa. En esta isla, caminar campo a través no debe ser fácil. Todo lo quieren cerrado. Les gusta vivir dentro de los límites de su tierra, perfectamente encerrados.

All these phrases have been extracted from:
Josep Pla. Complete Works. vol. xv. "The Islands".
Edicions Destino. Barcelona (Second edition, December 1981).
Chapter "The Island of Menorca"

PG 7: Menorca is a rocky place with its own form and spirit, an alkaloid of the ancient sea / Menorca is a microcosm of extraordinary richness and excitingly interesting.

PG 28: Thus, we shall follow the ribbon of the water of the port, slowly, with the sinuously drawn mineral banks on either side, the little corners, like refuges, protected from the wind.

PG 42: The prodigious fjord or port of Maó must once have been far more beautiful than it is today, in the times of the great sailing ships, the tall masts and spars, elegant and svelte. This is a sight to inspire works of art, where others inspire riches or poverty.

PG 64: The western bank grew unboundedly, and the city of Maó appeared on the upper plain, white and precise, magnificently outlined against the limpid sky. Like a dry point engraving of the strictest perfection, weight and solemnity.

PG 92: All things considered, maybe there is nothing special about Maó; but, having said that, the fact remains that it has an unforgettable personality. It's a very clean city, of uneven terrain and notoriously windy.

PG 122: "Yes, sir" - someone said to me – "on this island there are many thin and bony people. I couldn't say why. The food? The climate? The physical mould? The mixture of types?"

PG 142: This land has a great wealth of short wave culture, maybe more interested in the formation of people of good sense, benevolent and kind

PG 182: We saw the whitest of villages: Alaior, Ferreries, all admirably clean. During most of our journey, the silhouette of Monte Toro was at our backs, with the hermitage at its summit, the geographical centre of the island.

PG 188: There are many stones on Menorca. That's unquestionable. Probably there are too many. / The number of dry stone walls to be found in this archipelago, and particularly on Menorca, is literally fabulous. It can't be easy to take cross-country walks on this island. They want to keep everything closed. They like to live perfectly enclosed in their land.